经贸类专业实验教程系列丛书

国际商务实验教程

Guoji Shangwu Shiyan Jiaocheng

康增奎　主编

U0950069

首都经济贸易大学出版社
Capital University of Economics and Business Press
·北 京·

图书在版编目(CIP)数据

国际商务实验教程/康增奎主编. --北京:首都经济贸易大学出版社,2018.4

ISBN 978-7-5638-2033-7

Ⅰ.①国… Ⅱ.①康… Ⅲ.①国际商务—高等学校—教材 Ⅳ.①F740

中国版本图书馆 CIP 数据核字(2017)第 009188 号

国际商务实验教程
康增奎　主编

责任编辑　洪　敏
封面设计　风得信·阿东 FondesyDesign
出版发行　首都经济贸易大学出版社
地　　址　北京市朝阳区红庙(邮编 100026)
电　　话　(010)65976483　65065761　65071505(传真)
网　　址　http://www.sjmcb.com
E-mail　publish@cueb.edu.cn
经　　销　全国新华书店
照　　排　北京砚祥志远激光照排技术有限公司
印　　刷　人民日报印刷厂
开　　本　710 毫米×1000 毫米　1/16
字　　数　295 千字
印　　张　16.75
版　　次　2018 年 4 月第 1 版　2018 年 4 月第 1 次印刷
书　　号　ISBN 978-7-5638-2033-7/F·1170
定　　价　36.00 元

图书印装若有质量问题,本社负责调换

总 序

2002年诺贝尔经济学奖授予实验经济学家弗农·史密斯和丹尼尔·卡尼曼；2017年，实验经济学家理查德·塞勒荣获诺贝尔经济学奖。实验经济学家接连斩获经济学领域最高奖项，这表明经济学已经日益发展成为一门实验学科。实验教学，就是在教师指导下，以实验教材为引导，学生使用一定的实验设备使实验对象发生变化，研究实验中的各种数据以及现象，根据实验记录撰写实验报告，验证已经学过的相关知识并进一步获取新知识。因此，在经济学课堂中引入实验教学有助于培养学生的创新能力。然而，目前我国经济类专业的教学，仍基本沿用理论阐释、演绎和模型推导等传统教学模式，实验教学所占比例非常低。首都经济贸易大学经济学院近年来依托学校国家级经济管理实验中心，在计量经济学、国际贸易、国际商务、经济预测与决策、期货贸易、现代商业技术等课程中大幅提高了实验教学所占的比重，通过直接操作与体验，加深学生对经济学理论的理解，提升学生的学习兴趣，使之更好地掌握经济学的基本理论和分析方法，经过教学实践，取得了良好的教学效果。为抛砖引玉，现将部分课程的实验指导用书以丛书形式系统出版，以期共同推进经济学实验教学的进一步发展。

本套实验教程共5本，包括:《经济预测与决策实验教程》《国际商务实验教程》《期货贸易实验教程》《商业技术实验教程》《计量经济学实验教程》，涉及经济学、商务经济学、贸易经济等多个经济类专业，是一套针对不同经济类学科专业的特点而专门编写的实验实践教材。

本套实验教程的出版得到了首都经济贸易大学教务处、首都经济贸易大学经济学院和首都经济贸易大学出版社的大力支持，特致谢意。

我们希望本套实验教程能够推动实验教学在各专业课程教学中的应用，使读者能够更加深入地掌握各门课程的核心内涵。然而，作为一种尝试，其效果需要在教学实践中不断改进和完善。同时，囿于作者水平所限，丛书难免存在疏漏之处，敬请各位专家、教师及广大读者批评指正。

编写说明

《国际商务实验教程》是为国际商务硕士、国际经济与贸易专业必修课“国际商务”(双语)课程实验部分上机模拟实验商务决策配套编写的指导性教材。全书共分两部分,第一部分为国际商务管理基础知识,第二部分为模拟决策指南,基于芬兰 CESIM 公司的 Globalchanllege 商务决策模拟软件,指导学生进行市场需求预测、研发、投资建厂、融资管理、市场营销、物流管理、成本核算和财务分析等决策。

感谢芬兰 CESIM 公司吴雯女士的大力支持!

目　　录

第一部分　国际商务基础知识

第一章　国际商务战略 …… 3
　第一节　商务战略概述 …… 3
　第二节　战略分析 …… 3
　第三节　战略规划与模式 …… 6

第二章　市场需求预测 …… 8
　第一节　市场状况 …… 8
　第二节　需求预测 …… 14
　第三节　市场份额 …… 18

第三章　生产管理 …… 23
　第一节　生产管理的内容 …… 23
　第二节　生产成本 …… 27
　第三节　产能规划 …… 28
　第四节　自产与外包 …… 30
　第五节　库存管理 …… 39

第四章　国际投资 …… 47
　第一节　国际投资的概念和特点 …… 47
　第二节　国际投资的产生和发展 …… 48
　第三节　国际投资形式 …… 54
　第四节　国际投资理论 …… 55
　第五节　投资环境分析 …… 67

第五章 国际市场营销决策 …… 77
第一节 国际市场营销 …… 77
第二节 国际市场营销战略 …… 77

第六章 物流管理 …… 94
第一节 物流管理的概念 …… 94
第二节 物流管理的内容 …… 95
第三节 物流管理发展趋势 …… 98

第七章 人力资源管理 …… 102
第一节 人力资源管理的概念和功能 …… 102
第二节 人力资源管理理论 …… 103
第三节 人力资源外包 …… 109

第八章 研发管理 …… 115
第一节 研发管理的定义和内涵 …… 115
第二节 研发管理的基本理念和原则 …… 115
第三节 研发管理的内容 …… 117

第九章 财务决策 …… 119
第一节 财务决策分类 …… 119
第二节 财务决策的方法及依据 …… 120
第三节 关键财务指标的计算 …… 121

第十章 风险分析与管理 …… 131
第一节 风险 …… 131
第二节 稳定、收缩与扩张战略 …… 133
第三节 经营风险分析 …… 140

第二部分 国际商务模拟决策——基于芬兰 CESIM Global Challenge 模拟平台

第一章 案例背景 …… 145

第一节 Mobilé Inc——案例公司介绍 …… 145

第二节 运营 …… 146

第三节 市场区域 …… 149

第二章 模拟平台登录 …… 150

第三章 决策制定流程 …… 152

第一节 关于 Cesim …… 152

第二节 模拟平台介绍 …… 153

第三节 决策 …… 157

第四节 市场状况 …… 158

第五节 生产 …… 162

第六节 营销 …… 167

第七节 物流 …… 168

第八节 人力资源 …… 169

第九节 研发 …… 170

第十节 财务 …… 172

第十一节 预算 …… 174

第四章 指导教师平台操作指南 …… 178

第一节 关于 Cesim …… 178

第二节 教师操作指南 …… 179

附 录

商务决策模拟报告 …… 202

一、致股东函 …… 202

二、公司概况 …… 202
三、财务业绩回顾 …… 203
四、股票价格指数 …… 205
五、经营管理的讨论和分析 …… 206
六、竞争对手分析 …… 207
七、经营前景展望 …… 207
八、模拟学习成果 …… 207

CESIM 模拟结果报告 …… 210
一、致股东函 …… 210
二、公司概况 …… 210
三、财务业绩回顾 …… 211
四、股票价格指数 …… 213
五、经营管理的讨论和分析 …… 213
六、竞争对手分析 …… 214
七、经营前景展望 …… 215
八、模拟学习成果 …… 215
九、备注 …… 215

最牛小组模拟决策报告 …… 216
一、致股东函 …… 216
二、公司概况 …… 217
三、财务业绩回顾 …… 217
四、股本回报率 …… 219
五、分项成本分析 …… 219
六、股票价格指数 …… 220
七、经营管理的讨论和分析 …… 221
八、竞争对手的分析 …… 222
九、经营前景展望 …… 223
十、模拟学习成果 …… 223
十一、风险评估 …… 224

CESIM 决策模拟报告 …… 226
一、致股东函 …… 226
二、公司概况 …… 227
三、财务业绩回顾 …… 228
四、股票价格指数 …… 230
五、经营管理的讨论和分析 …… 231
六、竞争对手的分析 …… 233
七、经营前景展望 …… 234
八、模拟学习成果 …… 234
九、备注 …… 235

CESIM 商务模拟报告 …… 236
一、致股东函 …… 236
二、商务模拟概况 …… 236
三、炸鸡和啤酒小组总结 …… 241
四、自我评价 …… 242
五、经验教训 …… 243

国际商务模拟实验报告 …… 245
一、总论 …… 245
二、财务指标分析 …… 245
三、分项成本分析 …… 248
四、经营管理讨论 …… 250
五、经营前景展望 …… 253
六、学习体会 …… 254

第一部分

国际商务基础知识

第一章 国际商务战略

第一节 商务战略概述

一、战略的基本概念

战略是通过有效地组合企业内部资源，以在变化的环境中确定企业的发展方向和经营范围，从而获得竞争优势，满足市场的需求。

二、国际商务战略及其特点

国际商务战略是指企业在国际经营活动中，面对竞争激烈的国际经营环境，为实现资源的全球优化配置，以及在全球范围内实现有效的市场选择与进入，达到最优整体效益而做出的全局性、长远性的谋略和规划。

国际商务战略具有全球性、全局性、前瞻性、纲领性和应变性特点。

三、战略管理及其构成

战略管理是一个动态的发展过程，具体可分为战略分析、战略规划和战略实施，这三部分构成了战略管理的核心框架。

第二节 战略分析

一、外部环境分析

企业外部环境分析包括国际、国内的政治、经济、科技和社会文化等客观因素的变化及其发展趋势分析、市场结构分析，以及市场竞争态势分析等。

具体有以下几种方式：

(一) 宏观环境分析

宏观环境（PEST）分析包括四个方面。

（1）政治（Politics）分析：含政治体制、政治稳定性、外贸与外资政策等。

（2）经济（Economy）分析：含经济体制、经济发展水平、市场规模与潜力、通货膨胀和资金供给等。

（3）社会文化（Social Culture）分析：含人口分布、收入分布、国民受教育程度等。

(4) 技术 (Technology) 分析：含科学技术发展水平。

(二) 市场结构分析

西方经济学理论将市场区分为四种。

1. 完全竞争市场

在完全竞争市场中存在大量商品和劳务的提供者（卖方）和顾客（买方），各种资源禀赋与信息可以自由流动，个别卖方和买方的需求与供给变化对市场价格的影响可以忽略不计。

2. 完全垄断市场

完全垄断市场又叫独占市场或独家垄断市场。垄断企业自主安排生产，决定价格，因此市场商品价格将比完全竞争市场高得多。但在完全垄断市场中需求价格仍然具有一定的弹性，所以垄断企业不可能随心所欲地提高价格，在一定程度上还必须根据市场供求状况决定其产量和售价。

3. 不完全竞争市场

不完全竞争市场也叫垄断竞争市场，其特征介于完全竞争和完全垄断之间。在这种市场中，存在一定数量的卖方和买方（少于完全竞争市场），彼此进行一定程度（小于完全竞争市场）的竞争。由于企业提供的产品和劳务具有差异性，所以某些企业又掌握了一定的垄断优势。不完全竞争市场比较接近现实市场，特别是大宗消费品市场的实际状况。

4. 寡头垄断市场

寡头垄断市场又叫寡占市场，也是一种比较接近现实状况的市场类型。在这种市场结构中，由少数几家寡头企业占有某一行业或产品的较大市场份额，并联合制定寡头垄断价格。

(三) 产业竞争态势分析

根据著名的战略管理专家迈克尔·波特 (Michael Porter) 的竞争战略理论，某一产业的竞争态势由五种基本竞争力量组成。即：①现有产业竞争对手；②潜在进入者，潜在进入者是指那些有能力进入却还没有进入的企业；③替代品；④买方的议价能力；⑤供方的议价能力。

二、内部环境分析

(一) 资源分析和评估

1. 物质资产

对物质资产的评估包括数量、质量和形态等方面。

2. 技术资源

一是企业的技术水平，指与竞争对手相比是否具有技术优势；二是技术发展潜力如何，表现在对企业所在行业的发展有重大影响和决定意义的技术进步上。两个方面具体表现为企业新产品的开发数量和开发速度等。

3. 管理能力

管理能力的高低直接影响企业内部各种资源的配置和有效利用。对管理能力的评估包括：企业决策层的管理思想是否科学先进；管理组织是否合理高效；管理手段是否现代化。

4. 市场营销能力

对企业市场营销能力的评估包括：本企业产品的市场占有率及其增长率；企业拥有的分销渠道是否广泛而有效；促销手段是否合理有效等。

5. 财务资源

对企业财务资源的评估包括：企业的资金筹措能力；资金转移能力；财务管理能力，即是否有严密健全的成本预算和控制制度。

6. 人力资源

对企业人力资源的评估主要包括：企业现有各类人员的数量、质量、结构（年龄结构和专业技术结构）以及增减变动。其中，特别需要强调的是质量，具体体现为员工的技术技能、工作能力、受教育水平和合作态度等，还包括企业高层管理人员的领导决策能力等。

（二）核心能力分析

核心能力是指企业可以在市场中保持和获得的竞争优势。核心能力不同于企业所拥有的一般能力。对于企业来说，识别核心能力，从而长期在市场中保持竞争优势是十分重要的。

三、SWOT 分析

SWOT 是由企业优势（Strengths）、企业劣势（Weaknesses）、外部机会（Opportunities）、外部威胁（Threats）四个英文单词词首组成。SWOT 分析是对企业自身的优势与劣势以及外部环境的机会与威胁进行综合系统分析，以便对战略方案进行评估和选择。这是认清企业战略地位和外部环境的一种简便而又有效的方法。

SWOT 分析的根本原则是，战略的制定必须与企业的实际能力（优势与劣势）和外部环境（机会与挑战）相适应。从战略制定看，企业的优势比劣势更为重要，因为企业的战略制定主要以企业的优势为基础，尽量扬长避短，使自己的长处得以发挥，劣势得以避免或弥补。

四、企业的经营方向和战略目标

企业的经营方向是指企业做什么和不做什么，对企业提供的基本产品和服务、企业的顾客和市场、销售增长和盈利目标、企业的经营思想，以及社会形象等做出具体的规定。

企业的战略目标是指企业在较长时期所要达到的预期经营效果，是企业以经营方向为指导，在对主观、客观条件进行分析的基础上制定的。

第三节　战略规划与模式

一、三种基本竞争战略

（一）总成本领先战略

总成本领先战略是指通过一系列手段取得某行业内的全面成本领先地位，以低价格提供与竞争对手具有相似价值的产品或服务。

（二）差别化战略

差别化战略是指通过产品和服务的专业化，形成与竞争对手相区别的独特的产品与服务形式。这种区别可以表现为款式、品牌、技术、功能以及其他方面的差异。

（三）集中战略

集中战略是指针对某个特定的买方集团或地区性市场而实施的战略。

二、市场竞争战略

企业的市场竞争战略可分为四种。

（一）市场渗透战略

市场渗透战略是指企业在现有市场上加强其现有产品以获取竞争优势。这一战略往往适用于具有良好发展前景，且目前正处于上升期的现有市场。

（二）市场发展战略

市场发展战略是指当现有市场发展潜力不足，销售增长呈停滞状态时，企业利用现有产品进入具有发展前景的新市场。

（三）产品发展战略

产品发展战略是指在现有市场上开发新的产品。新产品是指全新产品，与原有产品属于完全不同的产品系列。

（四）多种经营战略

多种经营战略是指企业以新产品进入新市场。这一战略可以分解为前向一体化和后向一体化两种。其中，前向一体化是指企业将自己的经营范围向自己产出的方向进行扩展，后向一体化则是企业将自己的经营范围向着自己所需原材料的方向扩展。

三、价值链分析

企业价值链分析模型是由美国学者迈克尔·波特于1985年提出来的，目前已成为西方企业战略规划，特别是企业内部竞争态势分析的重要工具。

该理论认为，企业制造与实现价值的活动是一个可以用“链”表示的系统，即构成企业的价值链。因此，企业的全部生产经营活动可以分成基本增值活动和辅助增值活动两大类。

（一）基本增值活动

基本增值活动即生产经营活动，也就是企业自身的价值创造活动。根据生产经营活动发生的先后顺序，可把基本增值活动分为“上游环节”和“下游环节”。其中，材料供应、产品开发与生产运行属于上游环节；成品运输、销售及售后服务为下游环节。

（二）辅助增值活动

辅助增值活动包括企业组织结构、人力资源管理、技术开发研究和采购供应管理等，是为基本增值活动服务的。但其中的技术与管理都是广义的，既包括生产技术，也包括非生产技术。非生产技术管理如决策技术与信息技术的开发、采购管理既是对原材料，也包括其他资源投入如市场预测、法律咨询等的管理。

价值链理论认为，企业经营活动的各环节之间虽是相互关联、相互作用的，但企业经营的成败并不取决于企业对所有环节的控制。因此，企业应在对自身生产经营活动做整体分析的前提下，将价值链中的重要环节和本企业具有优势的环节予以控制，抓住了这些关键环节，就等于抓住了整个价值链。

价值链分析模型为企业内部优势和劣势分析提供了重要的科学手段，为企业趋利避害、扬长避短、提高竞争优势创造了有利的基础和条件。

只要把企业的所有活动按价值链进行系统化的分解，就可以从中找出对企业竞争力最具关键作用的战略环节。

第二章 市场需求预测

第一节 市场状况

一、市场的概念

市场是社会分工和商品经济发展到一定程度的产物，随着社会生产力的发展，社会分工的细化，商品交换内容日益丰富，交换形式日益复杂，人们对市场的认识日益深入。传统观念认为，市场是指商品交换的场所，如商店、集市、商场、批发站和交易所等。这是市场一般的、容易被人们理解的概念，所有商品都可以从市场流进流出，实现商品由卖方向买方的转换。

（一）一般市场概念

市场是商品交换的场所，如商场、超市、批发市场等。这是日常生活中人们对市场的普遍认识。它与一定的具体时间和具体地点相联系。中国古籍《易·系辞下》中记载的“日中为市，致天下之民，聚天下之货，交易而退，各得其所”，就是对一般市场概念的描述。张光直先生认为：“古人未有市，若朝聚井汲水，便将货物于井边卖，古言市井也”，其中的“市井”即为居住及交易集中的场所。古籍中对市场一般概念的阐释至今仍具有现实意义。企业中的有形商品或无形商品，都必须在特定的场所进行交易。企业的营销活动离不开一定时间和地点的交换场所。

（二）经济学角度的市场概念

市场是指一定供求基础上的商品交换关系的总和。供求关系是市场的基本经济关系，供求矛盾是市场的基本经济矛盾。市场由涉及供需双方的各种要素构成。政治经济学从整个社会商品流通的全局角度将市场归结为商品交换关系的总和，通过交换关系，反映出市场经济条件下人与人间的内在关系。不论任何市场，都是商品与货币的关系，都是供与求的关系，都是各经济主体之间的交换关系。电子商务的兴起与发展，使越来越多的交易活动不再局限于一定的交换场所。因此，从经济学角度，把市场看成是商品交换关系的总和，更能说明现代市场发展的趋势和特点。

(三) 管理学角度的市场概念

市场营销学中讲的市场主要是从管理学角度理解的市场。

市场是某种或某类商品现实需求和潜在需求的总和。所谓需求，是指一定时期市场主体用于购买商品和服务的货币支付能力。一方面，它是指实现消费者购买欲望和消费者购买能力的现实需求。市场营销学家菲利普·科特勒认为："市场是由一切具有特定需求和欲望，并且愿意和可能从事交换，使需求和欲望得到满足的潜在顾客所组成。"从这个角度看，消费者、购买力和购买欲望是形成市场现实需求的三个基本因素。另一方面，它是指消费者目前尚无法满足的潜在需求，是未来的现实需求，可以用来分析市场发展和消费者需求结构的变化趋势。

从市场上买卖双方力量对比的角度，可以把市场看成是买方与卖方力量的集合。由于供求双方力量相互作用，会出现买方市场与卖方市场两种结果。供给量大于需求量便形成买方市场，这时商品价格下降，买方支配买卖关系；反之，在卖方市场条件下，由于供给量小于需求量，价格上涨，卖方支配市场销售关系。

(四) 社会学角度的市场概念

市场是社会资源配置的主体，集中体现社会经济生活的各方面。这个市场概念是一个综合性的市场表现，它不仅包括前面提到的商品交换的场所、交换关系的总和、需求总和，而且涵盖了从生产领域到流通领域，从分配领域到消费领域的全部经济活动，是社会经济运行的总体反映。置于大市场环境下的每一个企业的营销活动都要受到市场的制约，资源的有效配置需要市场，调节经济的运行仍需要市场，只有按市场的指引调动企业的全部生产要素，才能使企业经营顺利进行。

从以上分析可知，市场的大小不取决于商品交换场所的大小，而是取决于那些有某种需要，并拥有使别人感兴趣的资源，而愿意以这种资源换取其需要东西的主体数量。具体来说，市场由购买者、购买力和购买愿望三要素组成。只有当三要素同时具备时，企业才具有市场，即：

市场 = 购买者 + 购买力 + 购买欲望

1. **购买者**

购买者的数量越大，产品的市场越大。其次，还包括具有对某种产品共同需求的人群数量，即企业能够满足的目标顾客的数量，这个数量越多，市场越大，越能满足企业生存与发展的需要。因此，企业在选择目标市场时，首先应考虑选择人口密集的地区进入，同时还要考虑选择需求量较大的市场介入，这样才能满足企业迅速推广产品、获取利润的目的。所以购买者决定了市场规模的大小。

2. 购买力

购买力即购买者购买所需产品时的货币支付能力。这种能力首先取决于购买者收入的多少，其次取决于物价的高低，还取决于购买者信贷的能力。因此，企业在进行定价时首先要考虑价格合理与公道；其次考虑是否可以采用多种付款方式，增加消费者的货币支付能力。

3. 购买欲望

购买欲望即购买者购买某种产品的要求与愿望。这种欲望产生于需求者的生理及心理上的需要。市场营销者不能创造需要，但市场营销者可以向购买者指出何种特定产品可以满足特定的需要，通过使自己的产品具有某种吸引力来引导购买者的购买欲望。

市场的这三个构成要素是相互统一、相互制约的。人口因素是构成市场的基本要素，人口越多，现实和潜在的消费需求就越大；购买力因素是指购买者支付货币购买商品或劳务的能力，购买力水平的高低是决定市场容量大小的重要指标；购买欲望是指导致消费者产生购买行为的驱动力、愿望和要求，是消费者将潜在购买力变为现实购买行为的重要条件。因此，对市场来说，只有将三者结合起来，才能构成现实的市场，并共同决定市场的规模和容量。当三个构成要素同时存在时，市场才是一个现实的市场，当三个构成要素有一个或几个缺少时，市场就是一个潜在的市场，需要市场营销人员去创造条件，使潜在市场转化为现实的市场，满足消费者与企业的需求。

二、市场的主要类型

从不同的角度，市场可以划分为各种具体的类型。一般来说，划分的方法和类型主要有四种。

（一）按商品竞争程度划分

按照竞争程度，可以把市场划分为完全竞争市场、完全垄断市场、不完全竞争市场和寡头垄断市场。

（1）完全竞争市场是指市场价格由众多卖者和买者的共同行为决定，任何单个的卖方和买方都只能是价格承受者的市场。不过，这样的市场在现实生活中很少出现，它只是一种理论抽象，只有少数农产品市场较近似于完全竞争市场。

（2）完全垄断市场是指只有一个买主或卖主，因而唯一的买主或卖主能完全控制价格的市场，所以这个垄断者又被称为价格制定者。完全垄断的市场是与完全竞争的市场相对的另一极端，除少数国家垄断经营的产品和行业以外，这种市场也很少存在。

(3) 不完全竞争市场又称垄断竞争市场。市场里卖者较多，彼此间存在着竞争，但每个卖者的产品均具有一定的特色和优势，对价格有着影响，市场上价值规律起着较大作用。它是较为现实的一种市场，一般的日用工业品市场就是这种类型。

(4) 寡头垄断市场是指为数不多但却占有相当大份额的大企业所构成的市场。这些大企业对市场价格具有相当大的影响力，但各企业在制定价格时，都要考虑其他企业的反应。这种市场类型多存在于汽车、钢铁、石油和有色金属等行业。

（二）按商品流通区域划分

按照商品流通的区域，可以把市场划分为地方市场、全国市场和国际市场。

(1) 地方市场是指由于某些经济地理因素或行政分隔的原因而形成的，以特定的地方活动空间进行商品交易的市场。地方市场有两种类型：一种是经济性地方市场，是由于商品交易受自身条件或某些经济地理因素的影响而形成的有利于商品交易实现的地方市场；另一种是行政性地方市场，是由地方行政区划和地方政府的行为所形成的。一般来说，经济性地方市场对经济的发展有积极的促进作用，行政性地方市场有时则阻碍经济的发展。

(2) 全国市场是指商品流动以全国为活动空间的市场。地方市场的存在是全国市场形成的基础，全国市场的形成首先必须有稳定的政治局面，社会的动乱和地方割据不可能形成全国统一市场；其次要形成有比较利益的交易竞争，使商品的流通具有内在的驱动力；再次要形成发达的流通设施和广泛的信息、交通网络，以突破地理的自然障碍。全国市场的形成是诸多地方市场有机联系的表现。

(3) 国际市场是指商品交换以全世界为活动空间的市场，是随着社会分工和社会化大生产的国际化而产生和发展的。与国内市场相比，国际市场的容量更大、竞争更激烈、进行交易的制约因素更多。要进入国际市场不仅要有较强的开放意识，而且要努力提高经济效益和产品的竞争实力。

（三）按商品流通交易形式划分

按商品流通的交易形式，可以把市场分为期货市场和现货市场。

(1) 期货市场是指在商品交易所内买卖期货合同的市场。期货交易的对象并非商品实体，而是商品的标准化合约，因而期货交易者进行期货交易的目的一般不是为了得到商品实物，而是或为“套期保值”，即利用期货市场减少他们所承受的价格变动的风险；或为“投机”，即利用期货市场与有利的价格变动进行“赌博”。期货交易所一般采取会员制组织形式，只有期货交易所的会员才能在期货交易所内进行交易。

（2）现货市场是指买卖双方以现款和现货进行交易、实现实物商品及其所有权同时转让的交易市场。现货交易又分为即期交易和远期交易。即期现货交易是指买卖双方立即进行的“一手交钱，一手交货”的交易；远期现货交易则指买卖双方事先签订商品买卖合同，约定在一定时期内按合同条款进行实物交割的交易。

（四）按商品的属性划分

按商品的属性划分，市场可分为特殊商品市场和一般商品市场。

（1）特殊商品市场是指为满足人们对资金及各种服务的需要而提供的市场，包括金融市场（或称资本市场）、劳动力市场和技术信息市场等。①金融市场是经济主体间相互融通资金的场所和相互关系的总和，包括货币市场和资本市场两种形式。货币市场是指专门融通短期资金的市场，一般期限在一年以内，其特点是融资期限短和被融通的资金主要是作为再生产过程中所需要的流动资金；资本市场是指提供长期营运资本的市场，通过发行债券、股票以及长期抵押贷款等方式融通资金，并将其主要作为扩大再生产所需投入的资本使用。②劳动力市场是指通过市场机制的作用，促使劳动力合理配置，以满足消费者或生产者对劳务需求的场所。③技术信息市场主要由两部分市场活动组成：一种是技术成果实行有偿转让、满足消费者需求的技术市场；另一种是专门进行信息交换，以满足生产、消费需求的信息市场。技术市场具有实现价值、转移服务、横向联系和加快转化的功能。

（2）一般商品市场指的是狭义的商品市场，又称货物市场，即消费资料市场和生产资料市场，而这两大市场是市场营销所要着力研究的市场。

三、市场的作用

市场无论对宏观经济活动，还是对微观（企业）经济活动均起重要作用。

（一）宏观角度

在市场经济社会中，市场成为社会经济的“晴雨表”及“调节器”，即社会经济的兴衰往往通过市场反映出来。如果社会经济繁荣，市场便繁荣，反之，市场便衰落。市场是生产与消费的连接点，是保证国民经济正常运行及人民生活需求的重要手段。

（二）微观角度

市场对企业营销产生巨大的作用。

1. 市场是企业不断满足顾客需求的场所

市场是企业生产经营活动的出发点，一方面企业只有通过市场才能了解顾客的需求，并根据市场需求特点制定正确营销方略，实现企业营销目标；另一方面，在商品经济条件下，产品必须通过市场进行交换才能传递到消费者手中。市场经济要求树立市场观念，市场观念体现在“以销定产”，强调要以顾客（用户）为中心。市场营销观念必然要求企业经营活动的中心与出发点是顾客和消费者，一切为了满足顾客、消费者的需要。这就要通过市场调查，了解顾客、消费者的需求与欲望及其发展趋势，通过市场交换活动可以了解到哪些产品适销对路，哪些产品供过于求或供不应求，企业根据市场需求的变化不断修改企业营销计划，调整企业内部的生产组织及产品结构，以不断满足市场需要。通过市场调节供求关系，保证供给。

2. 市场是保证企业实现利润的场所

市场是实现企业利润的必要条件，是市场营销观念的重要组成部分。企业要获取利润，首先要在市场上投入较少的货币量去购买优质的生产资料，通过生产过程将生产资料与劳动力结合起来，生产出新的产品，创造出更多的价值，经过市场交换，使商品转化为货币资金，企业利润得以实现，生产过程的劳动消耗得以补偿，再生产得以进行。

3. 市场是企业展开竞争的场所

市场是商品经济的产物，有商品经济的存在，价值规律就起作用，就存在卖者之间为实现产品价值的竞争，也存在买者之间购买产品的竞争，以及买者与卖者的竞争。各企业在生产技术条件、经营管理水平和人员素质上都有不同，因而投入到个别产品的劳动量与社会必要劳动量就有差异，必然造成产品的价格、质量、促销的方式和分销渠道都不同。企业的市场营销要直接接受市场（消费者）的检验与评判。随着市场经济的发展，卖者之间的竞争更复杂，不仅包含产品、价格间的竞争，还包括市场营销策略等全方位的竞争。

4. 市场是企业取得信息的主要来源地

任何企业的营销活动都离不开市场信息，尤其在高度发达的商品经济中，市场范围不断扩大，消费者需求多样化及复杂化，加入市场的竞争者日益增多。企业能否了解和掌握这方面的信息，并正确制定营销策略，关系到其生存和发展，而市场恰恰集中了市场营销有关的各种信息。这就是说，企业的信息主要来源于市场，市场引导营销。

第二节 需求预测

市场需求预测是指通过对消费者的购买心理和消费习惯的分析，以及对国民收入水平、收入分配政策的研究，推断出社会的市场总消费水平。市场需求预测是市场研究中最重要的一部分，也是最复杂的一部分。

一、预测内容

预测的内容主要包括四部分：①对某一种或几种产品潜在需求的预测；②对潜在供应的估计；③对拟设中的产品市场渗透程度的估计；④某段时间内潜在需求的定量和定性特征。除了全部和大部分供出口的产品以外，对产品的潜在需求主要以国内市场为基础进行预测。

二、预测步骤

对本国需求预测的基本步骤为：①收集并分析当前消费量及其在一段时期的变化率；②按市场每个部分将消费量数据分类；③确定以往需求的决定因素，以及其对以后需求的影响；④预测这些决定因素的发展及其对需求的影响；⑤以一种或几种方法的组合，对这些决定因素进行判断，并预测需求。

对于某些产品不仅要分析国内市场需求，同时要探索出口的可能，对出口市场的需求进行预测。对于出口市场的评价与国内市场的评价重点有所不同。对于过去已经出口或目前开始出口的产品，首先要分析和评价以下有关数据：出口数量、单位、单价、过去或目前的输出国，以及出口产品的特点（如质量规格、使用本国或外国的商标，是否利用某一外国销售机构）。当某些进口国对机械产品和其他产品实行特殊规定时，就要明确这些特殊产品的特定规格。这类信息一般可以从出口部门或进口国获得。此外，还应研究一些可能进口这类产品的国家的发展趋势、进口政策、海运费用和市场规模等。

三、预测方法的确定及应用

需求包括现实需求（已有的和已经提出的需求）和潜在的需求（已经有购买意图，但是还没有具体提出）。进行需求预测最重要的是探讨潜在的需求。市场需求预测是在营销调研的基础上，运用科学的理论和方法，对未来一定时期的市场需求量及影响需求的诸多因素进行分析研究，寻找市场需求发展变化的规律，为营销管理人员提供未来市场需求的预测性信息。预测方法可分为积极的预测方法和消极的预测方法。

（一）消极的预测方法（统计方法）

用统计方法处理历史数据、确定需求量（销售量）分配类型的做法就是消极的预测方法。例如，连续型分布有正态分布、指数分布、爱尔朗分布、x^2 分布、F 分布、t 分布和 β 分布等。离散型分布有二项分布、几何分布、超几何分布和泊松分布等。根据分布类型，可以建立需求量的预测模型。用这些分布类型进行预测，就是以历史数据为基础求出其理论分布，并使将来的需求量也符合这种分布。这种方法的特点就是排除一切极端点，对新旧数据进行同样的加权处理。但是，现实市场千变万化，产品在质和量上的变化，必然会使分布的平均值和方差也出现很大的变化。面对这种情况，必须对新旧数据进行不同的处理，研究需求量（销售量）随时间过程的变动，掌握反季节变动、趋势变动的更正确的预测方法。

统计方法是一种比较简单的方法，理论上也比较成熟。但是，如果要考虑各种预测方法在实际应用中的误差，则消极预测法的误差通常要比积极预测方法的误差大。尽管使用消极预测方法所产生的误差可弥补，但在资料不充分或不完备的情况下，为了取得更高的预测精度，必须在工程管理、存货管理中引入积极的预测方法。

（二）积极的预测方法

研究需求的经济结构需要有时间序列和横截面数据两类。使用统计方法进行预测用的是时间序列数据，是消极预测方法；使用横截面数据不仅能预测将来的需求量，而且能进一步分析需求产生的原因，是积极的预测方法。

横截面数据是指某一时点的各地区、各行业、各不同所得阶层的需求数据。根据这些数据，可以准确地掌握同一期间消费者的行动状态。但是仅有横截面数据，还缺乏随着时间发展与消费者有关的环境和社会条件以及技术进步的信息。所以还要研究经济量的时间序列变化。同理，如果仅依靠时间序列数据进行预测，就看不到构成需求的各种社会、经济要素，仍然会有误差。因此，时间序列数据和横截面数据都不能单独使用，必须配合使用，相互补充。所以，消极预测方法和积极预测方法是相辅相成的。

消极预测方法具有有效的工具，积极预测方法则是根据所研究的对象和产品特性进行分析判断，没有固定的方法。例如，为确定商品的存货而进行市场需求预测时，要进行市场调查和市场研究以及经济情况分析，掌握市场产品需求的动向。当然，进行产品市场调查，也可能出现不完备的情况。因此需要指出积极预测方法比消极预测方法精度高，但需要投入较多的精力（见表2.1）。

表2.1 消极预测方法和积极预测方法的比较

项目	消极预测方法	积极预测方法
所用数据	过去的实际值（时间序列数据）	能反映变动原因的数据（横截面数据）
预测活动范围	内部	外部
预测精确度	较差	投入较多精力才能得到较高精确度
预测方法的难易	容易，简便	需要进行深入调查
主要的方法	统计方法	主要运用系统工程方法进行分析

四、预测程序

掌握市场需求预测的程序，是需求预测工作中最基本的一环，以此为基础，才能顺利地将预测工作完成。

（一）选择预测目标

进行市场预测首先要明确预测的目标是什么。目标是指预测的具体对象的项目和指标，为什么要进行这次预测活动，这次预测要达到什么直接目的。其次还要分析预测的时间性、准确性要求，划分预测的商品、地区范围等具体问题。

对市场经济活动可以从不同的目的出发进行预测，预测目标不同，需要的资料、采取的预测方法也有区别。有了明确的预测目标，才能根据目标需要收集资料，才能确定预测进程和范围。

确定了预测目标，接着要分析预测的时间性和准确性要求。如果是短期预测，允许误差范围要小，而中长期预测，误差在20%～30%则是允许的。预测的地区范围应是企业的市场活动范围，每次预测要根据管理决策的需要，划定预测的地区范围，过宽过窄都会影响预测的进程。

（二）广泛收集资料

进行预测必须要有充分的市场信息资料，因此，在选择、确定市场预测目标以后，首要的工作就是广泛系统地收集与本次预测对象有关的各方面数据和资料。收集资料是市场预测工作的重要环节。按照市场预测的要求，凡是影响市场供求发展的资料都应尽可能地收集。资料收集得越广泛、越全面，预测的准确性就越高。市场调查材料是重要的信息来源。

收集的市场资料可分为历史资料和现实资料。历史资料包括：历年的社会经济统计资料、业务活动资料和市场研究信息资料。现实资料包括：目前的社会经济和市场发展动态，生产、流通形势，消费者需求变化等。收集到的资料，要进行归纳、分类、整理，最好分门别类地编号保存。在这个过程中，要注意标明市场异常数据，要结合预测进程，不断增加、补充新的资料。

（三）选择预测方法

收集完资料后，要对这些资料进行分析、判断。首先将资料列出表格，制成图形，以便直观地进行对比分析，观察市场活动规律。分析判断的内容包括：寻找影响因素与市场预测对象的相互关系，分析预测期市场供求关系，分析判断当前的消费需求及其变化，以及消费心理的变化趋势等。

在分析判断的过程中，要考虑采用何种预测方法进行正式预测。市场预测有很多方法，选用哪种方法要根据预测的目的和掌握的资料决定。各种预测方法有不同的特点，适用于不同的市场情况。一般而言，掌握的资料少、时间紧，预测的准确程度要求低，可选用定性预测方法；掌握的资料丰富、时间充裕，可选用定量预测方法。在预测过程中，应尽可能地选用几种不同的预测方法，以便互相比较，验证其结果。

（四）建立模型，进行计算

市场预测是运用定性分析和定量测算的方法进行的市场研究活动，在预测过程中，两方面不可偏废。

部分定性预测方法，经过简单的运算，可以直接得到预测结果。定量预测方法要应用数学模型进行演算、预测。预测中要建立数学模型，即用数学方程式构建市场经济变量之间的函数关系，抽象地描述经济活动中各种经济过程、经济现象的相互联系，然后输入已掌握的信息资料，运用数学求解的方法，得出初步的预测结果。

（五）对预测结果进行事后鉴别

完成预测后，还要对预测结果进行追踪调查。市场预测结果是一种有科学根据的“假定”，这种“假定”仍要由市场发展的实际过程验证。因此，预测完成以后，要对预测结果进行追踪，考察预测结果的准确性和误差，并分析总结原因，以便取得预测经验，不断提高预测水平。

五、判断预测方法优劣的标准

判断预测方法优劣的标准有五个方面。

第一，精确性（Accuracy）。预测方法得出的预测值必须具有与费用相当的精确度。

第二，弹性（Bending）。预测方法必须能迅速反映出经济领域的变化等外部变化和改变生产方式等内部变化。

第三，适用性（Convincing）。预测方法要能让被使用者接受，并具有极大的说服力。

第四，持续性（Durability）。预测方法必须能长期使用。

第五，简便性（Easiness）。预测方法要便于计算，让使用者能简便求出预测值。

以上五个方面，可以作为判定预测方法优劣的标准。

第三节　市场份额

市场份额，又称市场占有率，是企业战略管理和营销学中的一个重要概念。其定义为某一时间、某一公司的产品（或某一种产品），在同类产品市场销售中占的比例。市场份额是判断企业竞争水平的重要因素。在市场大小不变的情况下，市场份额越高的公司其产品销售量越大。同时由于规模经济的作用，提高市场份额也可能降低单位产品的成本、提高利润率。

一、市场份额的特性

市场份额在很大程度上反映了企业的竞争地位和盈利能力，是企业非常重视的一个指标。

市场份额具有数量和质量两个特性。

市场份额的大小只是市场份额在数量方面的特征，是市场份额在宽广度方面的体现。一般有两类表示方法：一类是用企业销售占总体市场销售的百分比表示，另一类是用企业销售占竞争者销售的百分比表示。

市场份额质量方面的特征，是对市场份额优劣的反映。市场份额质量是指市场份额的含金量，是市场份额能够给企业带来的利益总和。这种利益除了现金收入之外，也包括无形资产增值所形成的收入。衡量市场份额质量的标准有两个：一个是顾客满意率；另一个是顾客忠诚率。顾客满意率和顾客忠诚率越高，市场份额质量也就越好；反之，市场份额质量就越差。

企业较少关注市场份额质量的原因有两个：第一，很多企业还没有树立以顾客为中心的现代营销理念；第二，提高市场份额质量所带来的收益不确切，企业对提高市场份额质量心存疑虑。

要提高市场份额质量，企业就必须从顾客的满意率入手做更深入细致的工作，需要花费大量的人力、财力和物力，并且需要较长时间。这种投资由于数量大、要求高、时间长，且投资效果无法准确测算，显得风险较大，使得不少企业最终放弃了提高市场份额质量的打算。

二、市场份额的测算方法

根据不同市场范围，市场份额有四种测算方法。

(1) 总体市场。指企业的销售量（额）在整个行业中所占的比重。

(2) 目标市场。指企业的销售量（额）在其目标市场，即所服务的市场中所占的比重。企业目标市场的范围小于或等于整个行业的服务市场，因而它的目标市场份额总是大于它在总体市场中的份额。

(3) 三大竞争者。指企业的销售量与市场上最大的三个竞争者的销售总量之比。如：一个企业的市场份额是30%，而它的三个最大竞争者的市场份额分别为20%，10%，10%，则该企业的相对市场份额就是30% ÷40% =75%，如4个企业各占25%，则该企业的相对市场份额为33%。一般的，一个企业拥有33%以上的相对市场份额，表明它在这一市场中有一定实力。

(4) 最大竞争者。指企业的销售量与市场上最大竞争者的销售量之比。若高于100%，表明该企业是这一市场的领袖。

三、市场份额与利润的关系

高的市场份额，并不意味着高的利润，很多企业在市场份额数量扩大的过程中，虽然销售增长导致了生产成本下降，但用于扩大市场份额数量的费用增长远快于生产成本的下降，再加上竞争使价格下降，单位产品盈利快速下降，最后使企业产品的盈利能力下降。扩大市场份额数量的费用快速增长的原因，一方面是由于在市场扩大过程中，增加的营销管理人员由于缺乏经验、缺少培训、素质不高，致使费用失控；另一方面是竞争者的强烈反应引起的费用增长。企业扩展市场份额数量的行动必然使竞争者采取相应的行动，最常见的就是企业加大广告投入，竞争者也会加大广告投入；企业降低价格，竞争者也会降低价格。结果是企业花了很大的代价，销售并未显著增长或销售量增长了且市场份额也扩大了，但盈利却下降了。事实上企业产品盈利能力受到很多因素的影响，除了市场份额的数量、市场份额与利润大小之外，还包括行业竞争的激烈程度、行业平均盈利水平、企业管理能力和市场份额质量等因素。市场份额的数量只是影响企业产品盈利能力的因素之一。一般来讲，在以下两种情况下，高的市场份额意味着带来高额利润。

第一，单位成本随着市场份额的提高而降低。这是由于市场领导者所经营的工厂较大，享有成本上的规模；另外，成本经验曲线下降较快，所以单位成本下降。

第二，公司提供优质高价的产品，同时价格的升高要超过高质量所带来的额外成本。提高产品质量并不会增加公司的成本，因为公司也因此减少了废料和售后服务等消耗，而且如果其产品特色非常适合消费者需要的话，他们宁愿为此支付超过成本的价格。

四、市场份额下降的原因及提升市场份额的方法

（一）市场份额变动原因

如前所述，市场份额数量扩大并不一定会增加企业的盈利，同样，市场份额数量下降也并不一定会减少企业盈利。企业在面对市场份额数量下降时，必须认真分析研究，有针对性地拿出应对方案。

1. 企业销售增长低于行业销售增长所引起的市场份额下降

行业增长速度快，意味着市场总需求在急剧增加，发展机会多，市场吸引力大。此种情形对企业市场份额数量下降的分析必须结合竞争对手的状况进行。应着重分析竞争对手的数量变化和市场份额变化情况。如果竞争者越来越多，且每个竞争者的市场份额数量越来越小，此时，企业的市场份额数量下降是可以接受的，企业并不需要采取特别的行动；如果竞争者数量在增加，但有的竞争者的市场份额数量却在上升，此时，企业必须对这些市场份额数量增加的竞争者进行重点分析研究，了解他们增长快于行业发展的原因，对比分析自己的不足并加以改进，避免被竞争者拉开差距；如果竞争者数量在减少，多数主要竞争者的市场份额数量在上升，此时市场份额数量下降意味着企业产品缺乏竞争力，企业必须加大产品投入力度，改进产品性能，加强促销和销售网点建设，努力改变所面临的不良处境；如果竞争者的数量在减少，少数竞争者的市场份额在上升，此时意味着市场正向少数大竞争者集中，而中小竞争者却在苦苦挣扎，企业面临着重要选择：要么保持现状，要么改变现状。保持现状是企业面对市场份额数量下降，并不去加以扭转，当企业认为根本无法与大企业竞争，并准备淡出市场时，才会如此选择；改变现状是指企业加大投入，扭转市场份额下降的态势，当企业有信心且有相应资源的支持时，就应做此选择。

2. 企业销售减少的速度快于行业销售减少的速度所引起的市场份额下降

行业销售减少意味着市场总需求在下降，行业在衰退之中，市场已无开发价值。企业销售的快速减少，说明市场危机对本企业的冲击特别显著，说明本企业产品在市场上缺乏竞争力。针对此种情况，企业有四种选择。

（1）维持现状策略。尽量维持市场份额或减缓市场份额下降的速度。企业可通过增加促销力度，或在适当时机降低价格等方式刺激需求。当企业经过分析研究发现该产品收益仍较好时可选择此对策。

（2）顺势而为策略。企业对市场份额数量下降，不再做更多的努力，仍保持执行原有的营销计划。当企业经过分析研究认为该产品市场收益不太好，改变市场份额的费用可能比由此带来的收益更多时，应选择此策略。

（3）加速收割策略。企业削减原有的营销计划以减少费用，增加产品的短期收益。当企业认为该产品将快速衰退，并做好了资产转移工作时，可选择此策略。

（4）放弃策略。企业对市场份额数量快速下降的产品，实行清理变卖，最终放弃对它的经营。当企业有更好的业务需要发展时，就可以考虑对该种产品实施放弃策略，把变卖所得资产用于发展新的业务。

（二）提升方法及战略

增加市场份额的目的是大幅度提高而且持续增加企业的市场占有率。企业改变市场份额的幅度是根据所在的行业结构而定的。在正常情况下，这种变化应该是企业市场份额的100%～150%，最低不少于市场份额的50%。为了达到这个标准，企业需要投入高于行业内同样规模企业的正常投资水平的投资。在具体做法上，企业除了自筹一部分资金外，还必须能够吸引更多的资金。此外，企业还可以进行某种形式的联合，或在某些方面形成可以超越竞争对手的主要优势，促成市场份额的变化。

在一般情况下，市场份额会在产品市场发展周期的开始阶段或整顿阶段发生变化。在这些阶段里，行业的竞争基础常会发生变化，同时，行业的产品市场发展阶段也常表明企业有可能建立的竞争优势的类型。例如，在开发阶段上，许多行业的竞争基础离不开产品设计、产品定位和产品质量。而在整顿阶段里，行业的竞争基础通常转向产品特性、市场细分、定位、销售和服务的效能上。

当然，企业即使了解了产品市场阶段上的这些变化，也还需要一个有创造性的决策过程，才能形成有效的市场份额增加。原因有三点。

（1）企业即使知道行业中存在着新的竞争基础，仍需要有创见地找出在新领域里进行竞争的最好办法。也就是说，企业要了解在这些阶段上市场所需要的产品设计、产品定位和产品特性，才能更有竞争力。

（2）上述所有阶段性变化只是一般性变化，并不适用于所有的行业。例如，高技术产品的寿命较短，在市场上增长得快，衰退也快，一般不存在整顿阶段、成熟阶段和饱和阶段。因此，当它们还处在产品市场发展的初级阶段的时候，它们的价格、生产能力和销售渠道比产品设计和产品质量更为重要。

（3）如果在这些阶段上，行业发生了巨大的变化，也会影响市场份额的增长速度。例如，行业领先企业出现失误，产品生产技术发生重大突破，或者企业有意进行重大投资都会使企业的市场份额发生大幅度的变化，甚至可能会影响到产品—市场发展的其他阶段的竞争地位。

总之，企业在产品—市场发展的某些阶段上比较容易形成某种竞争优势，但必须有在某些方面超过竞争对手的主要竞争优势，才能形成增加市场份额战略。

第三章 生产管理

生产管理的目标可以概括为：高效、低耗、灵活、准时地生产合格产品和提供满意服务。

高效是对时间而言的，指能够迅速地满足用户的需要，在当前激烈的市场竞争条件下，谁的订货提前期短，谁就能争取用户；低耗是指生产同样数量和质量的产品，人力、物力和财力的消耗最少，成本最低；灵活是指能很快地适应市场的变化，生产不同的品种和开发新品种，提供不同的服务和开发新的服务；准时是指在用户需要的时间内，按用户需要的数量，提供所需的产品和服务；合格产品和满意服务，是指产品质量及服务质量好。

第一节 生产管理的内容

生产管理的内容有三个方面：生产系统设计、生产运行管理和生产系统维护。

一、生产系统设计

生产系统设计包括产品的选择和设计、新产品的开发、生产设施的选址和布置以及工作设计。生产系统的设计一般在生产系统初期建设阶段进行。但在生产系统的生命周期内，如果需要扩建新设施、增加新设备，或者由于产品的变化，需要对生产设施进行调整和重新布置，都会遇到生产系统设计问题。

(一) 产品选择

企业进行生产先要确定向市场提供的产品，就是产品选择；产品确定之后，就要对产品进行设计，确定其功能、型号、规格和结构；接着，要对制造产品的工艺进行选择，对工艺过程进行设计。产品选择需要考虑三方面因素。

1. *市场需求及其变化*

企业生产的产品必须是目前或近期内市场需要的产品。人们对产品功能的要求在不断变化，将产生新的需求，为了适应这种新需求，企业应不断推出新产品。

2. 需求与企业生产能力的关系

首先，市场不需要的产品，企业有再强的技术能力和生产能力，也不应该生产。其次，对于市场上需求量大的产品，若与企业的能力差别较大，企业也不应该生产。例如，汽车制造厂的主要任务是生产汽车，绝不能因为彩色电视机走俏就去生产彩色电视机。

3. 原材料、外购件的供应

一个企业选择了某种产品，要制造该产品必然涉及原材料和外购件的供应。若没有合适的供应商，或供应商的生产能力或技术能力不足，这种产品也不能选择。

(二) 生产设施的选址

在产品的选择及其生产工艺确定之后，在什么地点新建或补建该产品的生产及服务设施，是企业下一步要考虑的问题。它不仅关系到设施建设的投资和建设的速度，而且在很大程度上决定了所提供产品的成本，从而影响企业的生产管理活动和经济效益。生产设施的选址应考虑四方面影响因素。

1. 运输条件和运输费用

企业一切生产经营活动都离不开交通运输。原材料、工具和燃料进厂，产品和废物出厂，都有大量的物料需要运输；职工上下班也需要交通方便。交通便利能使物料和人员准时到达需要的地点，使原材料产地与市场紧密联系，使生产活动正常进行。在运输工具中，水运运载量大，运费较低；铁路运输次之；公路运输运载量较小，运费较高，但最具灵活性，能实现门到门运输；空运运载量小，运费最高，但速度最快。因此，选择水、陆交通都很方便的地方是最理想的。在考虑运输条件时，还要注意产品的性质。生产粗大笨重产品的工厂，要靠近铁路车站或河海港口；制造出口产品的工厂，厂址要接近码头。在企业输入和输出过程中，有大量的物料进出，有的企业输入运输量大，有的企业输出运输量大，在选址时，要考虑是接近原材料供应地，还是接近消费市场。

2. 劳动力可获性与费用

对于劳动密集型企业，人工费用占产品成本的大部分，必须考虑劳动力的成本。工厂设在劳动力资源丰富、工资低廉的地区，可以降低人工成本。例如，一些发达国家的公司纷纷在经济不够发达的国家设厂。对于大量需要具有专门技术员工的企业，人工成本占制造成本的比例很大，而且员工的技术水平和业务能力，又直接影响产品的质量和产量，劳动力资源的可获性和成本就成为选址的重要条件。在大城市较容易获得高水平的劳动力资源，选择在城市或城郊建厂，容易解决劳动力资源问题。

3. **能源可获性与费用**

没有燃料（煤、石油、天然气）和动力（电），企业就不能运转。对于耗能大的企业，如钢铁、炼铝、火力发电企业，其厂址的选择应该靠近燃料、动力供应地。

4. **厂址条件和费用**

建厂所在地的地势、利用情况和地质条件都会影响建设投资。显然，在平地建厂比在丘陵或山区建厂施工要容易得多，造价也低得多。在地震区建厂，则所有建筑物和设施都要达到抗震要求。同样，在有滑坡、流沙或下沉的地面上建厂，也都要有防范措施。这些措施将导致投资增加。此外，选择在荒地上还是良田上建厂，也会影响投资。需要强调的是，中国人均耕地面积十分有限，选择厂址要尽可能不占良田或少占良田。地价是影响投资的重要因素，城市地价高，城郊地价较低，农村地价更低。

（三）生产和服务设施布置

生产和服务设施布置是指，合理安排企业或某一组织内部各个生产作业单位和辅助设施的相对位置与面积、车间内部生产设备的布置。生产和服务设施布置之前，应先确定企业内部生产单位组成，从企业的一般结构特点看，企业内部的生产车间是基本生产单位，车间下设工段或生产小组，实行分层管理，分别完成各项生产任务。

影响生产和服务设施布置的因素有六个方面：

1. **工厂厂房的布置**

满足生产过程的要求，以避免互相交叉和迂回运输，缩短生产周期，节省生产费用。

2. **关系密切单位布置**

生产联系和协作关系密切的单位应相互靠近布置，比如，机械加工和装配车间应该安排在相邻的位置上。

3. **运输条件利用**

充分利用现有运输条件，如公路、铁路、港口及供水、供电等公共设施。

4. **厂区划分**

按照生产性质、防火和环保要求，合理划分厂区，如热加工车间区、冷加工车间区、动力设施区。为了减少居民生活区的污染，生活区应设在上风区。

5. 总面积

在考虑防火和卫生的条件下，总平面布置应力求占地面积最小。

6. 扩建

工厂布置应考虑留有扩建的余地。

（四）工作设计

工作设计是制定与每个员工工作有关的活动的正规和非正规的说明，包括：工作的结构和与同事、顾客的联系。工作设计有不同的指导思想和方案：一种是进行细致分工，使每个员工只完成最简单的操作，这样可以提高工作效率，从而提高生产系统的产出。福特最早的流水生产线上的工作就是这样设计的，这种方式使工作单调乏味，遭到工人的反对。另一种是进行粗略分工，每个员工都从事不同的操作，使工作丰富化。这样虽可以提高员工的工作兴趣，但在一定程度上牺牲了效率。

二、生产运行管理

生产系统的运行，主要在现行的生产系统中，按用户的需求，生产合格产品和提供满意服务。生产系统的运行管理主要涉及生产计划、组织、控制三个方面。

（一）生产计划

生产计划是解决生产什么、生产多少和何时出产的问题，包括：预测本企业产品和服务的需求，确定产品和服务的品种与产量，设置产品交货期和服务提供方式，编制生产计划，做好人员班次安排，统计生产进展情况，等等。

（二）组织

组织是解决如何合理组织生产要素，使有限的资源得到充分而合理的利用。

生产要素包括四个方面：

（1）劳动者（工人、技术人员、管理人员和服务人员）；

（2）劳动资料（设施、机器、装备、工具和能源）；

（3）劳动对象（原材料、毛坯、在制品、零部件和产品）；

（4）信息（技术资料、图纸、技术文件、市场信息、计划、统计资料和工作指令）。

劳动者、劳动资料、劳动对象和信息的不同组合与配置，构成了不同的组织生产的方式，或简称生产方式。例如，福特生产方式、丰田生产方式。

（三）控制

控制是解决如何保证按计划完成任务的问题，主要包括：接受订货控制、投料控制、生产进度控制、库存控制和成本控制等。

生产运行管理的内容包括：需求管理、生产计划、物料需求计划、能力计划、生产作业计划与控制、库存管理、项目管理、质量控制和物流管理（后勤管理）等。

三、生产系统维护

组成生产系统的设备和设施，随着生产系统的运行会出现老化、故障、毁损等现象，将影响生产系统的正常运行，降低生产效率和产品质量。生产系统只有通过正确的维护和不断的改进，才能适应市场的变化，持续地为用户提供合格产品和满意服务。

生产系统维护的主要内容是设备管理，包括五个方面。

（1）依据企业经营目标及生产需要制定设备规划，主要是设备的添置和更新改造计划的制订。

（2）选择、购置、安装调试所需设备。

（3）对投入运行的设备正确、合理地使用。

（4）维护保养和及时检查设备，保证设备正常运行。

（5）适时改造和更新设备。

第二节　生产成本

成本是商品经济的价值范畴，是商品价值的组成部分。在商品生产中，人们要进行生产经营活动或达到一定的目的，就必须耗费一定的资源（人力、物力和财力），所费资源的货币表现及其对象化称为生产成本。随着商品经济的不断发展，成本概念的内涵和外延也处于不断变化和发展之中。按照研究对象和角度不同，生产成本可以分为五种。

一、相关成本和非相关成本

前者适宜于做决策的成本，在决策中必须考虑的成本；后者不适宜用于决策的成本，在决策中不用考虑的成本。

二、显性成本

显性成本是会计学上的成本概念，是厂商在生产要素市场上购买或者租用所需要的生产要素的实际支出，在会计账目上作为成本项目入账的各项费用支出，是通过在一种资源交易或转换时发生的资金历史支出对成本进行界定与衡量。但经济学家一般考虑的是经济成本，经济成本是指资源的交换或者转换发生时所做出的牺牲，是用机会成本来衡量的。一种资源的机会成本就是把这种资源从其次优使用方案中吸引过来的成本。

三、隐性成本

隐性成本是指厂商自身拥有的，且被用于该企业生产过程的那些生产要素所应支付的费用。这些费用并未在企业的会计账目上反映出来，所以称为隐性成本。

四、增量成本与沉没成本

前者指因某一特定的决策而引起的全部成本的变化；后者对企业最佳决策选择方案不起作用，主要表现为过去发生的费用，或已经承诺支出的成本，今后的任何决策都不能改变这项支出。增量成本是由决策引起的成本变化量，而沉没成本是历史成本，与决策的结果无关。

五、变动成本和固定成本

总成本由两个要素组成，固定成本和变动成本。无论企业的产出水平如何，固定成本均由企业承担，其主要包括维持厂房的费用、保险费和少量雇员的工资费用；变动成本根据产出水平的变化而变化，主要包括工资和原材料的费用。

第三节 产能规划

产能规划是提供一种方法来确定由资本密集型资源设备、工具、设施和总体劳动力规模等，综合形成的总体生产能力的大小，从而为实现企业的长期竞争战略政策提供有力的支持。产能规划所确定的生产能力对企业的市场反应速度、成本结构、库存策略以及企业自身管理和员工制度都将产生重大影响。产能规划具有时间性和层次性。

一、产能规划的分期

(一) 长期计划

长期计划是指时间在一年以上的产能规划。长期计划中涉及的生产性资源需要一段较长时间才能获得，也将在一段较长的时间内消耗完毕，如建筑物、设备、物料设施等。长期计划需要高层管理者的参与和批准。长期计划是基于对企业的长远利益的考虑而制订的产能计划。长期计划具有战略性质，对企业的远期利益至关重要。长期计划具有很大的风险，需要谨慎处置，周密考虑。长期计划分为扩展与收缩两类。

(二) 中期计划

中期计划是指在半年至18个月内制订的月计划或季度计划。这里，雇员人数的变化（招聘或解雇）、新工具的增加、小型设备购买以及转包合同的签订等情况发生时，中期计划可能需要调整。

(三) 短期计划

短期计划是指小于一个月的生产能力计划。这种类型的生产能力计划关系到每天或每周的生产调度情况，而且为了消除计划产量与实际产量的矛盾，短期计划需做相应调整，包括超时工作、人员调动或替代性生产程序规划等。

二、产能规划的步骤

不同企业进行产能规划的程序不同，但是，一般来说，企业进行产能规划时，都必须遵循以下四个步骤。

(一) 估计未来的能力需求

在进行产能规划时，首先要进行需求预测。由于能力需求的长期计划不仅与未来的市场需求有关，还与技术变化、竞争关系以及生产率提高等多种因素有关，因此必须综合考虑。还应该注意的是，所预测的时间段越长，预测的误差可能性就越大。

对市场需求所做的预测必须转变为一种可以与能力直接进行比较的度量。在制造业中，企业能力经常是以可利用的设备数来表示的。在这种情况下，管理人员必须把市场需求（通常是产品产量）转变为所需的设备数。

(二) 计算需求与现有能力的差

当预测需求与现有能力的差为正数时，就需要扩大产能，要注意的是，当一个生产运作系统包括多个环节或多个工序时，能力的计划和选择就需要格外谨慎。一个典型的例子是：20世纪70年代，西方发达国家的航空运输业呈供不应求的局面，因此，许多航空公司认为，所拥有的飞机座位数越多，就可以赢得越多的顾客，因而竭力购入大型客机。但事实证明，拥有小飞机的公司反而获得了更好的经营绩效。原因是满足需求的关键因素在于航班次数的增加，而不是每一航班所拥有的座位数。也就是说，顾客需求总量可用“座位数×航班次数÷年”表达，只扩大前者而忽视后者则会失败。在制造企业中，能力扩大同样必须考虑各工序能力的平衡。当企业的生产环节很多，设备多种多样时，各个环节所拥有的生产能力往往不一致，既有富裕环节，又有瓶颈环节。而富余环节和瓶颈环节又随着产品种类和制造工艺的改变而变化。从这个意义上说，企业的整体生产能力是由瓶颈环节的能力决定的，这是制订能力计划时必须注意的关键问题。否则的话，就会形成一种恶性循环，即某瓶颈工序能力紧张，增加该工序能力，未增加能力的其他工序又变为瓶颈工序。

（三）制订候选方案

处理能力与需求之差的方法有多种，最简单的一种是：不考虑能力扩大，任由这部分顾客或订单失去。扩大规模和时间有多种方案，包括积极策略、消极策略和中间策略的选择，新设施地点的选择，是否考虑使用加班、外包等临时措施，等等。这些都是制订能力计划方案所要考虑的内容。考虑的重点不同，会形成不同的候选方案。一般来说，至少应给出3~5个候选方案。

（四）评价每个方案

评价包括两方面：定量评价和定性评价。定量评价主要是从财务的角度，以所要进行的投资为基准，比较各种方案给企业带来的收益以及投资回收情况。这里，可使用净现值法、盈亏平衡分析法、投资回收率法等。定性评价主要考虑不能用财务分析判断的其他因素，例如，是否与企业的整体战略相符，与竞争策略的关系，技术变化因素，人员成本，等等，这些因素的考虑，有些实际上仍可进行定量计算（如人员成本），有些则需要用经验来判断。在进行定性评价时，可对未来进行一系列的假设，例如，给出一组最坏的假设：需求比预测值要小，竞争更激烈，建设费用更高，等等；也可以给出一组完全相反的假设，即最好的假设，用多组这样的不同假设来考虑投资方案的好坏。

第四节 自产与外包

厂商在经营活动中，有些业务是自己从事的，有些业务则是外包的。特别是，有时候在某些外包业务上，厂商自己的生产和技术等能力比承包商更强，但这些业务也外包出去了。比如，某些跨国汽车公司，在生产许多零件的技术和能力方面比中国厂商更优秀，但是它们却自己不生产而到中国采购。这种看起来有点奇怪的现象为什么存在呢?

比较优势理论可以对此提供一个解释。尽管跨国汽车公司在各个零部件制造方面的技术和能力比中国厂商强，但是在某些零件的制造上，中国厂商具有比较优势，那么跨国汽车公司最优的选择是把有比较优势的零部件外包给中国厂商来制造，然后它们就专注自己更具比较优势的项目。这样对它们本身是有利的。

事实上，如果我们把跨国公司的业务分作“技术”和“制造”两类，就会发现，即使跨国公司在技术和制造两方面都具有绝对优势，但是其比较优势往往在“技术”方面：它从事“技术”的机会成本比从事“制造”的机会成本要低得多。而对于很多发展中国家，没有强大的技术力量，技术研发能力薄弱，资源投入到技术上的产出也比较低，因此，导致发展中国家的比较优势集中在“制造”而不是“技术”上。这种比较优势格局，导致了发达国家专注于技术而发展中国家专注于制造的国际分工体系。伴随着发展中国家的技术追赶，比较优势格局的变迁，国际分工体系也会产生变化。比如，近年来，中国沿海地区产业升级，便导致了一些低端的制造业向越南等国家转移。

从经济学角度看，一个人没有必要事必躬亲；若善于发挥自己的比较优势，做自己最擅长的工作，与他人分工合作，则大家的情况都会更好。一个典型的例子是家庭内的分工。通常我们看到男主外、女主内的家庭分工格局，正是因为男性在市场生产方面更具比较优势，而女性在家庭生产方面更具比较优势。这种比较优势的存在并不需要以男性家庭生产能力低于女性为条件，只要男性在获得市场收入方面高于女性，就可能形成这样的比较优势格局。即使比尔·盖茨是全世界最善于做家务劳动的男人，而他老婆是做家务最糟糕的女人，他们的分工格局也应该是他老婆负责看孩子做家务，因为比尔·盖茨从事家务劳动的机会成本太高了。比如，一个教授在写论文和查资料方面都强于他的学生（即两方面他都有绝对优势），但他仍会把查资料的任务派给学生。这是因为他可以专门做研究和写论文（此方面他具有比较优势，学生在查资料方面有比较优势）。我们也可以用比较优势理论解释为什么一个即便在各方面都很出色的领导不必事事关心，而应更多地将精力放在宏观决策等问题上；我们还可以解释为什么一个良好的组织是能够使其成员各行其是的组织。甚至，“好钢用在刀刃上”这种朴素的观念，也可从比较优势理论得到解释。当然，最重要的在于，比较优势是绝大多数经济学家反对贸易保护主义的依据。

比较优势与分工合作的思想或许可追溯到古希腊历史学家和社会活动家色诺芬。他的著作涉及大量领域，其中一些涉及经济问题，比如，劳动分工、管理、财富的性质。他曾写过一本教育王子的《经济论》（Oeconomicus，我们称为 Economics 的现代“经济学”来源于此），书中对国王的精美食物进行了评论，因为这些食物都是由专家制作的。然后，他进一步发挥了这一思想，从物品质量强调了劳动分工的优势。他说：“一个人什么都做，而且想什么都做得好，这是不可能的。显然，只有在一个小的领域里劳动的人，才能做得最好。”针对分工受市场限制，他又写道：“在小城市里，同一个人要制造椅子、门、犁、桌子，有时还要造房子，若他能够找到使他足以维持生活的主顾，他就很满意了……但在大城市里，每个人都能找到许多买家，只从事一种行业，更为经常的甚至不必从事整个一个行业的工作就足以维持生活”（第 8 卷第 2 节）。马克思在《资本论》（第1卷，第12章，第3节）引用了色诺芬这段论述，并因为色诺芬的思想在前而认为亚当·斯密对劳动分工的分析没有做出任何新的贡献（同上，第 5 节）。

劳动分工提高了生活质量，但也带来了其他的问题：由于人们的天赋、技能、勤奋大不相同，所创造的财富便大不相同，经济差距在不同职业间可能非常明显。同时，由于劳动收益的增加，单个人不一定非要从事为了生存而进行的活动，职业种类更丰富，比如，艺术家、教士、国王和士兵。所以，人类社会有了劳动分工之后，文化、科学和技术进步才成为可能，但同时统治和压迫的可能也随之而来。这就是进步的双重性：人类学会了使自己生活轻松和美好的方法，但有人却利用这些方法反对其他人。

一、外包的背景

很多人称我们所处的时代为“速度经济”时代。消费者需求的多样化发展和企业研发能力的快速提高，新产品的研制时间缩短。同时，产品在市场上能够停留的时间也日益缩短。可以说，现在的市场机会稍纵即逝，留给企业思考和决策的时间非常短暂。企业如果独揽与每个新产品的推出有关的业务，如研发、生产、物流、营销和服务等，必然承受非常大的风险。每个新产品对于生产工艺的要求或多或少总会有所不同。企业如果大量投资于与此相关的业务，就产生很多的沉没成本。而从投入到产出总需要一定的时间周期。周期太长，则不光贻误了商机，新产品变成了过时货，还会由于资产的专用性问题导致大量的固定投资无法收回。这会给公司带来难以计量的损失。因此，企业应避免这种独立作战的思维方式，联合更多的合作伙伴，更快速地响应多变的市场需求。今天，随着全球化分工的发展和深化，越来越多的企业经营者专注于核心竞争力的建设上，将部分生产外包给其他企业，已经成为一种常见的战略。

二、外包

生产外包是以外加工方式将生产委托给外部优秀的专业化企业，达到降低成本、分散风险、提高效率和增强竞争力的目的，即将一些传统上由企业内部人员负责的非核心业务或加工方式外包给专业的、高效的服务提供商，以充分利用公司外部最优秀的专业化资源，从而降低成本、提高效率，增强自身竞争力的一种管理策略。

生产外包经营模式已有近两百年的历史，但真正发展是近十多年的事情。随着经济全球化，竞争全球化，许多跨国公司纷纷将制造基地外移到包括中国在内的亚洲区域。比如，宝元鞋业分别接受耐克、阿迪达斯、匡威的生产外包业务，富士康接受苹果公司的生产外包业务等。

专业部门研究表明，实施外包战略可使产品开发成本节约9%，生产能力和质量平均提高15%左右。生产外包结束了自给自足的组织模式，把非核心技术工艺的大部分外包给别人，而在核心技术上区别于竞争对手，已成为全球成功企业的共同做法。

(一) 生产外包的步骤

1. 确定厂商类型

根据公司的规模、外包的数量、金额、质量要求和技术要求，决定待选厂商的规模和水平。

2. 寻找外包厂商

根据产品要求，寻找厂商，并要求其填写“供应商/外包商调查表”，介绍其基本情况。

3. 实地考察

选择几家符合基本要求的厂商，组织生产、技术、质量和物料等部门的人员对候选厂商现场考查其生产运作的各个方面。

4. 决定待选厂商

根据各部门的反馈，选定几家好的厂商。要求每家针对检查时发现的问题提供纠正预防措施。有必要的话，组织第二次现场检查。

5. **选定报价厂商**

根据每家提供的纠正预防措施实施情况，选定报价厂商。

6. **厂商报价**

发送用于报价的图纸、文件给厂商（发送之前应要求该厂商签订保密协议）。可要求每家厂商按照固定的格式报价，并给出明细（材料、人工、管理费用、利润），便于分析比较。

7. **选定厂商**

分析报价，选定合适的厂商。

8. **样品认证**

提供制造文件给选定的厂商。制造几个或几十个样品，由公司的技术、质量人员检查认证。未通过的，视情况要求再做样品并提供纠正预防措施或直接取消资格。

9. **小批量产品生产认证**

通过样品认证的话，生产几百或几千个，并组织生产、技术、质量和物料等部门的人员现场认证该厂的生产组织各个方面。并提供纠正预防措施。

10. **外包厂商认证**

纠正预防措施实施情况良好，即可认证。

11. **跟踪**

质量决定前面多少批次需全检和接下来的检验比例，帮助厂商提高质量，直至免检。也可派技术人员驻厂商处解决问题，监督交期和质量，以及厂商的制造费用。

12. **定期降价，定期现场检查**

成功实施生产外包战略，需要企业自身具备一定的前提条件。

（二）生产外包的实施

1. **品牌优势**

品牌是企业进行生产外包的最大优势，因为只有建立在品牌经营的基础上，企业才有可能为产品附加上额外价值；同时，优秀的品牌也使得生产商更加乐意接受企业的外包业务。

2. **研发能力**

客户需求的快速变化，需要企业能够不断创造出满足其个性化需求的新产品。而只有具备强大的研发能力，才可能使生产外包形成良性循环，生产一批，研发一批。否则，同类竞争产品的出现，会很快侵蚀企业的核心竞争力。

3. **营销网络**

现代企业的核心驱动力是订单，否则，外包回来的产品只能是一堆库存。如果拥有强大的营销网络，可以快速地把产品送到客户手中，缩短资金回流的周期，使企业进入新一轮的产品外包。

4. **控制能力**

生产外包减少了企业对生产环节的管理监督，但同时也可能增加企业责任外移的可能性，如果无法对合作者进行有效的控制，最终市场很可能被合作者的自有产品抢走。这要求企业具备很强的控制力，不断地监控外包企业的行为，并努力与之形成良好的长期合作关系。生产外包在对企业提出一定要求时，对合作者也有一定限制，要求其有强大的生产能力，包括先进的生产设备、合格的工艺技术、技能熟练的员工和丰富的生产经验等体现其核心竞争力的因素。同时，还要求合作者有着良好的信誉。

三、生产外包与传统生产方式的区别

生产外包作为一种全新的生产经营方式，改善了传统生产方式，与传统生产方式相比有不少优越之处。按传统生产方式，企业出于管理和控制的需要，对与产品制造有关的活动和资源一直采取“纵向一体化（vertical integration）”管理模式，或自行扩大自身规模，或参股到供应商、销售商企业，形成一种所有权关系。“纵向一体化”在市场环境相对稳定的情况下尚有一定的合理性，而在产品寿命周期不断缩短、企业之间竞争加剧、全球市场变化莫测的情况下，则显露出增加企业投资负担的缺陷，承受基本建设周期长等风险，迫使企业从事不擅长的业务活动，在每个业务领域都直接面临众多竞争对手，等等。其结果是分散了整个企业的资源和精力，无法经营好核心业务，削弱了企业的竞争能力。因此，20世纪80年代以后，国际上越来越多的企业放弃了这种经营模式，出现了利用企业外部资源快速响应市场需求的思想，赢得在低成本、高质量、早上市等方面的竞争优势。

“横向一体化（horizontal integration）”思想，形成了一条以企业为结点的从供应商到制造商再到分销商的、贯穿所有企业的“网链”。显然，这些企业必须达到同步、协调运行，才有可能使价值链上的所有企业都能受益，因此价值链管理的概念应运而生。价值链管理的实施给企业带来了显著的效益。

四、自产还是外包

（一）只想专心做品牌，生产能力不足，资金有限

据美国一份调查显示，2005年，美国推出的新化妆品数量达到1 881种。每推出一种新产品就意味着品牌拥有者的肩上又多了一份重担。代加工商Crown Risdon公司（康涅狄格州，沃特镇）总裁斯蒂夫·佩尔曼说：如果你想从这些烦人的制造工作中解脱出来，你就可以选择外包生产！

Surefil公司（密歇根州，大瀑布市，代加工商）CEO比尔·亨特说："品牌价值不在于锃亮的机器，硕大的制造工厂，而在于在消费者意识中生成一个购买他们产品的冲动，然后掌控零售货架的空间。"如果你有一个知名的品牌，如果你想把更多精力用在打造品牌上，那加工的工作就可以请别人来做了！

现在，找合同制造商和贴牌公司已经成了品牌拥有者——不论是巨头还是小公司的流行选择。

发达国家的企业愿意采取外包生产模式，是因为它能够把产业链上不同单元的优势结合在一起，各得其所，获得最佳的经济效益。与国外日化企业比较注重销售和树立品牌的经营模式不同，中国的日化企业选择外包生产的原因在于生产能力或资金有限。

随着中国日化产品市场竞争的日益激烈，部分品牌知名度高、市场前景好的企业苦于生产能力不足，或没有足够的厂房空间；也有一些企业还没有拿到国家颁布的生产许可证，或者由于工厂资金有限，这时候，对于他们来说，外包生产就是一种不错的选择。同时，日化代加工的企业帮助其他企业研发或生产产品，不仅可以充分地提高生产设备的利用率，同时还可以提高研发和生产经验，在行业中树立良好口碑。

（二）外包生产的好处

对于国外小公司来说，外包是梦想成真的一条经济捷径。代加工商Novapac Laboratories公司（新泽西州，东奥兰治）总裁吉恩·马克·佩雷斯说："一个合同制造商生产一种产品，费用其实很便宜。对于那些想推出新产品的人来说，找合同制造商要比自己一肩挑容易的多得多。"代加工公司不只是和小品牌做生意，还为大品牌服务。大客户可以与合同制造商签订协议，让他们遵守，并且严密控制整个制造过程。这对于那些想外包的大公司特别有用。

对于大小客户来说，除了成本优势外，外包生产还有其他优势。

有了外包的帮助，能一定程度上帮助客户简化产品投放市场的过程。外包企业与自己的合作伙伴紧密合作，能将一种新产品迅速、安全、高质量地推向市

场。代加工商装备精良，为满足品牌企业的需求竭尽所能。与大型集团式制造机构相比，它们的反应，将使产品投入市场的速度更快。

从国内目前情况看，选择外包生产，对双方都有好处。首先，选择外包生产的企业，不需要修建厂房、不需要购买设备、不需要聘请大量的工人，只需要确定生产什么样的产品，给这个产品起一个名字，然后就是如何扩大市场宣传，让产品在市场中有影响力。其次，为他人代加工的企业，只需要生产出产品并确保产品品质。而由于大多企业对代加工企业的质量保证和技术体系同样有着较高的要求，因此也同时使许多代加工企业的管理水平和技术队伍得到锻炼和提高。同时，企业由于获得了相对稳定的经济效益，也为加工企业打造自有品牌、开拓市场创造了有利条件，并且在不断为其他企业做“幕后英雄”中发展壮大。

(三) 外包的方式

关于国外外包生产的术语，在理解上有混淆现象。很多时候，合同包装和贴牌被混用了，实际上，二者有比较大的区别。

1. 合同包装

在国外，从严格意义上讲，一个合同包装商只按照一个客户的规格要求，生产一种产品。换句话说，此产品专为此订单客户生产。

合同包装商与一家化妆品公司可能签订多个不同类型的协议。为了更好地理解合同包装商是如何与品牌企业合作的，可以将合同制造协议分成“完全购买”、“定向购买”和“付费生产”三类。

(1) “完全购买”合同制造是指合同制造商负责采购所有必要的材料，完成所有生产工作，提供可以在货架上销售的成品，而在这一过程中，品牌企业不进行干预。合同包装商向品牌企业索取一定的费用。

(2) “定向购买”是品牌企业提供详细原材料规格和价格信息，合同包装商根据这些指示购买所有材料和生产产品。品牌企业给合同包装商支付一定的代购费用，通常是所买材料总值的4%～5%。

(3) “付费生产”是最常见的。品牌企业给合同包装商提供所有材料和包装，后者收取充填或通行费用，负责混合原材料，包装产品，制造出可以在货架上销售的成品。

2. 贴牌

贴牌公司与合同包装商的运作不一样。在国外，一家贴牌公司，是通过采用已有规格，且以客户的名义，为客户生产一种产品。

比如，一家小型美容院想以自己的名义推出一系列护发产品。贴牌公司一般卖的是成品，它们会对这家美容院老板说："把你的标签给我就 OK 了。"合同包装和贴牌生产的关键区别就在这里：可能 5 家美容院卖的是同一产品，但却有 5 个名字。

在国内，由于对合同包装和贴牌概念的混淆，所以大家在业内统称代加工，相信随着该行业的日趋成熟，代加工市场将会更加规范。国内日化代加工市场主要分为两类。

第一类，日化企业既有自主品牌产品，又为其他企业代加工生产产品。浙江东阳市佳人日化有限公司和上海格兰化妆品有限公司就是这类企业。佳人日化生产技术主管高先生认为：在中国的日化市场，客户可以选择让代加工企业进行产品的前段加工，而自己完成后面的灌装和包装，这种选择的突出特点就是投资少，见效快。佳人日化将生产成品分成 25 公斤、50 公斤或 100 公斤的包装发给客户，客户在进行检测之后确认合格，再在自己的工厂中进行灌装、制作说明书、装盒和装箱等工序。目前，在中国的日化行业中有 30% ~35% 的企业有自主品牌和产品，并为其他企业进行代加工的业务。格兰化妆品的柳小姐表示：格兰有产品自主研发能力，他们可以按照客户的要求研发或生产产品，客户也可以购买格兰已经生产出来的成品。

第二类，专门为日化企业做代加工的企业。这类企业只做代加工，没有自主品牌。上海肇隆日化原料有限公司的相关负责人说，目前，代加工企业可以提供的服务已经包括从新材料技术开发到提供化妆品最新配方及材料加工至成品，为客户提供全方位的服务体系。他们现在的经营模式与国外的代加工企业基本一致，即可以按照客户的不同需求给予不同的服务，甚至也可以帮助客户完成从产品研发、生产、容器材料的选择、灌装，直至摆放在货架前的任何工序。客户可以根据自己的需要选择合适的方式。

（四）外包应注意的事项

首先，外包生产很容易因代加工企业的变动而产生波动。因此，除了要保证外包生产是在公平基础上的合作外，还要多留心一些代加工商，以便能掌控最大的生产灵活性。

其次，并不是所有的客户都需代加工企业提供全套服务。他们还为有特殊需求的客户服务。比如，有时候，一个合同包装商需要为一家化妆品公司提供如研发、趋势分析、大批量制造、灌装、包装、测试和运输等服务。也有时候，客户可能只需合同包装商提供单方面协助，如灌装。所以，在选择外包生产之前，必须做好决定，到底要从代加工商那里购买何种程度的服务。并不是所有合同制造商都能提供全方位服务。有的代加工商专攻某一特殊领域，能提供的服务有限。但是，如果他们提供不了所需服务的话，可以让他们推荐有声誉的供应商。

最后，也是最重要的一点。不是外包生产之后就完成了所有的工作，必须保证外包生产的产品符合一定的质量，从而维护品牌形象。这就更需要与代加工商进行沟通，对如何保证产品质量达成一致。

第五节　库存管理

一、库存管理的概念和内含

库存管理是指在物流过程中商品数量的管理，以前认为仓库里的商品多，表明企业发达、兴隆。而现代管理学则认为，零库存是最好的库存管理。库存多，占用资金多，利息负担加重。但是如果库存太少，则容易出现断档。

根据外界对库存的要求，企业订购的特点，预测、计划和执行一种补充库存的行为，并对这种行为进行控制，重点在于确定如何订货，订购多少，何时订货。

库存管理系统是生产、计划和控制的基础。通过对仓库、货位等账务管理及入库/出库类型、入库/出库单据的管理，及时反映各种物资的仓储、流向情况，为生产管理和成本核算提供依据。通过库存分析，为管理及决策人员提供库存资金占用情况、物资积压情况、短缺/超储情况和 ABC 分类情况等不同的统计分析信息。通过对批号的跟踪，实现专批专管，保证质量跟踪的贯通。

关于库存管理，在美国有些企业库存周期只有 8 天，但中国有些企业的库存周期长达 51 天，仅运输成本一项，占销售额的比例就高达 20% ~30%。从物流成本构成看，中国物流管理成本占总成本的 14%，而美国只有 3.8%。对物流企业进行库存管理，其实就是降低其成本。物流企业作为供应链的一部分，不管是对库存进行管理还是要降低成本，都要在供应链的角度上实行。由于中国物流业发展还处于起步到成熟的阶段，整体的物流规划能力的经验尚不足，并且物流信息化程度不高，许多物流管理还是以人工管理为主，直接导致了仓储和库存成本居高不下。从 20 世纪 60 年代以来企业信息化的趋势看，物流企业的库存管理也需趋向于信息化、网络化和高度集成化，随着信息技术的高速发展和国外大型物流企业纷纷涌入中国，作为现代企业物流管理的核心部分——库存管理，也要适应时代的发展。

库存（inventory）的定义是：以支持生产、维护、操作和客户服务为目的而存储的各种物料，包括原材料和在制品，维修件和生产消耗品，成品和备件，等等。狭义的库存是仓库里存放东西。广义的库存是具有经济价值的任何物品的停滞与储藏，是供将来使用的所有闲置资源。

不同的企业对于库存管理有不同的认识。概括起来主要有以下三种。

第一，持有库存。一般而言，在库存上有更大的投入可以带来更高水平的客户服务。长期以来，库存作为企业生产和销售的物资保障服务环节，在企业的经营中占有重要地位。企业持有一定的库存，有助于保证生产正常、连续、稳定进行，也有助于保质、保量地满足客户需求，维护企业声誉，巩固市场的占有率。

第二，库存控制保持合理库存。库存管理的目的是保持合适的库存量，既不能过度积压，也不能短缺。让企业管理者困惑的是：库存控制的标准是什么？库存控制到什么量才能达到要求？如何配置库存是合理的？这些都是库存管理的风险计划问题。

第三，以日本丰田为代表的企业提出的所谓"零库存"的观点。主要代表是准时生产方式（JIT）。他们认为，库存即是浪费，零库存就是其中的一项高效库存管理的改进措施，这一思想得到了广泛的应用。

二、库存管理的三次变革

（一）即时生产

1953 年，日本丰田公司副总裁大野耐一创造了一种高质量、低库存的生产方式——即时生产（Just In Time，JIT）。即时生产技术是库存管理的第一次革命，其基本思想是：只在需要的时候，按需要的量，生产所需的产品。也就是追求一种无库存或库存量达到最小的生产系统。在日本即时生产又称为"看板"管理，在每一个运送零部件的集装箱里面都有一个标牌，生产企业打开集装箱，就将标牌给供应商，供应商接到标牌之后，就开始准备下一批零部件。理想的情况是，下一批零部件送到时，生产企业正好用完上一批零部件。通过精确地协调生产和供应，日本的制造企业降低了原材料的库存，提高了企业的运作效率，也增加了企业的利润。事实上，即时生产技术成为日本汽车工业竞争优势的一个重要来源，而丰田公司也成为全球在即时生产技术上最为领先的公司之一。

（二）整备时间缩短

库存管理的第二次变革的动力来自于数控和传感技术、精密机床以及计算机等技术在工厂的广泛应用。这些技术使得工厂的整备时间从数小时缩短到几分钟。在计算机的帮助下，机器很快从一种预设的工模具状态切换到另一种工模具状态，而无须走到遥远的工具室或经人工处理之后再进行试车和调整，整备工作的加快，使怠机时间结构性发生了关键的变化，困挠着传统工厂的在制品库存和间接成本也随之减少。仍然是丰田公司在20世纪70年代率先进行了这方面的开拓工作。作为丰田的引擎供应商，洋马柴油机公司（Yanmar Diesel）效仿丰田进行了作业程序的改革，在不到五年时间里，将机型增加了4倍，但在制品的存货却减少了一半以上，产品制造的总体劳动生产率也提高了100%以上。

（三）零库存

20世纪90年代信息技术和互联网技术兴起之后，库存管理发生了第三次革命。通过信息技术在企业中的运用（如ERP、MRPⅡ等），可以使企业的生产计划与市场销售的信息充分共享，计划、采购、生产和销售等部门也可以更好地协同。而通过互联网技术可以使生产预测较以前更准确可靠。戴尔公司是这次革命的成功实践者。它充分运用信息技术和互联网技术展开网上直销，根据顾客的要求定制产品。一开始，在互联网还局限于少数科研和军事用途的时候，戴尔公司只能通过电话进行直销，随着互联网逐渐普及后，戴尔根据顾客在网上的订单组织生产，提供完全个性化的产品和服务。戴尔提出了“摒弃库存、不断聆听顾客意见、绝不进行间接销售”三项黄金律。戴尔公司完全消灭了成品库存，其零件库存量是以小时计算的，当它的销售额达到123亿美元时，库存额仅2.33亿美元，现金周转期则是负8天。

三、库存管理的方式

（一）供应商管理库存

近几年中，供应商管理库存（Vendor Managed Inventory，VMI）在商品分销系统中使用越来越广泛，有学者认为，这种库存管理方式是未来发展的趋势，甚至认为，这会导致整个配送管理系统的革命（Marke，1996），支撑这种理念的理论非常简单：通过集中管理库存和各个零售商的销售信息，生产商或分销商补货系统就能建立在真实的销售市场变化基础上，能够提高零售商预测销售的准确性、缩短生产商和分销商的生产和订货提前期，在链接供应和消费的基础上，优化补货频率和批量。

（二）客户管理库存

相对于供应商管理库存，客户管理库存是另一种库存控制方式，配送系统中很多人认为，按照和消费市场的接近程度，零售商在配送系统中由于最接近消费者，在了解消费者的消费习惯方面最有发言权，因此应该是最核心的一环，库存自然应归零售商管理。持这种观点的人认为，配送系统中离消费市场越远的成员就越不能准确地预测消费者需求的变化。

（三）联合库存管理

联合库存管理（Jointment Managent Inventory，JMI）是介于供应商管理库存和客户管理库存之间的一种库存管理方式，顾名思义，就是由供应商与客户共同管理库存，进行库存决策。它结合了对产品的制造更为熟悉的生产或供应商，以及掌握消费市场信息能对消费者消费习惯做出更快、更准确反应的零售商的优点，因此，能更准确地对供应和销售做出判断。在配送系统的上游，通过销售点提供的信息和零售商提供的库存状况，供应商能够更加灵敏地掌握消费市场变化，销售点汇总信息使整个系统都能灵活应对市场趋势；在系统另一端，销售点通过整个系统的可视性，可以更加准确地控制资金的投入和库存水平。通过在配送系统成员中减少系统库存、增加系统的灵敏度（Ellram and Cooper，1990；Battaglia，1993；Cooper，1993）。由于减少了需求的不确定性和应对突发事件所产生的高成本，整个系统都可以从中获益。在联合库存管理环境下，零售商可以从供应商那里得到最新的商品信息，以及相关库存控制各种参数的指导或建议，但是由于是独立的组织，零售商同样需要制定自己的库存决策。

四、库存管理的目的和功能

（1）谋求资本的有效运用。如果有多余的资金长期积压，对资金的正常运行来讲是最头疼的事。要防止资金僵化，资金进行良性循环才能产生利润。

（2）保有最小库存量，保证销售流动能顺利进行，使库存产品量达到不致存量不足的最小限度，避免积压资金。

（3）及早掌握库存状况，以便对库存过剩、库存短缺及时处理。

（4）节省库存费用。适当地保存库存量能节省库存费用。库存费用每年约为库存总额的24%～25%。1974年，日本资材管理协会的问卷调查结论为24.06%，之后因人工费上涨，估计已达到30%以上。这部分金额的增大给资金运转造成很大压力，使经营效率恶化。

（5）为了企业的经济效益。库存保存多会积压资金，库存不足也会造成资金浪费，唯有适当保存库存才能获得有效的营运。

（6）稳定操作水准，能减少或维持制造成本。

（7）促进生产，防止库存不足。库存的目的是为了配合生产降低物料短缺率，库存是生产期内作为保障物料供应、促进生产而存在的。

（8）缩短生产周期。适当保存材料、在制品以缩短生产周期。

（9）改善物料搬运效率。为了使物料合理地搬运，必须强调时间观念，改善物料搬运和库存，使之完美结合才能收到效果。

（10）缩短物料供应周期。如果缩短了从订货到物料进厂的时间，即把物料的订货交货时间缩短，为供应周期准备的预备库存量可以减少。

（11）防止物料陈旧。了解各种物料的特性，分别针对其特性采取相应的保管方法。对那些容易风化、生锈、破碎及体积大的物品要尽量少存，必要时再购进。

（12）有效利用工厂和仓库的面积。在有限的场地、厂房内，放置多余的物料或零散堆放会造成拥挤。为了有效地利用场地和厂房面积，应采用立体贮藏提高贮藏效率。

五、库存管理的主要形式

（一）委托保管

委托保管是受托方接受用户的委托，由受托方代存代管所有权属于用户的物资，从而使用户不再保有库存，甚至可不再保有保险储备库存，从而实现零库存。受托方收取一定数量的代管费用。这种零库存形式的优势在于：受委托方利用其专业的优势，可以实现较高水平和较低费用的库存管理，用户不再设仓库，同时减去了仓库及库存管理的大量事务，集中力量于生产经营。但是，这种零库存方式主要是靠库存转移实现的，并未能使库存总量降低。日本宫山售药及中国天津通讯广播器材公司就是采用这种方式实现零库存的。

（二）协作分包

协作分包即美国的“subcom”方式和日本的“下请”方式，是制造企业的一种协作分包产业结构形式。这种结构形式可以以若干分包企业的柔性生产准时供应，使主企业的供应库存为零；同时主企业的集中销售库存使若干分包劳务及销售企业的销售库存为零。

在许多发达国家，制造企业都是以一家规模很大的主企业和数以千百计的小型分包企业组成一个金字塔形结构。主企业主要负责装配和产品开拓市场的指导，分包企业各自分包劳务、分包零部件制造、分包供应和分包销售。例如，分包零部件制造的企业，可采取各种生产形式和库存调节形式，以保证按企业的生产速率，按指定时间送货到主企业，从而使主企业不再设一级库存，达到零库存的目的。

（三）轮动方式

轮动方式也称同步方式，是在对系统进行周密设计的前提下，使各个环节速率完全协调，从而根本取消工位之间衔接不当的一种零库存、零储备形式。这种方式是在传送带式生产基础上，进行更大规模延伸形成的一种使生产与材料供应同步进行，通过传送系统供应从而实现零库存的形式。

（四）准时供应

在生产工位之间或在供应与生产之间完全做到轮动，不仅是一件难度很大的系统工程，而且需要大量的投资，同时，有些产业也不适合采用轮动方式，因而，出现了比轮动方式更多灵活性、较容易实现的准时方式。准时方式是依靠有效的衔接和计划达到生产工位之间、供应与生产之间的协调，从而实现零库存。如果说轮动方式主要靠“硬件”的话，那么准时供应系统则在很大程度上依靠“软件”。

（五）看板方式

看板方式是准时方式中一种简单有效的方式，也称“传票卡制度”或“卡片”制度，是日本丰田公司首先采用的。在企业的各工序之间、企业之间、生产企业与供应者之间，采用固定格式的卡片为凭证，由某一环节根据自己的节奏，逆生产流程方向，向上一环节指定供应，从而协调关系，做到准时同步。采用看板方式，有可能使供应库存实现零库存。

（六）水龙头方式

水龙头方式是一种像拧开自来水管的水龙头就可以取水而无需自己保有库存的零库存形式。这是日本索尼公司首先采用的。这种方式经过一定时间的演进，已发展成即时供应制度，用户可以随时提出购入要求，采取需要多少就购入多少的方式，供货者以自己的库存和有效供应系统承担即时供应的责任，从而使用户实现零库存。适于这种供应形式实现零库存的物资，主要是工具及标准件。

（七）无库存储备

国家战略储备的物资，往往是重要物资，战略储备在关键时刻可以发挥巨大作用，所以各国都有各种名义的战略储备。由于战略储备的重要，一般这种储备都保存在条件良好的仓库中，以防止损失和延长保存年限。因而，实现零库存几乎是不可想象的事。无库存的储备，是仍然保持储备，但不采取库存形式，以此达到零库存。有些国家将不易损失的战略物资铝做成隔音墙、路障等储备起来，以备万一，在仓库中不再保有库存就是一例。

六、传统企业库存管理存在的问题

库存管理是企业管理（本文以制造业企业为例）的重要组成部分。在企业生产经营活动中，库存管理既必须保证生产车间对原材料、零部件的需求，又直接影响采购、销售部门的购销活动。为盘活企业流动资金，加快资金周转，在保障供给的前提下，最大限度地降低压库资金，直接牵动着企业的经营效益。根据对中国众多制造业企业的库存管理情况所做的调查和参考有关资料，发现制造业企业在库存管理方面普遍存在三个问题。

（一）不能及时获得库存信息

在企业运作过程中，有时必须获知各种零部件当前的库存量，但由于零部件种类多、数量大，需要进行仔细地核算。这不仅费时，而且易出错，从而影响企业快速有效地运转。

（二）库存信息不够准确

仓库管理员根据各种送货单、退货单、收料单、发料单、领料单和退料单进行物料的入库、出库搬运后，要随时修改库存信息和借、欠料信息，以便反映库存状况。工作中的主要问题是，由于零部件种类多、数量大，使得库存记录和实际库存时常不是严格一致的。因而需要通过盘点来纠正差错，这既耽误时间，工作量又大。

（三）无法及时了解发料和生产用料情况

在工令单下达后，由于零部件与生产线的关系复杂，根据送料员的个人经验给各配料点送料时，常缺少发料、用料记录和相关信息，经常出现生产线缺料才知道需要送料的情况，导致生产和用料发生混乱，无法了解发料和生产用料的实际情况。

市场需求日益多样化和个性化，产品更新换代的周期越来越短，要求制造业企业必须改变库存管理现状。

七、提高库存管理的途径

（1）严格执行财务制度的规定，使账、物、卡（物料购买卡、领用卡、存货卡）相符。存货管理要严格执行财务制度规定，对货到发票未到的存货，月末应及时办理暂估入库手续，使账、物、卡相符。

（2）采用 ABC 控制法，降低存货库存量，加速资金周转。对存货的日常管理，根据存货的重要程度，将其分为 ABC 三种类型。A 类存货为重要存货，品种占全部存货的 10% ~15%，资金占存货总额的 80% 左右，实行重点管理，如大型备品备件等。B类存货为一般存货，品种占全部存货的20%～30%，资金占全部存货总额的15%左右，适当控制，实行日常管理，如日常生产消耗用材料等。C类存货品种占全部存货的60%～65%，资金占存货总额的5%左右，进行一般管理，如办公用品、劳保用品等随时都可以采购。通过ABC分类后，抓住重点存货，控制一般存货，制订较为合理的存货采购计划，从而有效地控制存货库存，减少储备资金占用，加速资金周转。

（3）加强存货采购管理，合理运作采购资金，控制采购成本。首先，计划员要有较高的业务素质，对生产工艺流程及设备运行情况要有充分的了解，掌握设备维修、备件消耗情况及生产耗用材料情况，进而做出科学合理的存货采购计划。其次，要规范采购行为，增加采购的透明度。本着节约的原则，采购员要对供货单位的品质、价格、财务信誉动态监控；收集各种信息，同类产品货比多家，以求价格最低、质量最优；同时对大宗原燃材料、大型备品备件实行招标采购，杜绝暗箱操作，杜绝采购黑洞。这样，既确保了生产的正常进行，又有效地控制了采购成本，加速了资金周转、提高了资金的使用效率。

（4）充分利用集成的业务信息管理系统（ERP）等先进的管理模式，实现存货资金信息化管理。要想使存货管理达到现代化企业管理的要求，就要使企业尽快采用先进的管理模式，如ERP系统。利用ERP系统使人、财、物、产、供、销全方位科学高效集中管理，最大限度地堵塞漏洞，降低库存，使存货管理更上一个新台阶。

第四章　国际投资

第一节　国际投资的概念和特点

一、国际投资的概念

国际投资（International Investment）是各国官方机构、跨国公司、金融机构及居民个人等投资主体将其拥有的货币资本或产业资本，经跨国流动形成实物资产、无形资产或金融资产，并通过跨国经营得以实现价值增值的经济行为。

根据这一定义，国际投资的主体是有独立投资决策权，并对投资结果负责任的经济法人和自然人。国际投资的客体是投资主体加以经营操作以实现投资目标的对象，包括实物资产、无形资产和金融资产。国际投资的根本目的是实现资本增值。

国际投资作为一种跨国经济行为必然涉及两个国家，即投资国与东道国。投资国亦称资本流出国或对外投资国，是指从事对外投资活动的经济主体所在的国家。东道国亦称资本流入国、资本接受国，是指允许和吸收外国资本在本国进行投资和接受外国资本贷款的国家。

国际投资一般由两部分构成：一是向国外投资，对投资国特别是对发达国家来说，是为过剩资本寻找出路，以谋求海外高额利润的重要途径；二是向国际筹资，即引进海外资金，对东道国，特别是对发展中国家来说，这是吸引并利用外资、解决国内资金短缺，引进国外现金技术和管理知识，以促进本国经济发展的重要渠道之一。就一个国家而言，参与国际投资活动可以两种不同的身份出现，或投资国，或东道国。以投资国身份出现时，其经济行为表现为对外投资；以东道国身份出现时，其经济行为表现为引进外资。

国际投资包括三个方面。

（1）参与国际投资活动的资本形式是多样化的。它既有以实物资本形式表现的资本，如机器设备、商品等；也有以无形资产形式表现的资本，如商标、专利、管理技术、情报信息和生产诀窍等；还有以金融资产形式表现的资本，如债券、股票、衍生证券等。

（2）参与国际投资活动的主体是多元化的。投资主体是指独立行使对外投资活动决策权力并承担相应责任的法人或自然人，包括官方和非官方机构、跨国公司、跨国金融机构及居民个人投资者。而跨国公司和跨国银行是其中的主体。

（3）国际投资活动是对资本的跨国经营活动。这一点既与国际贸易相区别，也与单纯的国际信贷活动相区别。国际贸易主要是商品的国际流通与交换，实现商品的价值；国际信贷主要是货币的贷方与回收，虽然其目的也是为了实现资本价值的增值，但在资本的具体营运过程中，资本的所有人对其并无控制权；而国际投资活动，则是各种资本运营的结合，是在经营中实现资本的增值。

二、国际投资的特点

国际投资作为一种跨越两个主权国家之间的资本流动，与国内投资相比具有其自身的特点。

第一，投资主体单一化。国际投资的主体主要是大型跨国公司或大型跨国银行，它们的生产与经营规模巨大，分支机构遍布世界各地；资金实力雄厚，技术水平先进，管理手段现代化；具有独特的运行机制、经营方式和发展战略；对世界政治经济局势产生巨大的影响。跨国公司的这些特点是国内投资主体所无法比拟的。

第二，投资环境多样化。国内投资主体面临的投资环境局限于一国内部，比较单一，比较熟悉，而国际投资主体所面临的投资环境是多样化的、复杂的，涉及与国内完全不同的政治、经济、法律和文化等环境，因此必须进行深入细致的调查研究，否则风险极大。

第三，投资目标多元化。虽然国内投资主体与国际投资主体的最终目标都是获得最大限度的利润，但两者的直接投资目标却具有很大的差别。国内投资的直接目标与最终目标基本一致，而国际投资的直接目标与最终目标不一定一致，直接目标具有多元性。

第四，投资运行复杂化。国际投资运行比国内投资要曲折得多，主要表现在三个方面：一是投资的前期工作耗时较长；二是生产要素的流动要受到诸多限制；三是投资争议的解决难度较大。

第二节 国际投资的产生和发展

国际投资的早期形态是资本输出。19 世纪 70 年代，英国开始进行资本输出。

随后各发达国家相继开始向落后国家输出资本，以便获取高额利润，占领海外市场。资本输出是在资本主义国家内部出现资本过剩，本国市场趋于饱和而新兴世界市场又得以开辟的条件下产生的。早期资本输出是以间接投资的形式进行的，到19世纪80年代，资本输出增加了国际直接投资的内容。所以从国际资本历史发展的进程看，资本在国际范围内的运动，首先表现为商品资本的运动，其标志是国际贸易；其次表现为货币资本的运动，即以国际借贷、国际证券投资为主要形式的国际间接投资，其标志是跨国银行的出现；再次表现为生产资本的运动，即国际直接投资，其标志是跨国公司的出现。国际直接投资是资本在国际范围内运动的最高形式。

一、国际投资的产生

根据国际投资规模和形式的变化，大体上可以将国际投资的历史发展划分为六个阶段。

(一) 1914年以前的国际投资

这一阶段是国际投资的起步阶段，主要投资国是英国、法国和德国，其中英国长期居于国际投资的统治地位。1913年，英国的国际投资总额已达40亿英镑，相当于当时英国国民财富总额的1/4，占当时各国国际投资总额的一半。1914年，英国、法国、德国和日本等主要资本主义国家对外投资总额已达440亿美元。这一阶段的东道国主要有北美洲、拉丁美洲、大洋洲等资源丰富的国家和非洲一些殖民地与半殖民地国家。

这一阶段对外投资的主要特点是：第一，投资的来源主要是私人资本，官方资本所占比例甚微。第二，投资的形式主要是间接投资，直接投资比重很小。第三，投资国数目很少，基本上局限于英国、法国、德国、美国和日本，英国居于主导地位。第四，投资主要流向资源丰富的国家和殖民地国家。第五，投资主要用于资源开发和铁路公用事业。第六，投资期限较长，有的长达99年。第七，投资国获益匪浅，据统计，对外投资的收益比国内收益平均高出1.6%~3.9%。

(二) 1914—1945年的国际投资

这一阶段是国际投资缓慢发展的阶段。由于两次世界大战和20世纪30年代的大危机造成了资金短缺和市场缩小，导致国际投资发展缓慢。官方投资增加，并且主要投资国的地位发生了重大变化，美国不仅成为净债权国，而且成为新的国际资本的主要来源国。在两次大战中，美国作为战胜国，获得了巨额军火收入和战争赔款。美国购买了许多外国长期债券，如在20世纪20年代，在美国发行了1 700多种外国美元债券，有43个国家和地区向美国借款。与此同时，美国的对外投资也得到了迅速发展，增加了40亿美元。美国仅向同盟国提供的借款总额就达160亿美元。1929—1933年世界经济大危机期间，工业国的产量下降了17%，世界贸易量下降了25%，国际货币体系崩溃、资金匮乏、债务危机等导致国际投资资金短缺。而战争和经济危机的动荡不安，使传统的私人对外投资风险极大，导致国际私人投资下降。

这一阶段国际投资的主要特点是：第一，主要投资国的地位发生了变化，美国取代英国成为世界上最大的投资国。第二，投资主体发生了变化，1914年以前，对外投资基本上局限于私人对外投资；1914年以后，政府对外投资规模迅速扩大，私人对外投资仍占主导地位。第三，国际投资的形式发生了变化，1914年以前，国际直接投资比重很小；1914年以后国际直接投资规模迅速扩大，占国际投资总额的份额增加很快。

（三）1946—1970年的国际投资

这一阶段是国际投资恢复增长的阶段。第二次世界大战后，美国凭借其雄厚的政治经济实力，以帮助其他国家重建经济为名，大肆进行对外经济扩张，其国际投资规模迅速扩大，不仅使美国继续充当主要债权国，而且美元还成为主要的国际储备货币。1947年，美国宣布实行“马歇尔计划”，旨在帮助重建遭到战争破坏的欧洲国家恢复经济，仅在1948—1953年就向欧洲提供了136亿美元的资金。到20世纪50年代，各主要西方国家的对外投资规模迅速增长，但规模仍然有限，具有明显的恢复性质。随着世界经济的恢复与发展，西方主要投资大国的对外投资大幅度增加，美国、英国、法国、联邦德国和日本的对外投资的累计额分别从1960年的662亿美元、220亿美元、115亿美元、31亿美元和5亿美元增加到1970年的1 486亿美元、490亿美元、200亿美元、190亿美元和36亿美元。其他西方国家的对外投资规模也得到了较大发展，特别是一些发展中国家和地区也开始发展对外投资。到1969年，发展中国家和地区的跨国公司已达1 100个。印度、韩国、中国香港、新加坡、巴西、墨西哥、阿根廷和中国台湾，以及一些中东国家和地区成为对外投资的新生力量。虽然发展中国家和地区在国际投资总额中所占比例很小，但毕竟打破了西方发达国家的垄断地位。这一时期由于世界政治经济稳定，私人投资大幅度增加。以美国为例，1956年是美国私人对外投资的转折点，总额超过以往任何一个时期的水平。投资方式也发生了较大变化，由原来以证券投资为主转向以直接投资为主。1965年，美国私人对外投资中直接投资占80%以上。

这一时期的特点是：第一，国际投资规模迅速扩大特别是私人投资增长更快；第二，国际投资方式转变，由间接投资为主转为直接投资为主；第三，国际投资的投资国结构发生了变化，发展中国家和地区也开始进行对外投资。

（四）1971—1980 年的国际投资

这是国际投资高速增长的时期，在这 10 年中，国际投资在国际经济中的地位得到了极大的提高。美国、英国、德国、联邦德国和日本仍然是主要的投资国，美国仍占据主导地位。到 1980 年年底，美国对外投资余额达 6 069 亿美元，比 1970 年增长近 4 倍。日本作为战后经济发展的后起之秀，加速了对外直接投资，在国际投资领域的地位日益提高，而日本对外投资的重点区域是美国和西欧。比如，日本在美国的直接投资占外国对美直接投资的比例从 1960 年的 3.6% 上升到 1980 年的 6.2%。到 1980 年年底，日本已成为世界第四大对外投资国。在这一时期发展中国家和地区、石油输出国组织成为国际投资领域的另一支重要力量。1973—1974 年与 1979—1980 年两次石油提价，使得石油输出国组织获得巨额资本，由于国内投资市场有限，导致大量资本外流。1974—1980 年，石油输出国在西方发达国家的存款达 1 250 亿美元，对外直接投资和证券投资为 2 320 亿美元，为国际货币基金组织提供贷款 200 亿美元，无偿或有偿援助非产油发展中国家 810 亿美元。

这一阶段的特点是：第一，国际直接投资所占比重进一步上升；第二，西方主要的对外投资大国同时也是吸引外资的主要东道国；第三，发展中国家和地区的对外投资增长较快；第四，石油输出国的“石油美元”成为国际投资重要的资金来源。

（五）20 世纪 70 年代至 90 年代初期的国际投资

这是国际投资稳定增长的时期。这一时期，在科技革命、金融改革和跨国公司全球化经营等多种因素的共同作用下，国际投资蓬勃发展，成为世界经济发展中最为活跃的因素，但不同西方国家的对外投资增长速度不一致。美国的对外直接投资增长速度放慢。1981 年，美国对外直接投资余额为 2 283 亿美元，到 1984 年增长为 2 334 亿美元，3 年仅增长了 2.2%。而日本的对外直接投资增长加速，1980 年，日本对外直接投资余额仅为 365.2 亿美元，到 1986 年猛增为1 000亿美元。20 世纪 80 年代后，主要西方国家在国际投资中的地位发生了进一步的变化。美国在战后一直在国际投资中处于绝对的主导地位。1982 年年底美国对外投资额高达 8 390 亿美元，引进外资额高达 920 亿美元，国外净生产额为1 470亿美元。但 1982 年后，美国对外投资增长率极为缓慢，而引进外资的增长速度较快。

到1985年，美国引进外资的余额超过其对外投资余额，由世界最大的债权国变为债务国，丧失了长达67年的债权国地位。到1989年，在美国的外国投资达2万亿美元，投资国主要是英国、日本、荷兰、加拿大、联邦德国和法国。不过从绝对量上看，美国仍然是最大的投资国。

日本在美国成为世界最大债务国的同时，一跃成为世界上最大的债权国。到1968年年底，日本在国外的净资产仅为3亿美元，到1984年年底，增至744亿美元，而到1985年已高达1 300亿美元，成为世界上最大的债权国。20世纪80年代后，西欧各国对外投资增长虽慢于日本，但远高于美国，在国际投资领域充当着重要的角色。

这一时期的特点是：第一，国际直接投资增长迅速，超过了世界经济和国际贸易的增长速度；第二，美国由世界最大的债权国转为最大的债务国；第三，发展中国家对外投资增加了，但仍处于从属地位；第四，形成了美国、日本、西欧"三足鼎立"的国际投资新格局。

（六）20世纪90年代后期以来的国际投资

这一时期是国际投资突破性发展阶段。随着经济全球化的进一步深化，国际投资的发展取得了突破，在投资方式和投资领域方面均发生重大变化。据估计，外国直接投资的流出存量在过去20年增加了6倍。跨国公司的商品和服务占据了世界GDP的1/10和世界出口的1/3。2008年9月24日，日内瓦《世界投资报告》披露，2007年大约79 000家跨国公司及其790 000家海外子公司继续扩大商品和服务生产。全世界海外子公司的附加值活动占全球国内生产总值的11%，销售总额达到31万亿美元，比2006年增长21%。最大跨国公司的海外活动大幅度增加，来自发展中经济体的跨国公司增加最快。国际投资不再是发达国家的舞台，发展中国家也越来越多地参与到国际投资中，渐渐由从属地位成为国际投资的主角。比如，中国吸收外商直接投资一直保持较高水平，从1996年开始连续11年实际使用外资金额位居发展中国家和地区首位。2008年，中国实际使用外资（含金融类）1 083亿美元，同比增长29.7%。其中，金融领域（银行、证券、保险）新批设立中外合资银行、非银行金融机构、基金管理公司、证券公司和保险公司23家，实际使用外资金额159亿美元，同比增长68.4%。中国在继续大力吸引外国投资的同时，积极鼓励中国企业"走出去"对外投资，中国对外直接投资将成为世界外商直接投资（FDI）的重要来源地。在中央及地方政府的鼓励和支持下，中国的企业正在加速进行国际扩张。中国对外直接投资流量从1992年的40亿美元增长到2006年210亿美元和2007年的230亿美元，使得中国成为2006年对外投资流量的第四大输出地区，仅次于中国香港、巴西和俄罗斯。

由美国的房贷危机引发的世界性经济危机，使世界主要经济大国的经济发展速度受到影响，外国直接投资的年度流量从2008年开始下降。据联合国贸易和发展会议披露，2008年全球外国直接投资下降了约21%，联合国《2009年世界投资报告》预计，2009年全球外国直接投资将会进一步下降29.4%。只有全球经济回升后，外国直接投资才可能再现过去的增长趋势。

这一时期的特点是：第一，以往非传统投资国、发展中国家成为国际投资新增长的重要推动力量；第二，多种投资方式并存；第三，国际投资的新发展逐渐促使新的国际生产体系形成；第四，国际投资由于金融危机而进入另一个衰退周期。

二、影响国际直接投资的因素

总体来说，影响国际直接投资的因素可以分为六种，即政治因素、经济因素、基础设施因素、法律因素、社会文化因素和自然地理因素。

（一）政治因素

政治因素指由东道国（地区）的政治体制、社会结构、政局稳定性、社会安定性和国际信誉度等构成的政治和社会的综合条件，是吸引外国直接投资的必要条件和最敏感因素。只有政局稳定、社会安定、讲求效益和致力于和平建设的国家，才能确保投资的安全，并为经营获利创造必要的前提。反之，一个政变迭起，社会动荡不止，或者穷兵黩武的国家，则不可能使投资得到起码的保障，也难免使投资者遭到政治风险带来的巨大损失。

（二）经济因素

经济因素指东道国经济发展状况及趋势，经济体制及其运行，市场规模、扩大潜力及开放程度，产业结构、就业结构、消费结构及其水平，经济发展政策和措施，资源和原材料的供应情况，工业配套水平，企业生产系统及其经营成本的水平，金融信贷制度及资本市场发达程度，等等。国际直接投资的目的和动机，一般都是为了开拓市场、获得廉价生产要素、提高经济效益，而这些动机的实现，直接受东道国经济环境的影响和制约。

（三）基础因素

基础因素指外国投资者在东道国（地区）进行直接投资、从事生产经营活动所面临的基本物质条件，可以分为生产基础设施和生活基础设施两部分。基础设施状况，既是物质文明和现代化程度的标志，又与生产和生活密切相关，因而是构成投资环境的必要因素，成为吸引外商投资的重要条件。

（四）法律因素

法律因素指东道国政府为调整投资关系而制定并实施的各项与国际直接投资相关的法律、法规、条例及有关的政策措施。在范围上，既包括东道国国内的法制建设问题，也涉及国际法规问题。在内容上，首先要体现东道国的外资政策，其次要明确对外资的管理程序。

（五）社会文化因素

社会文化因素是东道国（地区）影响和制约国际直接投资和经营活动的各种社会文化因素的总称，是投资环境整体中不可或缺的内容，主要包括民族语言、文字、宗教信仰、风俗习惯、文化传统、价值观念、道德准则、教育水平以及人口素质等。如何不断改进社会文化环境，是很多国家尤其是发展中国家亟待解决的一个问题。

（六）自然地理因素

自然地理因素指东道国的地理位置、气候条件、地质水文、自然资源情况以及环境保护情况等。不同性质的投资项目所要求的自然地理条件不同。外国投资者在其他投资环境较好的情况下，必然要选择与自己投资项目相适应的自然地理环境。因此为了扩大吸引外资的范围与规模，在科学技术和生产力发展水平允许的限度内，应努力加强对自然地理环境的利用和改造。

第三节 国际投资形式

国际投资是国际资本流动的重要形式，也是国际经济合作的重要形式，具体包括国内在海外的投资与国内接受的外国投资。国际投资按不同标准可以分为不同的类别，其中，按投资形式和性质的不同，可分为国际直接投资（International Direct Investment）与国际间接投资（International Indirect Investment）。二者的区别为投资者对所投资的企业有无控制权或经营管理权。

一、国际直接投资

国际直接投资是指伴有企业经营管理权和控制权的投资，投资者在海外直接经营企业，并对企业的经营管理享有较大的控制权。国际直接投资的形式表现为：

（1）以参加外国企业的经营为目的而取得其股份，或收购、兼并当地企业；

（2）在外国新设享有100%股权的子公司，或与当地投资者组建合营企业；

（3）在外国新设分公司、营业所、工厂，或收购原有工厂，扩大分公司、工厂等；

（4）单独或联合投资参与东道国资源开发项目等。

无论采取何种形式，投资者必须对所投资的企业享有一定的控制权，这种控制权通常是与股权联系在一起的。对于拥有多少数额的股权才构成控制权并构成直接投资，各国立法不一。

二、国际间接投资

国际间接投资是指投资者仅以其持有的能提供收入的股票或债券进行的投资。投资者不参加企业的经营管理，亦不享有企业的控制权或支配权。国际间接投资的形式表现为：

（1）投资者在证券市场上购买上市公司的股票或公司债券等收取股息或利息；

（2）一国银行向位于另一国的企业提供贷款等。

通常，国际私人直接投资在国际投资中占据主导地位，对世界经济的发展起着举足轻重的作用。

第四节　国际投资理论

一、国际直接投资理论

（一）垄断优势理论

1960年，美国经济学家海默（S. H. Hymer）在博士论文《一国企业的国际经营：对外直接投资研究》中，首次提出了垄断优势论，创立了国际直接投资理论。

海默的论文虽然充满新意，行文流畅，条理清晰，给人以启迪，但当时并没有引起理论界的注意。后来经过他的导师美国著名国际经济学家查尔斯·金德尔伯格对该理论进行补充、发展和完善以及大力的宣传，才使海默成为国际经济学界的著名学者，但他的博士论文在他去世后两年的1976年才公开出版。

在论文中，海默根据美国商务部关于直接投资与间接投资的区分准则，实证分析了美国1914—1956年对外投资的有关资料，并得出了对外直接投资与对外证券投资有着不同的行为表现，传统的理论难以对直接投资做出科学的解释的结论。传统的解释国际资本运动的理论是要素禀赋论。该理论认为，各国的产品和生产要素市场是完全竞争的；资本从“资本过剩”国流向“资本短缺”国；国际资本运动的根本原因是各国间利率的差异，对外投资的主要目标是追求高利率。而海默的理论认为，这种传统的理论无法解释战后迅速发展的国际直接投资。海默在大量实证分析的基础上指出：现实的市场是不完全竞争的市场，面对同一市场的各国企业之间存在着竞争，若实行集中经营，则可使其他企业难以进入市场；形成一定的垄断，既可获得垄断利润，又可减少由于竞争而造成的损失。在此，跨国公司实际上就是垄断者或寡占者。所以海默认为市场的不完全竞争是跨国公司进行国际直接投资的根本原因，而跨国公司特有的垄断或寡占优势是其实现对外直接投资利益的条件。

由于跨国公司在进行对外直接投资时，相对于东道国厂商处于较为不利的地位，比如，东道国企业熟悉投资环境，熟悉市场，运输费用低廉，信息灵通，决策迅捷，易于获得政府的支持以及不存在语言文化障碍，等等。跨国公司在东道国投资要承担比东道国企业更大的风险。为了能在竞争中获胜，跨国公司就必须利用市场的不完全性和自身的垄断优势来抵销东道国厂商所特有的优势，并补偿在东道国陌生环境中投资经营所增加的成本，并能获得高额利润。垄断优势理论认为跨国公司拥有的垄断优势有六个方面。

1. **技术优势**

拥有先进技术是跨国公司最重要的垄断优势。大型跨国公司拥有极强的科研力量和雄厚的资金，可以投入巨额资金开发新技术、新工艺。这一优势又可以通过专利等手段，防止这种新工艺、新技术被同行所利用，在跨国公司内部长期保持这种优势，以保持其垄断地位。这与单纯的技术转让相比，可获得更大的利润。跨国公司的新产品开发技术是其技术优势中最有实质性的部分。跨国公司开发、研究所取得的许多成果，进入生产过程后，必然要走向产品异质化。因为对新产品进行异质化，只需对产品的物质形成性能做少量改变，就可以既免受同行的仿造，又可以扩大市场占有量，从而扩展原有的优势。

2. **先进的管理经验**

跨国公司由于具有受过良好训练与教育的员工，经验丰富的经理人员和经过实践考验的、能有效运行的组织结构和机制，能保证整个企业的高效运营。这既是先进技术对公司组织的要求，又是先进技术得以在公司普及的条件。跨国公司还在长期的世界市场竞争中，总结出一整套适应于现代化生产过程的先进管理技术，优化公司的生产经营活动和资源的有效配置。这是国内企业所无法比拟的优势。

3. 雄厚的资金实力

大型跨国公司的资金由两部分构成：一部分为公司自有资金；另一部分为金融市场上融资的资金。首先，跨国公司本身具有雄厚的资金实力，并且公司总部可以在公司内部的各子公司之间灵活调度数额庞大的资金，这是一般国内企业无法与之相比的。其次，跨国公司可以在国际金融市场上利用公司良好的资信顺利地融资，降低资本的成本。有了大量的资金就可以在世界范围内寻找最有利的投资项目，以保证跨国公司可以获得高于国内企业的高额利润。

4. 全面而灵通的信息

大型跨国公司拥有先进的通信设备，分支机构遍布全球，他们收集的信息不仅全面，而且可以得到及时的处理。当今世界已经迈入信息社会，一个企业的成功与失败与它掌握的信息密切相关。可以说，现代社会中，谁拥有了信息，谁就拥有了世界。有些跨国公司在信息网络上投下巨资，不仅是拥有大量的信息为公司的运营服务，而且是在信息网络服务创造上获得垄断优势。

5. 规模经济优势

大型跨国公司多从事科学技术密集型、知识密集型的行业，这些行业的规模越大，单位产品成本越低，边际收益越高，便形成内部规模经济。跨国公司可以利用各国生产要素的差异，通过横向一体化取得这种内部规模经济优势，提高公司获利能力。内部规模经济还会导致同行业在地域上的集中，促进专业化供应商队伍的形成，使一些关键的设备和服务由专业供应商提供，还可以实现高技术劳动力市场的共享和知识外溢所带来的利益，形成外部规模经济。跨国公司可以通过纵向一体化取得外部规模经济的优势，并使之转化为公司内部的利润。

6. 全球性的销售网络

大型跨国公司历史悠久，声名显赫，其影响面广，产品更容易打入国际市场，特别是大型跨国公司都有自己独立的销售网络，并且与国际包销商建立了长期而稳定的业务联系，销售成本低，商品流转速度快等。这使跨国公司在销售方面占有巨大的优势。

总之，垄断优势理论认为：对外直接投资是不完全竞争的产物，纯粹竞争性的市场部门不会出现对外直接投资；跨国公司为保持垄断优势的独占性，对与东道国创立合资企业不感兴趣，而更倾向于创办独资企业。寡占行为是西方发达国家之间进行相互直接投资的重要原因。寡占行为是指，处于垄断地位的跨国公司通过在竞争对手的领土上建立地盘来提高自己在国际竞争中地位的活动。发达国家之间相互直接投资是国内寡占竞争行为在世界范围内的延伸，其目的在于防止竞争对手占领潜在市场而削弱自己的竞争地位。例如，在制皂业中，莱弗尔兄弟公司在美国营业，普罗克特—甘布公司就在英国营业；在石油业中，壳牌公司在美国营业，而埃克森公司则在其他各个市场营业。这种投资的目的不是获得收益，而是防止市场的丧失。

垄断优势理论还可以得出以下推论：①对外直接投资集中于某些特定的行业，各国处于同一行业的企业面临着同一市场；②从事对外直接投资的是少数大公司，因为只有实力雄厚的大公司所拥有的优势才能克服跨国经营所带来的障碍，并拥有净优势；③国际直接投资发生在利润负相关的企业之间，会出现不同行业企业的合并；④由小公司构成的行业不会发生国际直接投资。

1950 年，美国官方的统计资料表明，美国对外直接投资主要集中在石油、橡胶、汽车等少数行业。在这些行业中，少数大公司在对外直接投资中占主导地位。在美国对外直接投资的行业中，也有大量的外国企业在美国进行投资。大量从事对外直接投资企业的行业集中度很高。这些历史事实有力地支持了垄断优势理论。

（二）内部化理论

内部化理论也称市场内部化理论，是当代西方较为流行的、较有影响的关于对外直接投资的一般理论。内部化理论对跨国公司内部贸易增长的现象进行了深入细致的研究后，提出了国际直接投资的动机决定因素的理论。该理论认为，世界市场是不完全竞争的市场，跨国公司为了其自身的利益，为克服外部市场的某些失效，以及某些产品（如知识产品）的特殊性质或垄断势力的存在，导致企业市场交易成本的增加，而通过国际直接投资，将本来应在外部市场交易的业务转变为在公司所属企业之间进行，并形成一个内部市场。通过外部市场内部化，降低交易成本和交易风险。

内部化理论的雏形最早由美国学者科斯（R. H. Coase）在 1937 年出版的《公司的性质》一书中提出。他认为，市场对于某种类型的交易来说需要支付一定的成本。也就是说，当市场失效时，通过市场进行的交易就必然导致企业交易成本的增加，使企业的市场交易失去效率。参与市场的交易成本有：寻找合适的价格成本，在合同中规定双方权利和义务的成本，与接受合同有关的风险成本，对市场贸易所支付的交易成本，等等。科斯认为，贸易在公司内部组织展开的成本比较低，而通过市场的成本比较大，因此，贸易最好在公司内部进行。这是科斯定理的基本内容。科斯定理与传统的厂商理论不同。传统的厂商理论仅分析公司在取得规模经济中的作用，公司的水平一体化或垂直一体化经营，是为了取得资金、生产与销售、管理的规模经济收益。而科斯定理主要从公司内部分工的性质，以及相应的产品交换机制与生产组织形式来研究公司的性质。外部市场机制的不完全导致公司内部分工和生产组织形式的变革，公司的水平一体化或垂直一体化经营的目标是，将各阶段分工生产置于统一的管理体制之下，通过公司内部产品流通和资金调拨，避免外部市场交易成本所产生的不利影响。

内部化理论是由英国的巴克莱（P. J. Buikley）、卡森（M. Casson）和加拿大学者拉格曼（A. M. Rugman）完成的。1976 年，巴克莱与卡森在合著的《跨国公司的未来》一书中，对传统的国际直接投资理论提出了批评，并提出了新的对外直接投资理论，标志着内部化理论的形成。1981 年，拉格曼出版了《跨国公司的内幕》，提出市场内部化是将市场建立在公司内部的过程，以内部市场取代原来固定的外部市场，公司内部的调拨价格起着润滑内部市场的作用，使它能像固定的外部市场同样有效地发挥作用。

市场内部化理论与垄断优势理论不同，它不是强调跨国公司所特有的知识产权优势本身，而是强调企业通过内部组织体系以较低成本在内部转移该优势的能力，并把这种能力当作企业发生对外直接投资的真正动因。认为通过国际直接投资，在国外建立自已能够控制的子公司，以较低的成本将技术优势转移至国外，还能保证这些知识产权优势不被外人染指，使得企业在技术创新阶段所投下的巨额研究开发费用得到最大限度的回报。

在市场不完全条件下，跨国公司为了谋求企业整体利润的最大化，往往倾向于将中间产品，特别是知识产品在企业内部转让，以内部市场代替外部市场，以避免外部市场不完全造成的损失。所以，跨国公司实行市场内部化的动机是由知识产品的特殊性质和知识产品的市场结构，以及知识产品在现代企业经营管理中的重要地位所决定的。

(三) 产品生命周期理论

1966 年，美国哈佛大学教授维农（R. Vernon）在垄断优势理论的基础上，在《产品周期中的国际投资和国际贸易》一文中提出了产品生命周期理论，对国际直接投资的动因做了另一种解释。后来，他又对该理论做了发展和完善，认为跨国公司拥有知识资产优势，具有新产品创新能力，并且极力维持企业所拥有的技术优势地位，以获得新产品的创新利润。但是，新技术的发展日新月异，跨国公司不能长期垄断这些新技术，新产品一旦上市就会被竞争者仿制。新产品从研制创新阶段必然要过渡到产品的成熟阶段，然后再过渡到产品的标准化阶段。所以，跨国公司只有把企业拥有的技术优势和企业在特定东道国所获得的区位优势结合起来，才能发生直接投资，才能给投资者带来利润。

维农依据美国制成品建立了产品生命周期三阶段模型。

1. 新产品创新阶段

创新阶段是产品生命周期的第一阶段。这一阶段必须具备的条件是高知识的研究开发技能、巨额的研究开发资金和高收入、高消费的市场条件。所以，在新产品的创新阶段那些国内市场容量大，具有高收入、具备研究与开发能力和资金雄厚的国家，首先占据开发新产品、采用新技术的优势地位。维农认为，只有美国具备这些条件。首先，美国发达的市场有助于促进美国跨国公司的产品创新。其次，美国的消费者人均收入高于其他国家，并且增长速度快，消费观念超前，要求企业生产高档次、高质量的消费品。最后，美国的社会生产力发达，资金供给充足，自然资源丰富，但劳动力匮乏，单位劳动力成本较高。所以，在创新阶段美国最适合安排国内生产新产品，以满足国内需求。在美国消费者对其他发达国家的消费者产生示范作用时，还应满足国外消费者的需求。

在产品生命周期的创新阶段，新产品一般首先集中在发达国家的创新企业进行生产，有利于降低成本和垄断技术。因为在这一阶段，跨国公司投下了巨资研究开发出了新产品。公司可以利用垄断的专利和专有技术，将新发明的新技术首次应用于生产，此时最有利、最安全的选择是在国内生产，大部分的产品供应国内市场，并通过出口贸易的形式满足其他发达国家消费阶层的需求。在新产品创新阶段，产品尚未定型，企业又拥有技术垄断优势，有能力，也有必要对新产品在设计、质量、功能和包装等方面不断进行改进，以适应消费者新的偏好。这就需要新产品生产所需的各种投入品（如原材料、零部件等）与加工工艺、规格的变化进行严密的协调，需要生产厂商与投入品供应商保持密切的联系，以保证原材料、零部件等的及时供应。同时也需要生产厂商与新产品的主要消费群体的空间距离接近，降低市场调研成本、运输成本和通信成本。在新产品创新阶段，由于生产厂商垄断了新技术，缺乏强有力的竞争对手，基本上控制和占领了市场份额，价格弹性较小，生产成本对生产区位的选择影响不大，生产厂商主要通过垄断技术和新产品占领市场。至于其他发达国家的市场，由于其本国尚无生产厂商，必然依靠美国厂商的供应。

2. 新产品的成熟阶段

成熟阶段是产品生命周期的第二阶段。在这一阶段，新技术日趋成熟，产品基本定型。随着国内国际市场对新产品需求量的急剧增加，产品的价格弹性增大，虽然生产厂商可以通过新产品的异质化避免直接的价格竞争，但降低生产成本，节省运输费用和关税支出已经显得越来越重要。特别是当国内生产的边际成本和边际运输成本超过国外生产的成本，加之国内外劳动力成本差异，使得生产基地由国内转移到国外更为有利，美国的新产品生产厂商将向拥有产品市场的其他发达国家投资设厂，就近供应市场。随着该产品的出口量急剧增加，原来生产厂商所拥有的垄断技术开始逐渐扩散到国外竞争者手中，仿制品开始出现，由垄断技术带来的优势开始出现丧失的危险。创新企业为了维持国外市场份额绕过贸易壁垒，接近消费市场和减少运输费用，就通过发展对外直接投资，在国外建立子公司，转让成熟技术，就地生产、就地销售，延伸对这一新技术的垄断优势。在这一阶段，虽然新产品已趋于成熟，出现了外国仿制者，开始了价格的竞争，但价格仍然较高。所以，生产厂商在对外直接投资时总是先到人均收入水平高、技术水平较先进、劳动力素质较好，与本国需求类型相类似的其他发达国家或地区建立子公司，就地生产、就地销售。比如，美国的对外直接投资首先到欧洲和日本建立子公司，满足当地市场，并向其他国家出口，以维持现有的市场份额，防止潜在的竞争者。

3. **新产品的标准化阶段**

标准化阶段是产品生命周期的最后阶段。这一阶段的产品生产已经实行了标准化批量生产，创新厂商所拥有的垄断优势已经消失，竞争主要集中在价格上，创新厂商需要通过价格的竞争维护其产品的国外市场。在这一阶段，便宜的劳动成本和某些资源条件日益成为决定产品竞争优势的重要因素。加之本国的市场已经趋于饱和，其他发达国家同类产品的出口量急剧增加。在这种情况下，生产的相对优势已经转移到技术水平低、工资低和劳动密集型经济模式的发展中国家和地区。创新厂商开始在发展中国家进行直接投资，转让其已标准化的技术。由于本国生产成本比较高，创新厂商和其他发达国家的厂商都大规模减少或停止在本国的生产，转而从发展中国家进口该产品，来满足本国市场需求。所以，在产品的标准化阶段发展中国家对该产品的生产急剧增加。

(四) 边际产业扩张理论

边际产业扩张理论，又称边际比较优势理论。20 世纪 70 年代中期，日本一桥大学教授小岛清根据国际贸易比较成本理论，经过对日本厂商的对外直接投资的实证研究提出。小岛清认为，海默的垄断优势理论是从微观理论出发，强调厂商内部垄断优势对直接投资的影响，重视对海外投资企业进行微观经济分析和公司管理的研究，而完全忽视了宏观经济因素的分析，尤其是忽略了国际分工原则的作用。他认为，根据美国对外直接投资企业的实际情况得出的国际直接投资理论，不能解释日本的对外直接投资现象，因为日本对外投资的企业与美国不同。

垄断优势理论认为，只有拥有雄厚的资本和高技术的大型企业才能拥有独占市场的优势，才能有能力从事对外直接投资。产品生命周期理论也得出了同样的结论。20 世纪 60 年代以来，随着日本经济的崛起，日本跨国公司发展迅速，打破了美国跨国公司一统天下的局面，形成了美日欧“三足鼎立”的新格局。随着经济的迅速发展，日本开始了大规模的对外直接投资。与美国不同的是，日本对外直接投资的主体大多是中小企业，这些企业所拥有的是容易被发展中国家所接受的劳动密集型技术优势。因而，日本经济学家对垄断优势理论进行了反思，认为垄断优势理论所涉及的跨国公司是美国型的，不具备普遍意义。在此基础上，日本经济学家们开始了本国对外直接投资的研究，逐渐形成了具有本国特色的对外直接投资理论，其中，最具代表性的就是小岛清的边际产业扩张理论。

小岛清认为，与国际货币资本流动相比较，国际直接投资具有两方面的特点：第一，对外直接投资主要体现为机器设备、技术、知识的转移，再加上工人的培训，经营管理、市场销售等技能的转移，构成对外直接投资的基本内容。在国际直接投资中基本可以不考虑投资国和东道国之间为数不多的货币资本的转移，因为货币资本的大部分可以在东道国当地筹集。国际直接投资是以两国存在不同的生产函数为前提的，东道国因吸收国外直接投资而由投资国的生产函数所替代，并得以提高。第二，国际直接投资是资本、技术和经营管理知识的综合体，由投资国的特定产业部门的特定企业向东道国同一产业部门特定企业的转移，如子公司、合资企业等的转移行为。由直接投资所带来的先进的生产函数会在东道国逐渐普及和固定下来。在不同的产业部门中，由于新旧生产函数之间的差距、资本密集程度、劳动和经营培训的难易程度不同，其普及也将有所不同。基于此，小岛清认为，国际直接投资是以投资国的资本丰富和东道国的劳动力资源丰富为前提的，所以东道国的生产越是劳动密集型就越具有比较优势。投资国与东道国在同一产业的技术差距越小，国际直接投资所导致的技术转移就越容易移植、普及和被吸收固定下来。

小岛清根据边际产业扩张理论的核心和推论，提出了若干政策主张，主要有以下四个方面。

(1) 日本式资源开发型直接投资的政策。小岛清认为，日本很大一部分对外直接投资的目标是在境外开发自然资源，以供日本进口。企业没有必要取得上游企业即开发创新企业的所有权，而是采取产品分享方式或贷款买矿的“开发进口、长期合同方式”，即非股权安排方式来实现对外直接投资的目标。由于这种方式照顾了高涨的东道国的民族主义情绪，因此最容易被东道国接受。而美国或欧洲跨国公司的对外直接投资采取拥有国外全部股权的自然资源，比如，矿山的开采，并将产品的运输、分配、冶炼和销售也统一在一家跨国公司之内，形成“自有矿山垂直统一方式”，极易引起东道国政府的干预。

（2）日本向发展中国家的工业进行直接投资的政策。小岛清认为，日本向发展中国家的工业直接投资政策的要点是：第一，对外直接投资要根据比较成本及其变化，从差距小、容易转移的技术开始，按次序进行。第二，要根据发展中国家的需要及吸引程度依次移植、转移新技术，起到所谓的“教师的作用”。第三，日本对外直接投资应当对东道国的经济发展起到正效应，即提高当地企业的劳动生产率，传播先进技术和管理经验，使当地企业能够独立地进行新的生产，以避免被东道国指责为“过分扩张”。第四，在成功地完成“教师的作用”之后，应该分阶段地转让日本国外企业的所有权。

（3）日本向发达国家进行直接投资的政策。小岛清认为，发达国家之间的相互直接投资，如日本跨国公司对美国大型汽车生产的直接投资，美国跨国公司对日本小型汽车的直接投资，是在双方比较成本差距很小的基础上进行的。小岛清把这类直接投资称为“协议性的产业内部交互投资”。这类投资是在日美贸易摩擦的背景下形成的。

（4）跨国公司的功过。小岛清认为，对外直接投资与跨国公司是两个性质不同的问题。欧美跨国公司获得的利润来源于生产方面的规模经济和商业性的规模经济。前者是指跨国公司由于实行垂直一体化和水平一体化经营而形成的，有利于节约资源、降低生产成本和销售费用，是能实现利润最大化的经济规模。这种形式的规模经济对投资者、投资国、东道国和世界经济发展都是有利的。而商业性的规模经济大多数是“虚假的规模经济”，是指由于跨国公司通过内部灵活调度，分割市场，以损害社会的利益、实现非最优化资源配置而形成的经济规模。最典型的例子就是跨国公司滥用内部调拨价牟取暴利。这类规模经济虽然给跨国公司增加了利润，但对社会利益有害。

（五）国际生产折中理论

国际生产折中理论又称国际生产综合理论。20 世纪 70 年代，由英国经济学家邓宁（John Dunning）提出。20 世纪 80 年代初，邓宁又对自己的理论进行了系统的整理和补充，形成了在国际直接投资理论中影响最大的理论框架。

海默、巴克莱和卡森、维农、小岛清等人的对外直接投资理论，都是从某一特定国家的国情出发进行实证研究后得出的结论，均不具有普遍的意义。到20世纪70年代初，许多学者对国际直接投资理论进行了卓有成效的研究。比如，1972年戈登在出版的《生产理论》一书中，根据新要素论以及与厂商拥有特定资产有关的新技术要素论，解释厂商进行国际直接投资的区位决定因素；霍斯特在1972年出版了《对外投资决策的企业和产业决定因素》一书。他选择了厂商经济活动规模作为关键交易，既解释国际贸易，又解释直接投资；1977年，马吉出版了《信息和跨国公司——对外直接投资的报偿理论》一书。他用厂商追求非生产性利润（租金）的动机解释国际贸易和直接投资。巴克莱和卡森把国际直接投资的动因一方面归结为区位优势的吸引，另一方面归结为知识产品市场的失灵，主张把国际贸易论和产业组织理论结合起来解释国际直接投资。

在所有进行综合性理论研究的学者中，邓宁是最早开始并致力于这方面研究的学者，1977年，他在题为《贸易、经济活动的区位与多国企业：折中理论探索》的论文中，提出了国际生产折中理论，把厂商特定的资产所有权、内部化、国家区位三方面综合起来解释国际直接投资。此后，在1981年出版的《国际产业和跨国企业》一书中，邓宁全面、系统地阐述了国际生产折中理论。20世纪80年代以后，邓宁继续发表了大量的论著，进一步补充和完善了他的折中理论。邓宁在理论中集百家之长，融众说之精髓，包容了自海默以来的各种重要的国际直接投资理论流派，同时又吸收了西方经济学中的产业组织理论、新厂商理论、区位论和俄林的要素禀赋理论等，增加了整个体系的理论色彩，并使之具有较高的综合性和概括性。

国际生产折中理论认为，对外直接投资主要由所有权优势、内部化优势和区位优势三个基本因素决定。

1. **所有权优势**

所有权优势又称厂商优势，是指一国企业拥有或能够获得的，其他企业所没有或无法获得的资产及其所有权。邓宁认为，跨国公司所拥有的所有权优势主要包括两类：第一类是通过出口贸易、技术转让和对外直接投资等方式均能给企业带来收益的所有权优势。这类优势几乎包括企业拥有的各种优势，如产品、技术、商标和组织管理技能等。第二类是只有通过对外直接投资才能获得的所有权优势。这种所有权优势无法通过出口贸易、技术转让的方式给企业带来收益，只有将其在企业内部使用，才能给企业带来收益。如交易和运输成本的降低，产品和市场的多样化，产品生产加工的统一调配，对销售市场和原料来源的垄断，等等。具体讲，所有权优势应该包括四个方面：第一，技术优势。技术优势主要包括专利、专用技术、管理经验、销售技巧、研究与开发能力等。第二，企业规模优势。企业规模优势有两方面的含义：一是公司规模越大，研究和开发能力也越大，就越有利于技术创新；二是公司规模越大，越能在国内外市场上获得规模经济优势。第三，组织管理优势。公司规模越大，越有利于高度专业化管理人才得到充分利用，形成组织管理优势。第四，金融和货币优势。公司越大，越能在国际金融市场上多渠道、低成本获得资金。邓宁认为，跨国公司在参与国际市场时，拥有超过其他国家企业的所有权优势，才具有对外直接投资的能力。不过，企业具有"所有权优势"，只具备了进行对外直接投资的必要条件。要很好地解释对外直接投资活动，还必须具备内部化条件。

2. **内部化优势**

内部化优势是为了避免不完全市场给企业带来的影响，将其所拥有的资产加以内部化，从而保持企业所拥有的优势。邓宁认为，一个企业如果有在产品各阶段生产的特点，就很容易产生"跨地区化"以至"跨国化"。因为，在产品各阶段生产过程中，必然存在中间产品，如果将这些中间产品的供求过程在外部市场进行，则会由于外部市场的不完全性，造成生产成本的提高。而把中间产品的外部市场交易变成企业内部的关系，在企业内部统一调拨合理配置，使产品生产的全部过程都由企业内部完成，就能使企业的垄断优势发挥最大的效用。所以，跨国公司将其所拥有的各种所有权优势加以内部化的动机，在于避免外部市场的不完全对企业产生的不利影响，实现资源的最优配置，并且继续保持和充分利用其所有权优势的垄断地位。

邓宁认为，市场的不完全不仅存在于中间产品中，而且也存在于最终产品中。邓宁将市场不完全划分为两种，即结构性市场不完全和知识性市场不完全。前者是指由于竞争壁垒、交易成本高而导致的市场不完全；后者是指由于不容易获得或需要支付较高代价，才能获得生产与销售的有关信息所导致的市场不完全。跨国公司对其拥有的所有权优势可以采取转让的方式，即将其拥有的资产或资产的使用权出售给外国的企业，也就是将资产的使用外部化；也可以采取内部化的方式，即将其拥有的资产所有权留在企业内部使用。在国际直接投资中，资产使用的内部化意味着跨国公司利用其所拥有的资产发展对外直接投资。一个企业具备了所有权优势，并且使这些优势内部化，还不能完全解释国际直接投资活动。因此，还必须考虑导致国际直接投资的充分条件，区位优势。

3. **区位优势**

区位优势是指跨国公司在投资区位上具有的选择优势。区位优势也是跨国公司发展对外直接投资时必须考虑的一个重要因素。跨国公司在拥有了所有权优势和内部化优势后，还要进行区位选择，如果在国外生产比在国内生产能使企业获得更大的利润，那么就会导致对外直接投资；如果在国外的甲地投资比乙地投资能使跨国公司获得更大的利润，则选择甲地进行直接投资。所以，对外直接投资的流向取决于区位禀赋的吸引力。

区位优势包括直接投资区位优势和间接投资区位优势。前者是指东道国的某些有利因素所形成的区位优势，比如，广阔的产品销售市场，政府的各种优惠投资政策，低廉的生产要素成本，当地原材料的可供性，等等。后者是指由于投资国某些不利因素所形成的区位优势，如商品出口运输费用过高，商品出口受到东道国贸易保护主义的限制，生产要素成本较高，等等。这两种区位优势从不同的方向形成跨国公司对外直接投资的区位优势。

区位优势是由投资国和东道国的多种因素决定的。这些因素主要包括：生产要素投入和市场的地理分布状况，生产要素成本，运输成本和通信成本，基础设施状况，政府干预经济的程度和范围，金融市场状况和金融制度，国内市场与国际市场的差异程度，文化环境的差异程度，贸易障碍，等等。

邓宁认为，区位优势不仅决定了一国企业是否进行对外直接投资，还决定了其对外直接投资的类型和部门结构。邓宁把对外直接投资划分为五种类型：资源开发型、生产或加工专业化型、贸易和销售型、服务型和其他型。每一种类型的对外直接投资又是由不同的所有权优势、内部化优势和区位优势组合所决定的。

邓宁认为，决定对外直接投资的三项因素是相互关联、紧密联系的。可以用公式表示为：国际直接投资 = 所有权优势 + 内部化优势 + 区位优势。一个企业所拥有的所有权优势越大，将其资产内部化使用的可能性也越大，从而在国外利用其资产比在国内可能更为有利，就越有可能发展对外直接投资。如果本国企业在这三个方面都处于劣势，则最好吸引国外直接投资。上述公式还可以说明一国企业对参与国际经济方式的选择，即将对外贸易、技术转让、对外直接投资三者有机地结合起来。企业对外直接投资必须具备所有权、内部化和区位三种优势；而出口只需要具备所有权和内部化优势，不一定需要区位优势；如果企业只具备所有权优势，既没有能力使之内部化，也不能利用国外的区位优势，最好采用许可证贸易方式进行技术转让。

二、国际间接投资理论

（一）麦克杜格尔—肯普模式

1966 年，麦克杜格尔（C. D. A. MacDogall）在《对外投资的成本与收益：一种理论分析法》一文中，第一次从经济学角度对资本流动的效果进行了出色的研究。1962 年，肯普（M. C. Kemp）在《〈对外私人投资的成本收益〉一文的评论》中，对于对外直接投资问题进行了更精细的分析。他们认为，资本在国际自由流动之后，将使资本的边际生产力在国际上平均化，从而可以提高世界资源的利用率，增进全世界的生产和各国的福利。

（二）证券组合理论

证券组合理论是由美国学者马科维茨于 20 世纪 50 年代提出的。该理论引入了统计学上的方差（或标准差）来衡量各资产组合的风险大小，并与风险资产的预期收益率相结合，创造性地以证券投资效用最大化为原则寻找最优证券组合。

（三）资本资产定价理论

资本资产定价理论（capital assets pricing model，CAPM）是由诺贝尔经济学奖获得者美国学者威廉·夏普提出的。该理论提出了在资本市场达到均衡时资产价格的决定机制，被视为现代金融市场价格理论的支柱。

（四）其他国际间接投资理论

除了证券组合理论和资本资产定价理论外，近年来，还出现了不少其他国际间接投资理论，如，1976 年，美国斯蒂芬·罗斯提出的资产套利定价模型（arbitrage pricing theory，APT），美国学者布莱克—斯科尔斯提出的期权定价理论（Black—Scholes option pricing model），投资行为金融理论，等等。

第五节 投资环境分析

在国际直接投资中，投资者到东道国投资，是在一个完全陌生的环境中生存和发展，东道国的政治、经济、社会和文化等方面的差异，使投资者面临着许多不确定的因素。这些不确定因素可能对投资的安全和生产经营活动带来许多不利的影响，从而产生很多投资风险。在各种不同类别和不同程度的风险中，投资者最关心的是影响投资安全的风险。因此，投资者对国外投资环境的认识和分析通常都从政治风险开始，然后扩展为能够影响投资和经营活动的各种外在条件。这些条件综合在一起，就构成了投资环境的具体内容。按照国际投资理论，投资环境可以归纳为五项具体内容。

一、政治环境

政治环境是指东道国的政治状况与政策。政治环境因素包括政治制度、政治稳定性、当政者、政策连续性、政府状况、治安以及国际关系等。东道国的政治环境是否安全，直接关系到投资的“安全性”，这是每个投资者最为关心的首要问题。在进行跨国投资决策时，投资者必须对各种政治因素加以评析，以判断东道国是否存在潜在的政治风险。政治环境的内容包括五个方面。

（一）政治体制和政府状况

从政治体制看，当前世界上有君主制、共和制、议会制等。不同的政治制度，其经济体制、经济方针政策以及对待外资的立场和态度会有所不同。政治制度主要考察一国的基本力量，即各政治经济利益集团的比例、政治制度的弹性、政权交接方式和政府组织形态等。政府状况包括：政府机构的结构、政府官员的素质、政府办事效率与灵活性等。

（二）政权稳定性

政权稳定性对外国投资的影响很大，政权稳定的国家，不仅能使外国投资得到保障，而且有利于外国投资的企业制定长远的投资发展规划。反之，政权不稳定，外国投资者必将顾虑重重，望而却步。政权稳定性包括：执政者的原则、执政者的政治哲学意识、执政者的管理能力等。

（三）政策连续性

政策连续性是外国投资者十分关注的问题。通常情况下，政权稳定性是政策连续性的基础和保证。而政策的巨大变动，往往与政权不稳或政权更迭相联系。政策的连续性与否受政权交替和当政者态度的影响。

（四）内战和动乱

东道国发生内战和动乱，必将使外国投资者承受最大的政治风险，它不仅使外国投资的企业无法生产和经营，而且直接危及外国投资的安全。

（五）国际关系

以上几项是一国政治环境的内在因素，国际关系是其政治环境的外在因素，包括：国家在全球政治经济中的地位及作用，多边、双边外交关系，与投资国的关系，在重要国际组织中的态度及地位。

二、社会环境

社会环境包括：社会状况与文化、服务等环境因素。这些环境因素对跨国投资者有着重要的影响，内容包括三个方面。

（一）社会状况

社会状况包括：社会治安状况、社会正常秩序、社会对外开放程度和社会对外交往，以及社会对外活动中的国际信誉等。这些条件都处于良好状态，就能够增强跨国投资者的信任感和积极性。如果一个社会经常存在恐怖和暴力，必将使投资者失去信心。

（二）社会文化

社会文化包括：语言、教育、宗教信仰、社会习俗、家庭消费和国民情感等。这些因素与跨国投资的关系十分密切。世界各国都有其特定的文化、社会背景及教育水平，而且国与国差别甚大，国内也会因地而异。这些差异必然影响东道国消费者的生活方式、消费倾向、购买态度和购物种类等，而消费者爱好的形式与色彩、流通径路，易接受的宣传方法、语言、生产、研究、发展、人事、财务、计划、组织、用人、指导和控制等机能，也无一不是一国特定文化的产物。因此，国际直接投资必然受到社会文化环境的潜在制约，且受社会文化因素影响的敏感性较之国内投资更大。

（三）社会服务

从国际直接投资角度看，社会服务主要是指，东道国对外国投资项目的可行性研究论证、审批投资计划、颁发营业执照、批准出口许可和协调各方面关系的工作态度，它体现着东道国政府的工作效率和服务质量，是能否吸引外国投资者的重要因素。在现代经济活动中，信息服务具有十分重要的地位和作用，跨国投资者到东道国进行投资，迫切需要获得东道国有关政治、经济、社会、法律和文化等方面的信息。东道国的信息服务机构是否能够及时、迅速、准确地提供信息和质量优良的咨询服务，是影响跨国投资者投资积极性的重要因素。同时，东道国对跨国投资者经常提供热情周到的生活服务，也是必不可少的。

三、经济环境

经济环境是指一国的经济发展状况（如国民收入水平、年增长率等）、经济发展前景以及影响进一步投资的各种基础设施状况等。经济环境是影响国际投资活动直接和基本的因素。经济环境因素主要包括：经济发展阶段、收入水平、基础结构、经济政策、贸易状况、国际收支状况、经济制度以及市场状况等。经济环境因素也是国际投资决策中首先考虑的因素。一国的经济环境，主要表现在宏观经济环境、微观经济环境、经济政策三个方面，每个方面又包含很多具体的因素。

(一) 宏观经济环境

宏观经济环境主要指，东道国经济的发展阶段和发展水平、经济制度与市场体系、收入水平、财政预算、贸易与国际收支状况等。包括在宏观经济环境中的因素，体现在四个方面。

1. 经济发展阶段和发展水平

一国工农业发展在其国民经济中的产值和比重，人均国民生产总值水平，能源、资源的优劣，产业结构和科技产业等情况说明其处于何种经济发展阶段。按照习惯，采用经济发展阶段划分方法，通常将世界各国划分为发达国家和发展中国家。发达国家包括工业化国家和高度工业化国家；发展中国家包括新兴工业化国家、发展中国家和最不发达国家。处于不同经济发展阶段的国家和地区，对投资需求有很大的差异。在生产方面，发达国家着重投资大而节省劳动力的生产设备，即资本密集型和技术密集型项目。在消费方面，发达国家强调产品款式、性能及特色，品质重于价格。发展中国家则强调功能及实用性，价格重于品质。在销售方面，发达国家习惯运用大量的广告等促销手段，而发展中国家在产品推广方面则经常受文化水平低和传播媒介少的限制。

2. 经济制度及市场体系

国际投资运行需要东道国有一个合理的经济制度和健全的市场体系作为保障，经济制度和市场体系是否完善合理，决定着跨国投资者获得经营资源的难易程度和经营利益。如果商品、资金、劳动力和信息等市场不完备，跨国投资就很难做到正常运行。

3. 收入水平

收入水平包括国民生产总值、国民收入、个人收入和个人可支配收入等指标。收入水平对投资规模、投资收益及投资的市场需求会产生很大的影响，是投资者进行跨国投资不可忽视的因素。从国民收入核算角度看，国民生产总值反映一国的整体经济实力与市场规模；人均国民生产总值反映一国的富裕程度；个人可支配收入反映居民的消费水平，直接影响消费支出的多少。一般地说，国民收入水平高则资本周转率高，吸收投资的能力较大，投资收益也会比较高。

4. 财政预算规模和财政收支平衡状况

财政预算规模和财政收支平衡状况指一国的货币地位（主要是通货膨胀状

况、物价和汇率的近期走势)、进出口贸易规模及其平衡状况、国际收支结构及平衡状况。

5. 贸易与国际收支状况

贸易状况与贸易政策不同，贸易主要考察一国的进出口总额、进出口产品结构、进出口产品的地区分布及其对外贸易依存度等。跨国投资者在进入之前，了解东道国的对外贸易状况是十分必要的，如果东道国在既定的经济发展阶段中，采取进口替代和支持出口贸易战略，则会为改善优化出口商品结构的投资给予优惠。国际收支状况表明各国的经济往来情况，主要包括经常项目、资本项目和官方储备项目。东道国的国际收支状况对跨国投资者来说也是重要的，因为投资者可以通过东道国的国际收支状况预测其潜在条件的变化。如该国国际收支出现逆差，则该国近期内就有可能限制进口，鼓励外国资本流入；顺差则情况相反。

通过宏观经济环境考察，可以衡量拟投资项目的生产规模、产品类型、技术水平、国内外市场前景、创汇能力、经济效益和社会效益等是否与其宏观经济水平相适应。

(二) 微观经济环境

微观经济环境是指，拟投资项目在东道国所面临的具体条件，如投资项目产品所需的能源、水源、基础设施、原材料和劳动力等生产要素情况，以及产品销售市场、出口经营权和经营自主权等。这些因素都直接关系到投资项目能否如期建成投产，产品能否达到规定的质量和数量，产品销售以及预期效益能否顺利得以实现。

在微观经济环境中，投资项目的基础设施尤为重要。狭义基础设施指：公路、铁路、码头和机场等建筑设施，车、船、飞机等运输设备，通信设备及公用事业和能源供应。广义的基础设施包括：金融保险机构、文化生活设施和其他服务设施。一国的基础设施优劣对投资项目有着制约作用，因为基础设施结构的完善程度会影响到投资项目的经济效益，良好的基础设施结构，可以使投资者达到降低投资成本、提高效率的目的。

(三) 经济政策

一国的经济政策和国际经济有着不可分割的密切关系，对国际投资亦有着重大的影响。经济政策包含的内容很多，对国际投资影响较大的政策有六类。

1. 外资政策

外资政策主要包括：东道国对外国资本方面有关资本抽回、外商股权比例、投资领域、投资方式和经营管理方面有无限制性规定，有无国有化危险等方面。

一国的外资政策直接影响到国际投资的可能性、收益性、持续性等多个方面。因而投资者在进行跨国投资时，首先应考察东道国的外资政策。

2. 工业化政策

东道国的工业化政策也是产业政策，在吸收外资方面，即对外国投资开放或限制的行业与产品政策，直接关系到跨国投资者投资产业项目的制定和提出。各国为增加国民就业机会，提高国民所得，都会积极谋求保护及扶持本国工业发展的政策。一国的工业化政策对国际投资的重要性是不可忽视的，对于跨国投资者来说，除了应了解东道国现有的政策规定外，还应研究其工业化政策的未来变动趋势，以制定自身的投资策略。

3. 贸易政策

贸易政策可以分为自由贸易政策和保护贸易政策。近几年，各国为了使本国产品能在国际市场上参与竞争，大多致力于鼓励出口。其具体做法是由政府机构提供贷款、给予补贴、减免税收，并积极寻求及调查海外市场。国际贸易保护主义在全球范围的兴起给国际贸易造成了巨大障碍，但同时也给国际投资带来了动力和机会，在很多情况下，通过跨国投资方式与东道国合作生产，可以绕过一些贸易壁垒。在贸易政策中，还涉及不同产品的不同税率，必须认真分析和掌握。总之，研究东道国贸易政策在国际投资中是十分重要的一环。

4. 地区开发政策

世界各国，包括发达国家在内，其国内经济发展不可能总是平衡的，在其国内也会有一些相对落后的地区。各国在发展本国经济时，政府总会以一些特殊优惠政策的方式，扶持落后地区发展，如长期资金融通、劳动力流动、免费职业教育、折旧和税收优惠等。因此，跨国投资者可以利用东道国不同时期、不同地区开发的优惠政策进行投资。

5. 外汇管理政策

国际投资收益多以东道国货币形式表现，因而东道国的外汇管理政策对投资者的收益有着决定性的影响。但各国在外汇管理上宽严差别很大，跨国投资者应重点了解其外资管理、货币兑换（是否自由）、外汇汇出（有无限制）与管理等方面的政策，以保障投资资金的自由进出。在外汇管理政策中，对东道国的外资优惠政策需要特别认真研究，力争提出政策规定的投资项目，以便充分享受其各项优惠待遇。

6. 金融政策

在市场经济条件下，东道国的金融政策对跨国投资企业的经营运作具有十分重要的作用。跨国投资者在东道国投资经营，面临复杂和竞争激烈的国内国际两个市场，在产供销各个环节上都离不开东道国金融政策的支持，需要东道国金融机构及时提供国际资金融通、国际信贷、国际结算和不可缺少的各种金融服务。

经济政策包含的内容很多，所有经济政策构成一个富有弹性的环境因素系统。对跨国投资者来说，分析东道国的各项经济政策是一个不可轻视的重要环节。

四、法律环境

法律环境是指东道国有关投资方面，特别是外国投资的法律、法规的总体构成情况。东道国的法律环境是跨国投资者合法权益能否获得有效保障的根本依据，在国际投资环境中具有十分重要的地位和作用。开展国际直接投资，法律环境处于至关重要的地位。正常情况下，世界各国都在维护国家主权和利益的前提下，制定吸收利用外资的各项法律法规，但具体而言，由于各国的政治制度、经济体制、经济基础、社会发展、历史地理和教育文化水平的不同，采取的经济发展战略、产业和技术政策也有所不同。所以，在对待外资的立法上就会存在一些差异。跨国投资者在对东道国投资时，不仅要以东道国关于外资的法律法规以及各种优惠办法为依据，而且必须注意东道国国内经济方面的有关法律法规，如公司法、票据法、海商法、保险法、外汇法、外贸法、税法、技术转让法、专利法、劳动法和工资法等。

为使跨国投资者权益得到法律保障，对东道国的法律环境进行考察时，必须注意三个方面。

（一）法律完备性

法律的完备性，即东道国关于保护外国投资权益方面立法的完备程度，它涉及外资活动的各个方面，在法律上都应有明确详细的规定，而没有含糊不清或遗漏之处。

1. 外国投资法

世界各国基本上都有外国投资法。发达国家由于经济发展水平较高，在外资立法中普遍对外国投资采取较为自由放任的开放政策，限制和鼓励措施都很少。而发展中国家一方面由于经济落后，缺乏资金和技术，因而对外资在某些领域优惠较多；另一方面，由于民族经济较为薄弱，需要保护，因而对外资在一些方面又有严格的限制。虽然各国外资立法不尽相同，但其基本内容仍有不少共同之处。概括起来主要有五个方面。

第一，对外国投资的审批。跨国投资者要在东道国兴办投资项目，必须首先取得该国有关主管机关的审查和批准。各国的外资法通常一开始就明确规定对跨国投资的审批制度，列明有权审批的政府机构、审查标准及审批流程。如外商到中国举办合资企业，则根据中国中外合资经营企业法规定合营各方签订的合营协议合同和章程应报国家主管部门审查批准。审查机关应在3个月内决定批准或不批准。合营企业经批准后，到国家工商行政管理主管部门登记，领取营业执照，开始营业。

第二，投资范围、出资比例及投资期限。多数国家都在外资法中分别列出鼓励、限制及禁止外资进入的行业。如印度尼西亚的外资法规定：凡对国家至关重要的行业，如港口、公用发电、输电、通信、海运、航空运输、公用铁路、原子能开发和宣传部门等，不允许外资全面控制。至于与国防有关的领域，如武器、弹药及军用器材生产，则完全禁止外资进入。外国企业对矿业领域的开发，必须采取承包合同或法律规定的其他形式，与政府合作进行。至于哪些部门属于向外国投资者开放的领域及优先顺序，则由政府在制订长期计划时确定。对外国投资者的出资比例，因其直接关系到企业的经营管理权及投资者的利益，因而发展中国家一般都有明确的规定。如中国规定在合资经营企业中，外国投资者的出资比例不得低于25%。对外国投资的期限，发展中国家也大多有所规定。如智利的外资法要求外国投资合同从开始营业或投产之日起，一般期限为10年。特殊情况下，经外资委员会全体成员一致同意后，可批准超过25年的投资合同。

第三，企业法律形式。各国法律对不同形式企业的设立都有不同的规定及法定程序。如中国规定，合资经营企业的形式为有限责任公司。

第四，资本构成。各国外资法一般都会规定可构成投资的资本形式，通常除货币资本外，还可以包括机器、设备、原材料、土地、厂房和运输工具等有形资产，以及专利权、商标权和专有技术等无形资产。

第五，资金汇出。大多数国家基于自身利益及货币政策的需要，特别是基于国际收支平衡的需要，对外资企业所获利润，在承认资金自由汇出的原则下，还要实行一定的管制。

2. 公司法

跨国投资者在东道国投资建立或收购的企业，作为东道国的法人，必须遵守东道国公司法的规定。中国的公司法中，除对有限责任公司和股份有限公司的设立和组织机构、股份有限公司股份发行和转让、公司债券、公司财务、公司合并及分立、破产解散和清算等做出详尽规定外，还对外国公司的分支机构做了专门说明，外国投资者在华投资须受其管辖。

3. 税法

税收问题是跨国投资者最为敏感的问题，企业所得税的高低，是东道国对跨国投资者税收优惠政策的核心，由各国税法规定。发达国家税率普遍较高，发展中国家为吸引外资，税率偏低。许多国家还通过设立保税区、免税区的方式吸引外资。

4. 专利和商标法

专利和商标属于知识产权，知识产权是人类脑力和智力的创造物。知识产权包括版权、专利和工业品外观设计、商标、服务标记和原产地标志（或叫地域标志）。世界贸易组织成立后，成员方签有《与贸易有关的知识产权协定》（TRIPs），该协定规定了知识产权的国民待遇原则和最惠国待遇原则，同时规定了该协定与其他知识产权方面国际公约如《巴黎公约》《伯尔尼公约》《罗马公约》等并不相悖。在投资过程中，知识产权作为无形资产，可以用作投资，跨国投资者不仅受东道国专利法和商标法保护，还受知识产权方面世界性公约保护。

5. 劳动法与工资法

跨国投资者在海外投资与经营，经常受到东道国劳动法与工资法的影响。各国劳动法与工资法虽不尽相同，但在劳资谈判双方、劳资矛盾解决、最低工资和福利待遇等方面都有明确的规定，跨国投资者在东道国经营，一般工作人员都在当地雇佣，必须注意和严格遵守相关法律规定，尽量减少不必要的劳资纠纷。

（二）法律稳定性

法律稳定性指的是东道国关于外资的立法应具有长期稳定性和连续性，而不是经常变动或朝令夕改。由于投资项目不同于商品贸易，一个投资项目，短则1~3年，长则5~10年，有的甚至长达几十年，东道国的法律如果经常变化，就会导致投资者无法正常经营或得不到正常的利益，投资无法进行下去。

（三）投资争端解决

投资争端解决指的是外国投资项目在执行中发生争议时，东道国的法律是否规定有必要的调解、仲裁或法律解决的步骤和程序；在解决争端过程中，投资者是否可以选择投资国法律，或选择第三国法律作为依据，使争端获得公正合理的解决。当前，由于世界大部分国家（或地区）都已是世界贸易组织成员，在世界贸易组织框架下，很多投资争端已经有了统一的解决办法。对于投资者来说，开始时就应注意到这一点。

五、自然环境

自然环境是指自然或历史上形成的与投资有关的自然、人口、地理条件。从投资项目看，投资环境主要包括两个方面：一是东道国的宏观自然环境，二是投资项目所在地的自然环境。自然环境对外国投资项目的筹建和运营有着重要的作用和影响，只有具备适当的自然环境，才能促使投资项目顺利实现预期的收益。

（一）气候

气候因素包括：气温、日照、降雨量、雪、风暴以及台风等。气候的差异和变化不仅关系到企业的生产、运输条件，而且还会影响消费市场的潜力，对许多行业的投资，尤其是对农业产生各种影响。例如，在热带国家，7个1包的口香糖就没有3个或5个1包的好销，其直接原因就是气候炎热，7个1包的容易融化，会给消费者带来不便和浪费。

（二）人口

人口因素包括：出生率、死亡率、疾病、人口增长率和人口密度等。与人口相关的问题包括：食物短缺、拥挤、人口迁移、文盲和污染等。人口因素对直接投资的影响是非常重大的，因为人口数量不仅决定某一产品的需求规模，其分布亦决定需求的种类，例如，年轻人比重大的国家，对音乐、电影、食品和服饰等产品的需求就与老年人比例大的国家有明显的差异，而人口素质则决定劳动力的供给与价格情况。

（三）地理

地理因素包括：位置、面积、地形、水资源、森林资源和矿产资源等。这些都是构成一国经济基础的重要因素，对直接投资会产生直接或间接的影响。对于以开发利用资源为动机的投资活动，地理条件的优劣往往起决定性作用。

第五章 国际市场营销决策

第一节 国际市场营销

国际市场营销是企业根据国外顾客需求，将生产的产品或提供的服务提供给国外的顾客，最终获得利润的经济贸易活动。上述定义包括两大领域：生产领域和流通领域；一种手段：提供产品或服务；一个原则：满足国外顾客需求；一个目标：企业获得利润。国际营销的实质是：企业通过为国外顾客提供满意的产品或服务从中获得合法利润。国际市场营销有别于一般市场营销：国际市场营销必须是跨越国界的；国际市场营销所包括的内容不是市场营销内容的全部。

第二节 国际市场营销战略

一、市场营销组合

营销组合的思想是市场营销学者在分别研究具体营销要素的基础上所提出的更高层次的综合性营销理念。1953 年，尼尔·博登在美国市场营销学会的就职演说中提出了“市场营销组合”（marketing mix）这一术语，其意是指市场需求或多或少地在某种程度上受到所谓“营销变量”或“营销要素”的影响，为了寻求一定的市场反应，企业要对这些要素进行有效的组合，从而满足市场需求，获得最大利润。杰罗姆·麦卡锡于 1960 年在《基础营销》一书中将这些要素概括为四类：产品（product）、价格（price）、渠道（place）、促销（promotion），即著名的 4Ps 理论。

产品：注重开发的功能，要求产品有独特的卖点，把产品的功能诉求放在第一位。

价格：根据不同的市场定位，制定不同的价格策略。

渠道：企业并不直接面对消费者，而是注重经销商的培育和销售网络的建立，企业与消费者的联系是通过分销商进行的。

促销：企业注重用销售行为的改变来刺激消费者，以有吸引力的措施吸引其他品牌的消费者或导致消费者提前消费，促进销售的增长。

市场营销组合理论以及4Ps理论的提出，有力地推动了市场营销的发展，不仅更好地指导企业的市场营销活动，而且促进了市场营销学理论体系的构建，从一定意义上说，市场营销组合理论是市场营销学的核心，4Ps理论的提出是市场营销学走向成熟的重要标志。

（一）产品策略

产品是市场营销组合中重要的也是基本的因素，产品策略是其他营销因素组合的基础，没有适应市场需要和具有竞争力的产品，其他营销因素组合就无从谈起。

1. **产品**

产品是能够提供给市场，以满足人们需要和欲望的任何东西，包括实物、服务、体验、事件、人物、地点、财产、组织、信息和创意等。产品是一个综合性概念，要充分考虑能够给予顾客利益的多个层次的要求。一般来说，产品的整体概念包括五个层次。

（1）核心产品。核心产品是顾客真正想购买的基本服务或利益。消费者购买一颗钉子，并不是买钉子的实体部分，而是购买钉子所能够给顾客带来的"效用"。

（2）形式产品。形式产品是囊括核心利益的产品形式，生产者正是通过产品的基础形式将产品的核心利益传递给消费者。例如，汽车提供的出行方便的效用必须借助于汽车的形式，没有了这种形式，消费者就无法获得该种效用。可见，核心利益和形式产品是不能够分离的。

（3）期望产品。期望产品是指消费者购买产品时通常希望和默认的一组属性和条件，这种属性和条件一般是消费者获得产品效用的基本保证。脱离了期望产品，企业将无法完美地将产品效用给予消费者。例如，顾客住旅店时希望能够获得干净的床上用品、淋浴设备和安静的环境，这是产品本身所蕴含的要求，营销人员的工作必须建立在消费者的期望产品得到提供的基础之上。

（4）附加产品。附加产品是指生产者或销售者为了创造产品的差异化而给予消费者的增值服务和利益。例如，许多商家都为顾客提供送货上门、安装等服务。附加产品有转化为期望产品的趋势，当产业内所有的企业都对消费者提供了相同的附加产品之后，附加产品就会被消费者视为理所当然的期望产品看待。例如，由于家电零售商普遍采用送货上门的方式，消费者自然会认为所有的家电零售商应该提供送货上门服务。

（5）潜在产品。潜在产品是指产品最终可能会带给消费者的全部附加产品和将来会转换的部分。潜在产品能够带给产品足够的差异化形象，给企业的产品带来竞争优势地位。这主要通过提高顾客的满意度来体现。美国营销学者西奥多·李维特认为，未来竞争的关键不在于企业能生产什么产品，而在于其产品所能提供的附加价值：包装、服务、广告、用户咨询、融资、送货安排、仓储和人们所重视的其他价值。

2. **产品组合策略**

企业根据市场需求、企业能力和竞争形势对产品组合的宽度、长度、深度和关联性做出的决策称为产品组合策略。通常企业决定调整产品组合时，根据不同的情况，可供选择的产品组合策略有四种：

（1）产品线扩展。产品线扩展是指企业超出现有范围增加产品线的长度，具体的扩展办法有：一是向下扩展，即在原有的产品线下面增加一些低档产品。该方法常在企业的高档产品增长缓慢、受到强烈竞争，或者企业原来推出的高档产品已树立起质量形象，或者想借此填补市场空隙时采用，实行这种策略会使企业原有高档产品的声誉和品牌形象受到影响，造成市场收缩，也可能招致新的竞争对手。二是向上扩展，即原定位于低档产品的企业进入高档产品市场，在原来产品线上面增加高档产品。通过这一方法，可以提高企业的产品声誉和市场地位，给企业带来丰厚的利润。但同时也有一定的风险，消费者对低档产品企业生产高档产品可能缺乏信任，也可能使原先生产高档产品的竞争对手在低档产品领域与其展开竞争。三是双向扩展，即指原位于市场中间范围的企业在占据市场优势之后，决定朝产品线的上下两个方面扩展，同时增加高档产品和低档产品，扩大市场范围。实际上，产品线的扩展往往是企业生产能力过剩和企业为了更好地满足消费者需求带来的。虽然产品线的扩展可以使企业有更多的销售收入和利润，但是随着产品线的扩展，企业的设计费、储运费、装卸费、制造费、订单处理和促销费用也会随之上升。这样，可能会使企业产品线先是增长，后又大量删减，所以在使用产品线扩展策略时应该小心决策。

（2）扩大产品组合。扩大产品组合包括扩展产品组合的宽度和深度。扩展产品组合的宽度是在原产品组合中增加一个或几个产品大类，扩大产品经营范围。当企业预测现有产品大类的销售额和利润额在未来一段时间有可能下降时，就应考虑扩展产品组合的宽度。扩展产品组合的深度是在原有产品大类中增加新的产品项目。当企业打算增加产品特色，或为更多的子市场提供产品时，可选择在原有产品大类内增加新的产品项目。一般而言，扩大产品组合，可使企业充分地利用人、财、物资源，分散风险，增强市场应变能力和竞争能力。

(3) 缩减产品组合。随着产品线的延长，设计、工程、仓储、运输和促销等市场营销费用也随之增加，最终有可能减少企业的利润。尤其是当市场不景气或原料、能源供应紧张，或者产品线中出现大量难以销售的存货时，企业就应该考虑缩减产品组合，从产品组合中剔除那些获利很小甚至不能获利的产品线或产品项目，使企业可以集中力量发展获利多的产品线和产品项目，从而保存企业实力。该策略是灵活的，当市场需求程度变化时，曾经被删减的项目仍可以恢复生产。

(4) 产品线现代化。产品线现代化是指把现代化科学技术应用到生产过程中去。虽然产品组合的宽度、长度都非常适应，但产品线的生产形式却可能已经过时，因此，必须对产品线实施现代化改造。现代化改造可以通过逐项更新或全线更新两种方式实现。前者可以通过较小的投资，在测试消费者和中间商反应等因素后，再进行继续更新和停止的选择。这种方式风险较小但也容易丧失先机。全线更新则可以避免上面的缺点，但投资大，企业风险也更大。

3. 产品品牌策略

产品品牌策略指的是企业如何合理有效地使用品牌，以充分发挥品牌作用的方法。

(1) 品牌化策略。品牌化策略是指企业首先要决定是否给产品规定品牌名称、设计品牌标志。对于大部分产品，企业均实施品牌化策略，为其产品确定一个品牌，借以推广到市场。但采用品牌要产生一定费用，而维持品牌成长与发展必须不断投入费用，通常以下产品不使用品牌：①不因制造商而形成特点的产品，如电力。②临时性或一次性生产的产品。③生产简单、消费者选择性不大的产品，如钉子、纽扣、针线等。④原材料或初级加工产品，如木材、沙石等。

(2) 品牌归属策略。品牌归属策略是指根据品牌的归属不同而决定采用制造商品牌、中间商品牌或制造商与中间商混合使用品牌。①制造商品牌，以生产者名称或生产者自己的品牌作为产品品牌。这是最为传统的一种做法，至今仍被广泛采用。在制造商具有良好市场声誉、拥有较大市场占有率的条件下，尤其是当制造商的品牌成为名牌后，使用制造商品牌将更为有利。②中间商品牌，即企业决定将其产品大批量卖给中间商，中间商再用自己的品牌将货物转卖出去。中间商在产品与消费者之间起着质量保证和售后服务保证的信誉作用。中间商使用自己的私人品牌有两点好处：一是可以更好地控制价格，并且在某种程度上控制制造商；二是进货成本较低，因而销售价格较低，竞争力较强，可以得到较高利润。因此，越来越多的中间商特别是大批发商、大零售商都使用自己的品牌。③制造商与中间商混合使用品牌。一些新产品往往借助知名中间商打开市场，之后再考虑改用制造商品牌，或将两种品牌名称同时打在标签或包装上。企业在进入国际市场时常采用这种方法。

(3) 品牌统分策略。品牌统分策略是指企业所生产的不同种类、规格、质量的产品或者分别使用不同的品牌，或者全部使用一个品牌。

第一，个别品牌策略。企业对不同产品分别使用不同的品牌名称。其好处是：企业不会因某一品牌信誉下降而承担较大的风险；企业为每一新产品寻求最佳的品牌，而不必把高档优质产品的品牌引进较低质量的产品线；每个新的品牌都可以造成新的刺激，建立新信念，有利于企业产品向多个细分市场渗透。其缺点是：产品的促销费用过多，不利于企业创立名牌。

第二，统一品牌策略。企业对所生产的多种产品使用同一品牌。其优点是：企业可以运用多种媒体集中宣传一个品牌，借助品牌的知名度来显示企业实力，塑造企业形象；有助于新产品进入目标市场。但使用统一品牌必须对每种产品质量进行严格控制，否则，若某一种产品出现质量问题，就可能影响全部产品和整个企业的信誉。统一品牌策略还存在着容易相互混淆、难以区分产品质量档次等令消费者不便的缺憾。

第三，统一品牌和个别品牌并列策略。一个拥有多条产品线或者具有多种类型产品的企业可考虑采用该策略，一般是在每一种个别品牌前冠以公司的商号名称。采用这种策略的出发点是想兼收以上两种策略的优点。

(4) 多品牌策略。多品牌策略是指企业在同一类产品线上同时使用两个或两个以上相互竞争的品牌。其优点是：在零售商的货架上占有更大的陈列面积，提供几种品牌不同的同类产品，吸引求新好奇的品牌转换者；使产品深入多个不同的细分市场，占领更广大的市场；有助于企业内部多个产品部门之间的竞争，提高效率，增加总销售额。其主要风险在于，难以集中到少数几个获利水平较高的品牌，同时还要协调很多品牌之间的矛盾。

(5) 品牌扩展策略。品牌扩展亦称品牌延伸，是指企业利用已具有市场影响力的成功品牌来推出改良产品或新产品。例如，百事可乐利用其拥有的品牌知名度推出它的运动休闲服饰系列，以获得一部分消费者的认可。采用品牌扩展策略，可以借助原品牌的知名度，提高新产品的声誉，减少新产品的市场进入费用，同时还可以进一步扩大原品牌的影响和声誉。但是在使用该策略时，应考虑原产品与品牌扩展产品是否存在资源、技术等方面的关联性，或者是否具有互补性，否则将难以被消费者接受。只有将品牌扩展策略使用到与其形象、特征相吻合、接近的产品领域，才有可能成功。否则品牌名称滥用会模糊品牌在消费者心目中的定位。

（二）产品定价策略

定价策略是企业为了实现预期的经营目标，根据企业的内部条件和外部环境，对某种商品或劳务选择最优定价目标所采取的应变谋略和措施。

1. 新产品定价策略

新产品定价是企业价格策略的一个关键环节。在激烈的市场竞争中，企业开发的新产品能否及时打开销路、占领市场和获得满意的利润，这不仅取决于企业适宜的产品策略，而且取决于其他市场营销手段和策略的协调配合。其中，新产品定价策略就是一种必不可少的营销策略。常见的新产品定价策略有三种：

（1）撇脂定价策略。这是一种高价格策略，是指在新产品上市初期，价格定得很高，以便在较短时间内获得最大利润，之后随商品的进一步成长再逐步降低价格。采用此策略的企业产品一上市便高价厚利，这是因为新产品能对消费者产生新的吸引力。实行撇脂定价策略必须有一定的条件：首先，新产品比市场上现有产品有显著的优点，能使消费者“一见倾心”；其次，在产品新上市阶段，商品的需求价格弹性较小或者早期购买者对价格反应不敏感；最后，短时期内由于仿制等方面的困难，类似仿制产品出现的可能性小，竞争对手少。撇脂定价策略的优点是：①新产品初上市，竞争者还没有进入，利用顾客求新心理，以较高价格刺激消费，开拓早期市场。②由于价格较高，因而可以在短期内取得较大利润。③定价较高，在竞争者大量进入市场时，便于主动降价，增强竞争能力，同时也符合顾客对待价格由高到低的心理。这种方法的缺点是：可能由于定价过高，有时渠道成员不支持或得不到消费者认可。同时，高价厚利会吸引众多的生产者和经营者转向此产品的生产和经营，加速市场竞争的白热化。

（2）渗透定价策略。这是一种低价格策略，即在新产品投入市场时，价格定得较低，以便消费者容易接受，很快打开和占领市场。采用渗透定价策略的条件是：商品的市场规模较大，存在着强大的竞争潜力；商品的需求价格弹性较大，稍微降低价格，需求量会增加，通过大批量生产能降低生产成本。渗透定价策略的优点是：可以占有比较多的市场份额，通过提高销售量来获得企业利润，也较容易得到销售渠道成员的支持，同时，低价低利对阻止竞争对手的介入有很大的屏障作用。这种方法的缺点是：投资的回收期较长，见效慢，风险大，一旦渗透失利，企业就会一败涂地。

（3）满意定价策略。这是一种介于撇脂定价和渗透定价之间的折中定价策略，其新产品的价格水平适中，同时兼顾生产企业、购买者和中间商的利益，能较好地使各方面接受，是一种中间价格。正是由于这种定价策略既能保证企业获得合理的利润，又能兼顾中间商的利益，还能为消费者所接受，所以，称为满意定价策略。这种价格策略的优点在于：满意价格对企业和顾客都较为合理公平，由于价格比较稳定，在正常情况下盈利目标可按期实现。其缺点是：价格比较保守，不适于竞争激烈或复杂多变的市场环境。这一策略适用于需求价格弹性较小的商品，包括重要的生产资料和生活必需品。

以上三种新产品定价策略各有利弊，并有其相应的适用环境，企业在具体运用时，应从企业的实际情况，如市场需求特征、产品差异性、生产能力、预期收益、消费者的购买能力和对价格的敏感程度等因素出发，综合分析，灵活运用。

2. 折扣定价策略

折扣定价策略是利用各种折扣和折让吸引经销商和消费者，促使其积极推销或购买本企业产品，从而达到扩大销售、提高市场占有率的目的。这一策略能增加销售的灵活性，给经销商和消费者带来利益和好处，因而在现实中经常被企业所采用。常见的价格折扣主要有四种形式：

（1）现金折扣。这是指企业为了加速资金周转，减少坏账损失或收账费用，给现金付款或提前付款的顾客在价格方面一定优惠。例如，某企业规定，提前付款10天的顾客，可享受1%的价格优惠；提前20天付款，享受2%的价格优惠。运用现金折扣策略，可以有效地促使顾客提前付款，从而有助于盘活资金，减少企业的风险。折扣大小一般根据付款期间的利率和风险成本等因素确定。

（2）数量折扣。这是指企业给大量购买的顾客在价格方面的优惠。购买量越大，折扣越大，以鼓励顾客大量购买。这是企业运用最多的一种价格折扣策略。数量折扣又分为以下两种形式：一是累计折扣，指在一定时期内，购买商品累计达到一定数量所给予的价格折扣。例如，某服装店推出顾客在3个月内购买服装金额累计达到2 000元可享受8.5折优惠的促销方法。采取这种策略，可以鼓励顾客经常购买本企业的商品，稳定顾客，建立与顾客的长期关系；同时，适宜推销过时、滞销或易腐易坏的商品。这种策略在批发及零售业务中经常采用。二是非累计折扣，是规定每次购买达到一定数量或一定金额给予价格折扣。采取这种策略，可以鼓励顾客大量购买，扩大销售，同时又可以减少交易次数和时间，从而节省人力、物力等方面的费用，达到增加利润的目的。例如，一次购买50个单位以下，单价20元；购买50至100个单位，单价18元；购买100个单位以上，单价16元。

(3) 职能折扣。它又称同业折扣或贸易折扣，是生产企业给予中间商或零售商的价格折扣。折扣的大小因商业企业在商品流通中的不同功用而不同。对批发商来厂进货给予的折扣一般要大些，零售商从厂方进货的折扣低于批发企业。例如，某生产企业一种产品报价为200元，按价目表给中间商和零售商分别为10%和15%的职能折扣，以鼓励其经销自己的产品。

(4) 季节折扣。这是指企业对生产经营的季节性产品，为鼓励买主提早采购或淡季采购而给予的一种价格折让。在季节性商品销售淡季，资金占用时间长，这时如果能扩大产品销售量，便可加快资金周转，节约流通费用。在这种情况下，卖方以价格折扣鼓励买方在淡季购买商品，并向其转让一部分因节约流通费用而带来的利润，对买卖双方都具有积极意义。厂家和中间商采用季节性折扣，可以促使中间商提早进货，保证企业生产能够正常进行。而零售企业在销售活动中实行季节折扣，能促进消费者在淡季提前购买商品，减少过季商品库存，加速资金周转。例如，冬季购买电风扇、夏季购买电暖炉等都可给予一定的价格折扣。

3. *心理定价策略*

心理定价策略是一种针对消费者心理活动和变化所使用的定价策略，是运用心理学的原理，依据不同类型的消费者在购买商品时的不同心理要求来制定价格，以诱导消费者增加购买，扩大产品销售量。这种定价策略一般在零售企业中对最终消费者应用得比较多，具体策略包括六种。

(1) 整数定价策略：指在定价时，把商品的价格定成整数，不带尾数，使消费者产生“一分钱一分货”的感觉，以满足消费者的某种心理，提高商品的形象。这种策略主要适用于高档消费品或消费者不太了解的某些商品。例如，一套环绕音响的定价为9 000元，而不是8 998.98元。

(2) 尾数定价策略：指企业在制定产品价格时以零头数结尾。据心理学家分析，消费者通常认为整数价格如10元、20元、200元等是概略价格，定价不准确，而认为非整数价格如9.96元、19.95元、198元等，是经过精确核算的价格，容易产生安全和信任的感觉，从而满足了消费者求廉的心理。对于价格较低的商品，特别是日用消费品采用尾数定价策略，能使消费者对商品产生便宜的感觉而迅速做出购买决策。

(3) 组合定价策略：指企业为迎合消费者求全的心理将两种或两种以上有关联的商品合并制定一个价格。具体做法是将这些商品捆绑在一起或装入一个包装物中，如将牙膏与牙刷捆绑进行销售。此策略常常可以激发消费者的购买欲望，有促进多种商品销售的即时成效的作用。

(4) 分级定价策略：指在定价时，把同类商品分为几个等级、档次，不同等级、档次的商品，其价格有所不同。这种定价策略能使消费者产生货真价实、按质论价的感觉，因而容易被消费者接受。采用这种定价策略，等级、档次的划分要适当，级差不能太大或太小；否则，起不到应有的分级效果。

(5) 特价品定价策略：又称为招徕定价策略，企业将商品的价格定得低于市价，并广泛宣传，引起消费者的兴趣，满足消费者购买便宜商品的心理需求。此策略常在经营多品类的超级市场、百货商店使用，其有意将店中的几种商品的价格标得很低（特价），有时甚至低于成本，再配上醒目的标签以吸引顾客来店，目的在于召唤顾客，引发连带购买行为。

(6) 习惯定价策略：有些商品在顾客心目中已经形成了一个习惯价格，该价格稍有变动，就会引起顾客不满。若提价，顾客容易产生抵触心理；若降价，会被认为降低了质量。因此，对于这类商品，企业宁可在商品的内容、包装、容量等方面进行调整，也不采用调价的办法。

4. **地理定价策略**

地理定价策略是指企业根据产销地的远近、交货时间的长短和运杂费用的分担制定不同的价格策略。其主要策略有五种。

(1) 产地价格：是指顾客在产地按出厂价购买产品，卖主负责将产品运至顾客指定的运输工具上，交货前的有关费用由卖方负担，交货后的有关运费、保险费、装卸费、仓储费等全部由买方负担。中国企业在进口商品时，多选择这种方式。

(2) 买主所在地价格：这种策略与前者相反，企业的产品不管卖向何方，也不管买方路途的远近，一律实行统一运送价格，即把商品运到买方指定的目的地。到达目的地前的一切运输、保险等费用均由卖方负担。

(3) 成本加运费价格：其内容与买主所在地价格相似，只是卖方不负担保险费。

(4) 分区运送价格：是指把产品的销售市场分成几个价格区域，在一个区域内实行统一的价格，对于不同价格区域的顾客制定不同的价格，实行地区价格。原材料和农产品通常实行此种价格策略。

(5) 运费补贴价格：是指卖方对距离远的买方给予适当的价格补贴，以补偿买方较大的运输费用。

5. **差别定价策略**

差别定价策略是指在给产品定价时可根据不同需求强度、不同购买力、不同购买地点和不同购买时间等因素，采取不同的价格。

（1）以顾客为基础的差别定价：是指同一种商品，对不同的消费者，可以采用不同的价格。例如，电影院对普通观众收取正常的票价，对学生收取较低的学生票价；同一产品卖给批发商、零售商或消费者时采用不同的价格等。

（2）以产品式样为基础的差别定价：是指对同种产品进行某些改动，如变化其外观样式、增加某些功能等，以采取不同的价格。例如，给电熨斗加上温度显示灯，则售价会比没有安装温度显示灯的高20元。

（3）以时间为基础的差别定价：是指对不同季节、不同日期，甚至不同时点的商品或劳务可以制定不同的价格。例如，宾馆、饭店在旅游旺季和淡季的收费标准不同；电话在不同时间（白天、夜晚、节假日、平日等）的收费标准不同等。

（4）以地点为基础的差别定价：例如，同一地区或城市的影剧院、运动场、游乐场等因地点或位置的不同，价格也不同。

（三）分销渠道策略

分销渠道是指某种产品和服务从生产领域向消费领域转移过程中，取得这种产品和服务的所有权或协助所有权转移的企业和个人。因此，分销渠道包括商人、中间商（其取得所有权）、代理中间商（其帮助转移所有权）、处于分销渠道起点和终点的生产者和最终消费者，但不包括供应商、辅助商等。

1. **分销渠道类型的选择**

（1）直接式销售策略和间接式销售策略。按照商品在交易过程中是否经过中间环节分类，分销渠道可以分为直接式和间接式两种。直接式分销渠道是企业采用产销合一的经营方式，即商品从生产领域转移到消费领域时不经过任何中间环节；间接式分销渠道是指商品从生产领域转移到用户手中要经过若干中间商的销售渠道。直接式销售具有及时，中间费用少，便于控制价格，能及时了解市场，有利于提供服务等优点，但是此方法使生产者花费较多的投资、场地和人力，所以消费广，市场规模大的商品，不宜采用这种方法。间接销售由于有中间商加入，企业可以利用中间商的知识、经验和关系，从而起到简化交易、缩短买卖时间、集中人力、财力和物力用于发展生产，以增强商品的销售能力等作用。一般来讲，在三种情况下适合采取直接式的销售策略：①市场集中，销售范围小。②技术性高或者制造成本和售后差异大的产品，以及易变质或者易破损的商品、定制品等。③企业自身拥有市场营销技术，管理能力较强，经验丰富，财力雄厚，或者需要高度控制商品的营销情况。反之，以下情况适合采取间接式的销售策略：①市场分散，销售范围广，例如，大部分消费品。②非技术性或者制造成本和售价差异小的商品，以及不易变质及非易碎商品、日用品和标准品等。③企业自身缺乏市场营销的技术和经验，管理能力较差，财力薄弱，对其商品和市场营销的控制要求不高。

（2）长渠道和短渠道策略。销售渠道按其长度可以分为若干长度不同的形式，商品从生产领域转移到用户的过程中，经过的环节越多，销售渠道就越长；反之就越短。消费品销售渠道有四种基本的类型：生产者→消费者；生产者→零售商→消费者；生产者→代理商或者批发商→零售商→消费者；生产者→代理商→批发商→零售商→消费者。工业品销售渠道有三种基本的类型：生产者→工业品用户；生产者→代理商或者工业品经销商→工业品用户；生产者→代理商→工业品经销商→工业品用户。企业决定采用间接式销售策略后，还要对适用渠道的长短做出选择。从节省商品流通费用，加速社会再生产过程的要求出发，应当尽量减少中间环节，选择短渠道。但是也不要认为中间环节越少越好，在多数情况下，批发商的作用是生产者和零售商无法替代的。因此，采用长渠道策略还是短渠道策略，必须综合考虑商品的特点、市场的特点、企业本身的条件以及策略实施的效果等。

一般来讲以下三种情况适合采取短渠道销售策略：①从产品的特点看，易腐、易损、价格贵、高度时尚、新潮、售后服务要求高而且技术性强；②零售市场相对集中，需求数量大；③企业的销售能力强，推销人员素质好，资金雄厚，或者增加的收益能够补偿花费的销售费用。反之，以下情况适合采取长渠道策略：①从产品特点看，非易腐易损、价格低、选择性不强、技术要求不高；②零售市场较为分散，各市场需求量较小；③企业的销售能力弱，推销人员素质较差，缺乏资金，或者增加的收入不能够补偿多花费的销售费用。

（3）宽渠道和窄渠道策略。销售渠道的宽窄，就是企业确定由多少中间商来经营某种商品，即决定销售渠道的每个层次（环节）适用同种类型的中间商的数目是多少。一般情况下，有三种具体策略可供选择：

一是广泛销售策略。这是由于企业的商品数量很大而市场又广，为了能够使商品得到广泛的推销，使用户随时可以买到这种商品，通常采用这种策略。例如，一般日用品和广泛通用的工业原材料可以采取这种策略。采用这种策略，生产企业应该负担较多的广告费和促销费，以利于调动中间商的积极性。

二是有选择的销售策略。生产企业有选择地挑选一部分批发商和零售商经营自己的产品，采用这种策略，由于中间商数目较少，有利于厂商之间相互紧密协作，同时，也能够使生产企业降低销售费用和提高控制能力，这种策略适用面较广，例如，选购消费品、耐用消费品，新产品试销以及大部分生产资料商品，都应该根据产品和市场的特点，选择较为合适的批发商和零售商。而中间商的具体数目，应该根据具体情况而定，一般来讲应该既要使中间商有足够的市场面，又能够保证企业的商品能够及时地销售出去。

三是独家经营销售策略。生产企业只选择一家中间商，赋予它经销自己商品的权利。在一般情况下，生产企业在特定的市场范围内，不能再通过其他中间商来推销这种商品；而选定的经销商也不能再经营其他同类的产品。生产企业和中间商双方都应该通过签订协议做出明确的规定。这种策略主要适合于某些特殊的消费品和工业品、某些高档高价的消费品，以及具有独特风格的商品，例如，需要进行售后服务的电器商品以及需要进行现场操作表演并介绍使用方法的产品。采用这种策略，有利于调动中间商更积极地推销商品，同时，生产企业对中间商的售价、宣传推广、信贷和服务等工作可以加强控制，更好地配合协作，从而有助于提高厂商的声誉和商品的形象，提高经济效益。

2. **中间商的选择**

中间商是指生产者与用户之间，参与商品交易业务，促进买卖行为发生和实现的，具有法人资格的经济组织和个人。按照是否拥有商品的所有权可以分为经销商和代理商；按其在流通过程中所起的不同作用又可以分为批发商和零售商。

(1) 经销商。经销商是指从事商品交易业务，在商品买卖过程中拥有商品所有权的中间商。代理商是受生产者委托，从事商品交易业务，但不具有商品所有权的中间商。按代理商与生产企业业务联系的特点，又可以将其再分为企业代理商、销售代理商、寄售商和经纪商。

(2) 零售商。零售商是指向最终消费者提供商品和服务的中间商。零售商是销售系统中数量最多的组织。它按经营商品类别不同，有专业商店、百货公司、超级市场和方便商店等。从价格竞争看，有折扣商店、仓库商店、样本收获商店等。从不设铺面的零售商看，有邮购和电话订货零售商、自动机售货和流动售货等。从管理系统不同的各种零售组织看，有联营商店、自愿联合商店和零售商合作组织、协同商业百货商店和消费者合作社等。

(3) 批发商。批发商是介于生产者和零售商之间的中间商。它按营销商品种类的多少，可以分为一般批发商和专业批发商；按照服务地区可以分为全国批发商、区域批发商和地方批发商；按是否拥有商品经营权可以分为经销批发商和代理批发商；按服务内容可以分为综合服务批发商和专业服务批发商。

（四）促销策略

促销策略是指企业通过人员推销、广告、公共关系和营销推广等各种促销手段，向消费者传递产品信息，引起他们的注意和兴趣，激发他们的购买欲望和购买行为，以达到扩大销售目的的活动。企业将合适的产品，在适当地点、以适当的价格出售的信息传递到目标市场，一般是通过两种方式：一是人员推销，即推销员和顾客面对面地进行推销；另一种是非人员推销，即通过大众传播媒介在同一时间向大量消费者传递信息，主要包括广告、公共关系和营销推广等多种方式。这两种推销方式各有利弊，相互补充。此外，目录、通告、赠品、店标、陈列、示范和展销等也都属于促销策略范围。一个好的促销策略，往往能起到多方面作用，如提供信息情况，及时引导采购；激发购买欲望，扩大产品需求；突出产品特点，建立产品形象；维持市场份额，巩固市场地位，等等。

（五）人员推销策略

人员推销是促销组合中一种古老的、传统的促销方式，它在现代企业市场营销中占有重要位置。工商企业运用人员推销方式，必须了解人员推销的特点、任务、组织形式、策略和推销人员素质，加强对推销人员的培训、管理和评估，并通过一系列的竞争机制，建立一支高素质的推销人员队伍。

1. 人员推销的基本形式

（1）上门推销。上门推销是古老和常见的人员推销形式。它是由推销人员携带产品的样品、说明书和订单等走访顾客，推销产品。这种推销形式，可以针对顾客的需要提供有效的服务，方便顾客，故为顾客所广泛认可和接受，是一种积极主动的“正宗”推销形式。

（2）柜台推销。柜台推销又称门市推销，是指卖场的营业员接待进入门市的顾客，推销产品。门市的营业员是广义的推销人员。柜台推销与上门推销正好相反，它是等客上门式的推销方式。

（3）会议推销。会议推销是指利用各种会议向与会人员宣传和介绍产品，开展推销活动。在订货会、交易会、展览会和物资交流会等会议上推销产品均属于会议推销。

2. 人员推销的推销对象

推销对象是人员推销活动中接受推销的主体，是推销人员说服的对象。推销对象有消费者、生产用户和中间商等。

(1) 向消费者推销。推销人员向消费者推销产品，必须对消费者有所了解。为此，要掌握消费者的年龄、性别、民族、职业和宗教信仰等基本情况，进而了解消费者的购买欲望、购买能力、购买特点和习惯等，并且要注意消费者的心理反应，对不同的消费者，施以不同的推销方法。

(2) 向生产用户推销。将产品推向生产用户的必备条件是熟悉生产用户的有关情况，包括生产用户的生产规模、人员构成、经营管理水平、产品设计与制作过程以及资金情况等。在此前提下，推销人员还要善于准确而恰当地说明自己产品的优点，并能对生产用户使用该产品后所得到的效益做简要分析，以满足其需要。同时，推销人员还应帮助生产用户解决疑难问题，以取得用户信任。

(3) 向中间商推销。与生产用户一样，中间商也对所购商品具有丰富的专门知识，因此需要推销人员具备相当的业务知识和较高的推销技巧。要了解中间商的类型、业务特点、经营规模、经济实力以及他们在整个分销渠道中的地位；应向中间商提供有关信息，给中间商提供帮助，建立友谊，以扩大销售。

3. 人员推销的基本策略

在人员推销活动中，一般采用三种基本策略：

(1) 试探性策略。试探性策略也称“刺激—反应”策略。这种策略是在不了解顾客的情况下，推销人员运用刺激性手段引发顾客产生购买行为。推销人员事先设计好可能引起顾客兴趣，能刺激顾客购买欲望的推销语言，通过渗透性交谈进行刺激，投石问路，试探观察顾客的反应；了解顾客的真实需要，诱发购买动机，引导产生购买行为。此策略有三个特点：一是事先不了解顾客需求；二是通过试探性的交谈以了解顾客需求；三是根据顾客的反应以刺激顾客的购买欲望，并形成购买行为。

(2) 针对性策略。针对性策略也称“配方成交”策略，是指推销人员在基本了解顾客某些情况的前提下，有的放矢地针对目标顾客进行宣传、介绍，以引起顾客的兴趣和好感，从而达到成交的目的。使用这种策略时，要尽可能多用选择用语，给顾客留有余地，这是一种征求、商量的语气，比其他的提问语句更有效。此策略有两个特点：一是初步了解顾客需要；二是针对顾客的需要进行交谈，以引起对方共鸣，从而展开针对性推销，以期促成购买行为。

(3) 诱导性策略。诱导性策略也称“诱发—满足”策略，是指推销人员运用能激起顾客某种需求的说服方法，诱发、引导顾客产生购买行为。这种策略对推销人员要求较高，要求推销人员能因势利导，创造性地设计情景，诱发、唤起顾客的需求；并能不失时机地宣传介绍和推荐所推销的产品，以满足顾客对产品的需求。此策略有四个特点：一是有目的地与顾客交谈；二是交谈内容要与自己所推销的商品有关；三是使顾客承认推销员的顾问作用；四是使顾客对推销的商品有良好的印象。

以上三种策略各有其适应性，推销人员要从实际出发，有针对性地灵活运用。

二、4Cs

20 世纪 60 年代麦卡锡提出了 4Ps 理论后，该理论对市场营销理论和实践产生了深刻的影响，被营销经理们奉为营销理论中的经典。而且，如何在 4Ps 理论指导下实现营销组合，实际上也是公司市场营销的基本运营方法。即使在今天，几乎每份营销计划书都是以 4Ps 的理论框架为基础拟订的，几乎每本营销教科书和每种营销课程都把 4Ps 作为教学的基本内容，而且几乎每位营销经理在策划营销活动时，都自觉、不自觉地从 4Ps 理论出发考虑问题。

然而，随着市场竞争日趋激烈，媒介传播速度越来越快，以 4Ps 理论来指导企业营销实践已经“过时”，4Ps 理论越来越受到挑战。到80 年代，美国劳特朋针对 4Ps 存在的问题提出了 4Cs 营销理论。

（1）瞄准消费者需求。首先要了解、研究、分析消费者的需要与欲求，而不是先考虑企业能生产什么产品。

（2）消费者所愿意支付的成本。首先了解消费者满足需要与欲求愿意付出多少钱（成本），而不是先给产品定价，即向消费者要多少钱。

（3）消费者的便利性。首先考虑顾客购物等交易过程如何给顾客方便，而不是先考虑销售渠道的选择和策略。

（4）与消费者沟通。以消费者为中心实施营销沟通是十分重要的，通过互动、沟通等方式，将企业内外营销不断进行整合，把顾客和企业双方的利益无形地整合在一起。

总起来看，4Cs 营销理论注重以消费者需求为导向，与市场导向的 4Ps 相比，4Cs 有了很大的进步和发展。但从企业的营销实践和市场发展趋势看，4Cs 理论依然存在五个方面的不足：

一是 4Cs 理论是顾客导向，而市场经济要求的是竞争导向，中国的企业营销也已经转向了市场竞争导向阶段。顾客导向与市场竞争导向的本质区别是：前者看到的是新的顾客需求；后者不仅看到了需求，还更多地注意到了竞争对手，冷静分析自身在竞争中的优势、劣势并采取相应的策略，在竞争中求发展。

二是随着4Cs理论融入营销策略和行为中，经过一个时期的运作与发展，虽然会推动社会营销的发展和进步，但企业营销又会在新的层次上同一化，不同企业至多是程度的差距问题，并不能形成营销个性或营销特色，不能形成营销优势，保证企业顾客份额的稳定性、积累性和发展性。

三是4Cs理论以顾客需求为导向，但顾客需求有个合理性问题。顾客总希望产品质量好、价格低，特别是在价格上的要求是无界限的。只看到满足顾客需求的一面，企业必然付出更大的成本，久而久之，会影响企业的发展。所以从长远看，企业经营要遵循双赢的原则，这是4Cs理论需要进一步解决的问题。

四是4Cs理论仍然没有体现既赢得客户，又长期地拥有客户的关系营销思想，没有解决满足顾客需求的操作性问题，如提供集成解决方案、快速反应等。

五是4Cs理论总体上虽是4Ps理论的转化和发展，但被动适应顾客需求的色彩较浓。根据市场的发展，需要从更高层次以更有效的方式在企业与顾客之间建立起有别于传统的新型的主动性关系，如互动关系、双赢关系、关联关系等。

三、营销理论的最新进展——4Rs理论

针对上述问题，舒尔茨（Don E. Schultz）提出了关联、反应、关系、回报（4Rs）营销新理论，阐述了一个全新的营销四要素。

（一）与顾客建立关联

在竞争性市场中，顾客具有动态性。顾客忠诚度是变化的，他们会转移到其他企业。要提高顾客的忠诚度，赢得长期而稳定的市场，重要的营销策略是通过某些有效的方式在业务、需求等方面与顾客建立关联，形成一种互助、互求、互需的关系，把顾客与企业联系在一起，这样就减少了顾客流失的可能性。特别是企业对企业的营销与消费市场营销完全不同，更需要靠关联、关系来维系。

（二）提高市场反应速度

在各种因素相互影响的市场中，对经营者来说最现实的问题不在于如何控制、制订和实施计划，而在于如何站在顾客的角度及时地倾听顾客的希望、渴望和需求，并及时答复和迅速做出反应，满足顾客的需求。目前，多数公司倾向于说给顾客听，而不是听顾客说，反应迟钝，这是不利于市场发展的。当代先进企业已从过去推测性商业模式，转变为高度回应需求的商业模式。面对迅速变化的市场，要满足顾客的需求，建立关联关系，企业必须建立快速反应机制，提高反应速度和回应力。这样可最大限度地减少抱怨，稳定客户群，减少客户转移的概率。网络的神奇在于迅速，企业必须把网络作为快速反应的重要工具和手段。在

及时反应方面日本公司的做法值得借鉴。日本企业在产品质量上并不一味单纯追求至善至美，而是追求面向客户的质量，追求质量价格比。他们并不保证产品不出问题，因为那样成本太高。而是在协调质量与服务关系的基础上建立快速反应机制，提高服务水平，能够对问题快速反应并迅速解决。这是一种企业、顾客双赢的做法。

（三）关系营销越来越重要

在企业与客户的关系发生了本质性变化的市场环境中，抢占市场的关键已转变为与顾客建立长期而稳固的关系，从交易变成责任，从顾客变成拥趸，从管理营销组合变成管理和顾客的互动关系。与此相适应产生五个转向：第一，从交易营销转向关系营销：不仅强调赢得用户，而且强调长期拥有用户。第二，从着眼于短期利益转向重视长期利益。第三，从单一销售转向建立友好合作关系。第四，从以产品性能为核心转向以产品或服务给客户带来的利益为核心。第五，从不重视客户服务转向高度承诺。

所有这一切其核心是处理好与顾客的关系，把服务、质量和营销有机地结合起来，通过与顾客建立长期稳定的关系实现长期拥有客户的目标。那种认为对顾客需求做出反应、为顾客解答问题、平息顾客的不满就尽到了责任的意识已经落后了。

（四）回报是营销的源泉

对企业来说，市场营销的真正价值在于其为企业带来短期或长期的收入和利润。一方面，追求回报是营销发展的动力；另一方面，回报是维持市场关系的必要条件。企业要满足客户需求，为客户提供价值，但不能做“仆人”。

因此，营销目标必须注重产出，注重企业在营销活动中的回报。一切营销活动都必须以为顾客及股东创造价值为目的。

第六章　物流管理

第一节　物流管理的概念

在国家标准（GB/T 18354—2006）《物流术语》的定义中，物流管理（Logistics Man—agement）是指，为以合适的物流成本达到用户满意的服务水平，对正向及反向的物流过程及相关信息进行的计划、组织、协调与控制。物流管理是指在社会再生产过程中，根据物质资料实体流动的规律，应用管理的基本原理和科学方法，对物流活动进行计划、组织、指挥、协调、控制和监督，使各项物流活动实现最佳的协调与配合，以降低物流成本，提高物流效率和经济效益。现代物流管理是建立在系统论、信息论和控制论基础上的。

实施物流管理的目的就是要在尽可能低的总成本条件下，实现既定的客户服务水平，即寻求服务优势和成本优势的一种动态平衡，并由此创造企业在竞争中的战略优势。根据这个目标，物流管理要解决的基本问题，简单地说，就是把合适的产品以合适的数量和合适的价格在合适的时间和合适的地点提供给客户。物流管理以实现客户满意为第一目标，以企业整体最优为目的，以信息为中心，重效率更重效果。

物流管理强调运用系统方法解决问题。现代物流通常被认为是由采购、运输、存储、包装、装卸、流通加工、配送和信息诸环节构成。各环节原本都有各自的功能、利益和观念。系统方法就是利用现代管理方法和现代技术，使各个环节共享总体信息，把所有环节作为一个一体化的系统来进行组织和管理，以使系统能够在尽可能低的总成本条件下，提供有竞争优势的客户服务。系统方法认为，系统的效益并不是它们各个局部环节效益的简单相加。系统方法意味着，对于出现的某一个方面的问题，要对全部的影响因素进行分析和评价。从这一思想出发，物流系统并不简单地追求在各个环节上各自的最低成本，因为物流各环节的效益之间存在相互影响、相互制约的倾向，存在着交替易损的关系。比如，过分强调包装材料的节约，就可能因其易于破损造成运输和装卸费用的上升。因此，系统方法强调要进行总成本分析，以达到总成本最低，同时满足既定的客户服务水平的目的。

物流管理包括三个方面的内容：即对物流活动诸要素的管理，包括采购、运输、配送和储存等环节的管理；对物流系统诸要素的管理，即对其中人、财、物、设备、方法和信息六大要素的管理；对物流活动中具体职能的管理，主要包括物流计划、质量、技术和经济等职能的管理等。

物流管理科学是近20年在国外兴起的一门新学科，它是管理科学新的重要分支。随着生产技术和管理技术的提高，企业之间的竞争日趋激烈，人们逐渐发现，企业在降低生产成本方面的竞争似乎已经走到了尽头，产品质量的好坏也仅仅是一个企业能否进入市场参加竞争的敲门砖。这时，竞争的焦点开始从生产领域转向非生产领域，转向过去那些分散、孤立的，被视为辅助环节而不被重视的，诸如运输、存储、包装、装卸和流通加工等物流活动领域。人们开始研究如何在这些领域里降低物流成本，提高服务质量，创造"第三个利润源泉"。物流管理从此从企业传统的生产和销售活动中分离出来，成为独立的研究领域和学科范围。物流管理科学的诞生使得原来在经济活动中处于潜隐状态的物流系统显现出来，它揭示了物流活动各个环节的内在联系，它的发展和日臻完善，是现代企业在市场竞争中制胜的法宝。

第二节　物流管理的内容

物流管理是系统整合的协作物流，以企业整体最优为目的。从商品供应体系的角度看，现代物流不是单个生产、销售部门或企业的事，而是包括供应商、批发商、零售商等在内的关联企业统一体的共同活动，因此物流管理是一种供应链管理。从供应链战略管理的角度出发，现代物流管理指挥着跨企业组织的物流作业，通过强化流通过程中所有企业的关系，以实现产品供应链全过程的价值和经营行为的最适化。企业物流是客户服务物流，客户服务是物流管理创新的原动力。过去人们认为，物流是"内部事务"，只对组织体内部产生影响，其服务对象是组织内部的生产或销售部门。但现在人们认为，物流是"外部事务"，其服务对象是组织体外的顾客，与此相适应，企业经营理念的核心已从产品制造转向市场营销和客户服务。企业的物流活动也以客户服务为价值取向，同时向生产过程的上下游延伸，通过提供顾客所期望的服务，在积极追求自身交易扩大的同时，强调实现与竞争者在顾客服务方面的差别化。与此同时，现代企业物流管理依靠高度发达的信息网络和全面、准确的市场信息，实现企业各自的经营目标和整个供应链的效率化。信息已成为物流管理的核心，现代物流活动必须及时了解和反映市场的需求，并将之反馈到供应链的各个环节，才能保证生产经营决策的正确和再生产的顺利进行。

从内容上看，物流管理主要包括采购管理、运输管理、库存管理、物流配送管理、包装装卸搬运与流通加工作业的技术管理、第三方物流管理及供应链管理等。

一、采购管理

采购是指采购人员或采购实体基于生产、转售、消费等目的，购买商品或劳务的交易行为。采购同销售一样，都是市场上一种常见的交易行为。采购管理是指为保障企业物资供应而对企业的整个采购过程进行计划、组织、指挥、协调和控制的活动。采购和采购管理是两个不同的概念。采购是一项具体的业务活动，是作业活动，一般由采购员承担具体的采购任务。采购管理是企业管理系统的一个重要子系统，是企业战略管理的重要组成部分，一般由企业的中高层管理人员承担。企业采购管理的目的是为了保证供应，满足生产经营需要，既包括对采购活动的管理，也包括对采购人员和采购资金的管理等。一般情况下，有采购就必然有采购管理。但是，不同的采购活动，由于其采购环境、采购的数量、品种、规格的不同，所以管理过程的复杂程度也不同。

二、运输管理

运输成本在整个物流成本中所占的比例是最大的，不少企业的物流成本中，一半以上是运输成本。产品的生产与需求之间存在着空间和时间上的差异，因此必然需要运输，它是整个物流过程中不可缺少的最为基础的作业。运输包含从生产地到消费地的运输，也包含消费地向消费者配送时的运输，包括供应及销售物流中的车、船、飞机等方式的运输，也包括生产物流中的管道、传送带等方式的运输。

三、装卸搬运管理

装卸搬运是介于物流各环节（如运输、存储等）之间起衔接作用的活动。它把货物运动的各个阶段连接成为连续的“流”，使物流的概念名副其实。由于装卸搬运本身不创造价值，所以应尽量节约时间和费用，在装卸搬运作业中，应遵循省力化、活性化、顺畅化、短距离化、单元化、连续化和人格化原则，通过防止和消除无效作业、提高物品的装卸搬运活性、合理选择装卸搬运机械设备等途径，提高装卸搬运合理化水平。

四、包装管理

包装主要是为了商品在流通过程中其价值和使用价值不受外界因素的损害，包括两方面的含义：一方面包装能够防止被包装物在流通过程中遭受质量和数量上的损失，如防止商品在物流过程中的破损变形、变质、渗漏、浪费、偷窃、损耗、散落和掺杂等；另一方面包装能够防止危害性包装物对与其接触的人、生物和环境造成危害和污染，同时物资经过适当的包装后为装卸作业提供了方便，也能够促进商品销售、加速商品流转，有效传递商品信息和方便顾客消费。

五、存储管理

存储管理是每一个物流系统中不可或缺的组成部分，在以最低的总成本提供令人满意的客户服务方面具有举足轻重的作用。它是生产者与客户之间一个主要的联系纽带。最近几年，随着供应链管理思想的应用，存储管理从企业物流系统中一个相对较小的方面发展成为其重要的职能之一。仓储虽然能够创造时间效用，促进物流效率的提高，但它也会耗费大量人力、物力和财力，尤其仓储中的“库存”是企业的癌症，如果不能进行有效的管理和控制，势必冲减物流系统效益、恶化物流系统运行。因此，合理的存储要做到快进、快出、存储多、保管好、损耗小、费用省和保安全。

六、物流配送管理

配送是指按用户或收货人的订货要求，在配送中心或其他物流节点进行集货、分货、配货业务，并将配置货物送交客户或收货人。这一过程由集货、配货和送货三部分有机构成。为了满足不同客户或收货人的需要，尤其是“多品种、小批量、多批次、高频率”的物流服务需要，流通企业或物流企业必须对运输资源（包括车辆、运输计划、送货路线和人员）进行科学、合理的配置，以低成本满足客户的需要，从而产生了配送的物流活动。配送是物流中一种特殊的、综合的活动形式，是商流与物流的结合。

在物流管理中，极其需要创建配送业务平台，支撑商品流转，满足生产和消费需要。但是，配送新理念在中国传播时间短，由于社会缺乏对配送的支持和投入，到目前为止尚未形成集约化和规模化的配送体系，因此，配送业务始终处于低谷时期，而需要配送的企业就显得苍白无力，一定程度上造成资源的浪费。

由于传统批发体制解体，使得相当一部分的物流设施和设备、物流专业技术人员等资源闲置。在这种状况下，物流企业委曲求全，租赁资源，依靠承揽单项服务外包配送业务，实现经济利益，也是一种不错的选择。

社会化的中介型配送企业模式是一种地道的独立经营模式，其实质是一种规模经营模式，根据中国巨大生产能力和消费能力，社会化中介配送和共同配送两种模式将是中国今后经济发展的巨大平台。

七、第三方物流管理

第三方物流（Third Part Logistics）是指由物流劳务的供方、需方之外的第三方完成物流服务的物流运作方式。第三方是指提供物流交易双方的部分或全部物流功能的外部服务提供者。在某种意义上，可以说它是物流专业化的一种形式。需要注意的是，第三方物流是站在货主的立场上，以货主企业的物流合理化为设计系统和系统运营管理的目标。而且，第三方物流企业不一定要有物流作业能力，也就是说可以没有物流设施和运输工具，不直接从事运输、保管等作业活动，只是负责物流系统设计并对物流系统运营承担责任。具体的作业活动可以采取对外委托的方式由专业的运输、仓库企业等完成。

八、供应链管理

供应链也称物流网络，简单地说，供应链是指产品生产和流通过程中所涉及的原材料供应商、生产商、批发商、零售商以及最终消费者组成的供需网络。其要素包括供应商、制造中心、仓库、配送中心和零售点，以及在各机构之间流动的原材料、在制品库存和产成品。供应链管理是以保证满足服务水平需要和使得系统成本最小化为目标，而采用的把供应商、制造商、仓库和零售商有效地结合成一体来生产商品，并把客户需要的商品在需要的时间配送到需要地点的一套方法。

第三节　物流管理发展趋势

一、现代物流走向无国界时代

20 世纪 80 年代掀起了跨国经营和产品本地化生产的浪潮，90 年代形成了经济全球化的大潮。国际化采购、国际化生产、国际化销售格局形成，随之而来的是国际化物流。没有顺畅的国际物流，国际贸易不会扩大，跨国生产和全球采购难以实现。反过来说，在国际化大生产、国际资本大流动、国际贸易大发展、全球经济一体化日益发展的新经济格局中，也迫切要求国际物流走向全球化经营。可以说，伴随着“全球经济一体化”，将会出现“物流无国界”的局面。

近年来，跨国物流企业，如美国总统轮船、联邦快递、丹麦马士基、日本通运、佐川急便和德国西门子等都在角逐世界物流市场，与它们供应链中的生产企业结伴进入各国物流领域。这些大型跨国物流公司，由原来雄踞国际海、陆、空运输市场，进而深入各国参与物流基础设施和物流枢纽建设，逐步完善了跨国物流网络框架和主干线与支线的衔接，使国际物流网实现贯通和触角终极化。借助经济全球化的大好时机，通过融资、贷款、援助、合资和合作等形式把游资投入到世界各地关键的物流环节，如：港口、码头、公路、物流园区和集装箱终端，建立了自己的投资主体地位，确保了国际物流的畅通无阻，从而进一步拓宽了国际物流通道，促进了全球物流的大循环，把现代物流推向了全球化发展的新时代。

二、现代物流进入供应链管理阶段

在物流的思想、概念和定义方面，有一个发展的过程。20 世纪50 年代以前，企业物流强调的是运输效率；50 年代，企业物流强调的是降低成本和提供客户服务；60 年代，出现了综合外包的概念，企业寻求物流外包成为一种趋势；70 年代，强调运作整合和质量；80 年代，强调对企业的财务表现和运作优化的问题；到90年代，则强调物流对客户关系的作用和跨企业的延伸。物流跨企业的延伸，实质上就是供应链形态。2005 年，美国物流管理协会更名为“美国供应链管理专业协会”，标志着世界物流已进入供应链时代。

之所以会出现这样的发展趋势，是因为随着经济的发展和企业在激烈的市场竞争中的群体优势化，物流的作用已经日益显得单一和不足。物流必须与生产、采购、销售以及信息相结合，形成整体优势，才能适应新的竞争环境，企业只有在发挥核心竞争力的同时，与自己的上游企业和下游企业结成联盟，才能成为优秀的生产者。原材料供应者、产品批发商、零售商、物流企业乃至相关的金融、保险、信息和咨询等企业优势组合的同盟体，才能维持生存和发展。由于逐渐由单个企业之间的竞争，转向了企业群体之间的竞争，物流的功能便显得乏力，只有供应链才能满足这种竞争的需要。所以，作为一种重要的发展趋势，物流渐渐地被涵盖在供应链管理之中，或者说物流向更高的阶段发展了。

三、现代物流向整个经济领域延伸

物流是一门新兴的学科，不到100年的成长历史，所以物流的范围和主攻方向一直随着经济的发展、科技的进步、消费者的需要等外在因素的变化而不断地调整和完善自己。开始阶段，物流主要指的是产品离开生产线以后的包装、运输、装卸搬运、保管、流通加工及信息传递，主要服务于企业的产品销售活动；后来物流的范围扩大到原材料采购和生产领域，侧重于加强企业服务和企业竞争力；再后来物流由 pd 概念转向 logistics、订货处理、退货物流等内容的同时，把重点转向对物流配送和物流活动的策划与管理，物流的地位也提升至企业经营管理和企业经营战略的高度。现在的新趋向是把物流进一步向外围延伸，与通关、商检相连，与商流、资金流、信息流捆绑在一起，把物流纳入生产、流通与消费的经济领域。可以说，现代物流包含了产品从“生”到“死”的整个物理性的流通过程。这是生产企业和商贸流通企业生存、发展的需要。它们不仅把物流看作降低成本、提高服务水平、加强企业竞争力、创造“第三利润”的源泉，而且还把物流提升到经济的增长点、经济发展的支柱和关键产业的高度。目前，一些发达国家的生产企业十分重视与物流企业的合作，它们不但把生产与销售之外的一切经营活动都交给了物流企业，而且即使生产与销售也让物流企业参与其中。

四、现代物流注重消费者需求

在市场经济情况下，社会商品极大丰富，买方市场矛盾突出，买者是“上帝”，生产者、供应者、服务业者都把传统的以“自我”为中心，转向以“消费者”为中心。过去生产企业依据市场情况，制定商品价格。现在已不是由市场支配价格，而是由消费者支配价格。生产企业已无法自行决定价格，必须调查消费者能承受或消费者希望的价格标准，然后再考虑划给分销商、物流企业的利润，最后决定自己的产品出厂价格。在这种情况下，物流服务也必须随着生产企业的转变而转变，由过去的服务于生产，转向现在的服务于消费者，满足消费者多样化、个性化的要求。比如，为居民提供搬家服务的搬家公司；为居民邮寄小件包裹以及代送礼品、代运高尔夫和滑雪用具的“宅急送”公司；为长期出差职工保管家具和贵重物品的仓库等，都是物流企业转向最终消费者的例证。为了适应消费者的需要，运输企业增加冷藏运输车辆，仓库企业大量增建冷冻仓库，形成一条制冷链物流体制，牛奶、肉蛋、海产品、蔬菜和水果等一律冷藏、冷冻化流通。今后，能够为消费者而不仅仅是生产者提供高质量的服务，将是物流企业的生存发展之道。

五、现代物流把社会效益放在重要位置

减少环境污染、保护生态环境，是当代社会的一项重要课题。在这样的社会大背景下，物流企业已不能只考虑经济效益，而必须遵守环保法规，注重社会效益，例如，减少废物堆砌、卡车噪音、废气公害，是最近几年新兴的“绿色物流”。为了社会效益，有的国家已考虑限制卡车运输，鼓励铁路运输。卡车在繁华市区装卸货物要求关闭发动机，以减少废气排放量；有的国家做出规定，电视机、电冰箱等大件废旧家用电器，由生产企业负责回收和再生利用。

六、现代物流追求附加价值

在客户和消费者对服务要求越来越高、物流企业竞争日趋激烈、成本上升、利润下降的情况下，物流企业为了维持生存，寻求发展，不得不追求附加价值，大范围地承揽业务。过去物流企业进行流通加工时，一般只限于拴价签、贴条形码等简单作业；现在流通加工业务的范围已拓宽，比如煤炭的筛选、碾碎、混合；衣料的染色、刺绣、组装；汽车安装空调和尾灯及质检，以及其他各种各样的流通加工服务。许多过去只提供运输、仓储、包装服务的物流专业企业，现在大量向第三方物流企业转化，以追求附加价值收入。这一变化，给物流企业增加了收入。据有关资料统计，1995 年，美国第三方物流市场规模为200 亿美元，仅占当年物流市场总量的25%。1999 年，美国第三方物流市场规模猛增至700 亿美元，占全美物流市场的70%。

七、现代物流趋向信息化和高科技化

物流的信息化是指商品代码和数据库的建立、运输网络合理化、销售网络合理化、物流中心管理电子化、电子商务和物品条码技术应用等。各种信息平台、电子数据交换系统（edi）、事务处理系统（tps）、管理信息系统（mis）、决策支持系统（dss）、销售时点信息系统（pos）、地理信息系统（gis）、全球卫星定位系统（gps）和智能交通运输系统（its）等信息处理和条形码技术、射频标识技术在物流中广泛运用，将使信息实现共享，信息传递更加方便、快捷、准确，增强了运输、保管、装卸搬运、包装、流通加工和配送等物流环节的功能，使物流与商流、资金流、信息流融为一体，提升了生产、流通和消费的综合效益，社会物流成本不断下降，实现物流跨越式发展。

第七章　人力资源管理

第一节　人力资源管理的概念和功能

一、概念

宏观意义上的人力资源管理是指政府对社会人力资源的开发和管理过程。我们通常所说的人力资源管理涉及的是微观的，即企业的人力资源管理，是指企业内部对人的管理。

长期以来，人力资源管理一直试图解决人事管理、人际关系和工业关系所未能解决的问题，即组织应该如何管理人，以使组织的绩效和个人的满意度达到最大化。人作为组织中一个有价值的资源，这种观点已经被许多从事人事管理、人际关系和工业关系研究的学者所接受。但是，学者们都从各自研究的领域解释人力资源管理，结果人力资源管理的定义反而变得模糊不清，难以形成一个为大多数人所接受的定义。

我们从人力资源管理功能的角度出发研究什么是人力资源管理，可以得出如下定义：人力资源管理是指为实现组织的战略目标，组织利用现代科学技术和管理理论，通过不断地获得人力资源，对所获得的人力资源进行整合、调控及开发，并给予他们报偿，从而有效地利用人力资源。

二、功能

从人力资源管理的定义中，我们可以看到人力资源管理包括五项基本的功能，即获取、整合、奖酬、调控和开发。

(一) 获取

获取主要包括人力资源规划、招聘与录用。为了实现组织的战略目标，人力资源管理部门要根据组织结构确定的职务说明书与员工素质要求，制定与组织目标相适应的人力资源需求与供给计划，并根据人力资源的供需计划而开展招募、考核、选拔、录用与配置等工作。只有首先获取了所需的人力资源，才能对其进行管理。

（二）整合

整合是使员工和睦相处、协调共事、取得群体认同的过程，是员工与组织之间、个人认知与组织理念、个人行为与组织规范的同化过程，是人际关系的协调职能与组织同化职能。现代人力资源管理强调个人在组织中的发展，个人的发展势必会引发个人与个人、个人与组织之间的冲突，产生一系列问题，主要包括：①组织同化，即个人价值观趋同于组织理念、个人行为服从于组织规范，使员工与组织认同并产生归属感；②群体中人际关系的和谐，组织中人与组织的沟通；③矛盾冲突的调解与化解。

（三）奖酬

奖酬是指为员工对组织所做出的贡献而给予奖酬的过程，是人力资源管理的激励与凝聚职能，也是人力资源管理的核心。其根本目的在于增强员工的满意感，提高劳动积极性和劳动生产率，增加组织的绩效。

（四）调控

调控是对员工实施合理、公平的动态管理的过程，是人力资源管理的控制与调整职能。它包括：科学、合理的员工绩效考评与素质评估；以考绩与评估结果为依据，对员工使用动态管理，如晋升、调动、奖惩、离退和解雇等。

（五）开发

广义上的人力资源开发包括人力资源数量与质量的开发。人力资源的数量开发，从宏观上看，主要方法有：人口政策的调整、人口的迁移等；而对于组织而言，其人力资源数量的开发方法有招聘、保持等。我们在本课程中讲述的人力资源开发主要是指人力资源质量开发，指的是对组织内员工素质与技能的培养与提高，使他们的潜能得以充分发挥，最大限度地实现其个人价值，主要包括组织与个人开发计划的制订、组织与个人对培训和继续教育的投入、培训与继续教育的实施、员工职业生涯开发及员工的有效使用。

以上五项基本职能相辅相成，彼此互动。这五项基本职能属于功能性管理作业。功能性管理作业直接用以完成人力资源管理任务，而支援性管理作业则是支持和保证功能性管理作业的顺利进行，如职务分析与员工评估。职务分析为各项人力资源管理作业提供基本依据，起着核心作用。员工评估为各项人力资源管理作业提供方法与手段，也起着支持作用。

第二节　人力资源管理理论

人力资源管理理论，是研究人力资源管理全过程的规律和方法的理论，它揭示了如何调动、使用、开发人力资源及充分利用人力资源来推动社会与经济的发展。人力资源管理理论来自于近代管理理论。

一、人性假设理论

人力资源管理是对人进行管理，因此对人的基本看法将直接决定人力资源管理的具体管理方式与管理方法。人性假设从而也就构成了人力资源管理的一个理论基础。

麦格雷戈认为，有关人的性质和人的行为的假设对于决定管理人员的工作方式来讲是极为重要的，不同的管理人员之所以会采用不同的方式来组织、控制和激励人们，原因就在于他们对人的性质的假设是不同的。他经过长期研究后，于1957年11月，在美国《管理评论》杂志上发表了《企业中人的方面》一文，提出了著名的“X理论V—Y理论”，并在之后的著作中对这一理论做了进一步发展和完善。

（一）X理论

麦格雷戈将传统的人们对人性的假设称之为X理论，并将这一观点的内容归纳为以下几个方面：

（1）大多数人生性都是懒惰的，他们尽可能地逃避工作。

（2）大多数人都没有什么雄心壮志，不喜欢负什么责任，宁可让别人领导。

（3）大多数人都是以个人为中心的，这会导致个人目标与组织目标相互矛盾，为了达到组织目标必须靠外力严加管制。

（4）大多数人都是缺乏理智的，不能克制自己，很容易受别人影响。

（5）大多数人习惯于保守，反对变革，安于现状。

（6）大多数人都是为了满足基本的生理需要和安全需要，他们将选择那些在经济上获利最大的事去做。

（7）只有少数人能克制自己，这部分人应当负起管理的责任。

X理论的观点非常类似于中国古代的性恶论，认为“人之初，性本恶”。在这种理论的指导下，会形成严格控制的管理方式，以金钱作为激励人们努力工作的主要手段，对消极怠工的行为进行严厉的惩罚，以权力或控制体系来保护组织本身和引导员工。

（二）Y理论

基于X理论，麦格雷戈又提出了与之完全相反的Y理论。这一理论的主要观点是：

（1）一般人并不是天性就不喜欢工作，工作中体力和脑力的消耗就像游戏和休息一样自然，工作可能是一种满足，因而自愿去执行，也可能是一种处罚，因而只要可能就想逃避，到底怎样，要视环境而定。

（2）外来的控制和惩罚并不是促使人们为实现组织的目标而努力的唯一方法，它甚至对人是一种威胁和阻碍，并放慢了成熟的脚步，人们愿意实行自我管理和自我控制来完成应当完成的目标。

（3）人的自我实现的要求和组织要求的行为之间是没有矛盾的，如果给人提供适当的机会，就能将个人目标和组织目标统一起来。

（4）一般人在适当条件下，不仅学会了接受职责，而且还学会了谋求职责，逃避责任、缺乏抱负以及强调安全感通常是经验的结果，而不是人的本性。

（5）所谓的承诺与达到目标后获得的报酬是直接相关的，它是达到目标的报酬函数。

（6）大多数人，而不是少数人，在解决组织的困难与问题时，都能发挥较高的想象力、聪明才智和创造性，但是在现代工业生活的条件下，一般人的智慧潜能只是部分地得到了发挥。

Y理论的观点非常类似于中国古代的性善论，认为“人之初，性本善”。以这一理论为指导，管理的方式和方法必然也会不同，管理者的重要任务不再是监督控制，而是创造一个使人得以发挥才能的工作环境，发挥员工的潜力，使员工在完成组织目标的同时也达到个人目标；同时对人的激励主要是给予来自工作本身的内在激励，让员工担当具有挑战性的工作，满足其自我实现的需要。

（三）超Y理论

麦格雷戈认为，Y理论较X理论更为优越，因此管理应当按照Y理论来行事。但是后来，约翰·J. 莫尔斯（John J. Morse）和杰伊·W. 洛希（Jay W. Lorsch）经过实验证明麦格雷戈的这一观点是不正确的，他们于1970年在《哈佛商业评论》上发表了《超Y理论》一文，提出了著名的超Y理论，对麦格雷戈的“X理论—Y理论”做了进一步的完善。该理论的主要观点是：

（1）人是抱着各种各样的愿望和需要加入企业组织的，人的需要和愿望有不同的类型。有的人愿意在正规化、有严格规章制度的组织中工作；有的人却需要更多的自治和更多的责任，需要有更多发挥创造性的机会。

（2）组织形式和管理方法要与工作性质和人们的需要相适应，不同的人对管理方式的要求是不一样的。对上述的“性本恶”之人应当以X理论为指导来进行管理，而对“性本善”之人则应当以Y理论为指导来进行管理。

(3) 组织机构和管理层次的划分，员工的培训和工作的分配，工资报酬、控制程度的安排都要从工作的性质、工作的目标和员工的素质等方面考虑，不可能完全一样。

(4) 当一个目标达到以后，可以激起员工的胜任感和满足感，使之为达到新的更高的目标而努力。

按照超Y理论的观点，在进行人力资源管理活动时要根据不同的情况，采取不同的管理方式和方法。

二、激励理论

激励就是激发人内在的行为动机并使之朝着既定目标前进的整个过程。工作绩效在很大程度上取决于人的工作态度。如何激发人的工作热情，调动其工作积极性和主动性，就成为人力资源管理需要解决的重要问题。因此，激励理论就构成了人力资源管理的又一重要理论基础。

(一) 激励的基本过程

简单地说，激励就是激发人内在的行为动机并使之朝着既定目标前进的整个过程。由此可见，激励是与人们的行为联系在一起的，我们首先要简要了解一下人们行为的形成过程。

心理学的大量研究表明，人们的行为都是由动机决定和支配的，而动机则是在需要的基础上产生的。当人们产生了某种需要而这种需要又没有得到满足时，就会出现一种紧张和不安的情绪，为了消除这种紧张和不安，人们就会去寻找满足需要的对象，从而产生进行活动的动机。在动机的支配下，人们会进行满足需要的行为，在需要不断得到满足的过程中，动机会逐渐减弱，当人们的需要完全得到满足时，紧张和不安的心理状态就会消除，然后就会产生新的需要，形成新的动机，引发新的行为。

(二) 内容型激励理论

内容型激励理论主要是研究激励的原因和引起激励作用的具体内容，马斯洛的需求层次理论、阿尔德弗的ERG理论、赫茨伯格的双因素理论和麦克利兰的成就激励理论是最为典型的几种内容型激励理论。

1. 需求层次理论

1943年，美国心理学家马斯洛出版的《人类激励的一种理论》中首次提出了需求层次理论。1954年，他又在《激励与个性》中对该理论做了进一步的阐述。他将人们的需要划分为五个层次：生理需要、安全需要、社交需要、尊重需要和自我实现需要。

2. ERG 理论

ERG 理论是美国心理学家克雷顿·阿尔德弗（Clayton Alderfer）提出的，他在大量研究的基础上，对马斯洛的需求层次理论进行了修正，认为人的需要主要有三种：生存需要（existence）、关系需要（relatedness）和成长需要（growth），由于这三个词的第一个英文字母分别是 E，R，G，因此又被称为 ERG 理论。

应当说，阿尔德弗的 ERG 理论并没有突破马斯洛的需求层次理论，只是将需求层次进行了简化，并做了更加符合人们心理状态和行为表现的解释。根据他们的理论，在人力资源管理过程中，为了调动员工的工作积极性和主动性，管理者必须首先明确员工的哪些需要没有得到满足，以及员工最希望得到的是哪些需要，然后再有针对性地满足员工的这些需要，这样才能最大限度地刺激员工的动机，发挥激励的效果。

3. 双因素理论

双因素理论，又称为“激励—保健因素”理论，这是美国行为科学家弗雷德里克·赫茨伯格（Frederick Herzberg）提出的一种激励理论。20 世纪 50 年代末，赫茨伯格及同事对匹兹堡地区 9 家工业企业的 200 多位工程师和会计师进行了访谈，调查被访者对工作感到满意和不满意的原因分别是什么，在调查研究的基础上，他提出了这一理论。赫茨伯格的双因素理论对于人力资源管理的指导意义是，管理者在激励员工时必须区分激励因素和保健因素，对于保健因素不能无限制地满足，这样做并不能激发他们的动机，调动他们的积极性，而应当更多地从激励因素入手，满足员工在这方面的需要，才能使员工更加积极主动地工作。此外，在人力资源管理过程中要采取有效的措施，将保健因素尽可能转化为激励因素，从而扩大激励的范围。例如，工资本来是属于保健因素的，但是如果将工资与员工的绩效水平挂钩，使工资成为工作结果好坏的一种反映，那么它就会在一定程度上变为与工作本身有关的激励因素，这样就能使工资发挥更大的效用。

4. 成就激励理论

美国心理学家戴维·麦克利兰（David McClleland）等人自 20 世纪 50 年代开始，经过大量的调查和实验，尤其是对企业家等高级人才的激励进行了广泛的研究之后，提出了这一理论。由于这些人员的生存条件和物质需要得到了相对的满足，因此，麦克利兰的研究主要集中在生理需要得到满足的前提下人们还有哪些需要，他的结论是权力需要、归属需要和成就需要。

这一理论对于管理者来说具有非常重要的指导意义，在进行人力资源管理时，管理者应当充分发掘和培养员工的成就需要，给员工安排具有一定挑战性的工作和任务，从而使员工具有内在的工作动力。

(三) 过程型激励理论

过程型激励理论主要是研究行为是如何被引发、怎样向着一定方向发展、如何保持以及怎样结束这种行为的全过程，其中，比较典型的有期望理论、公平理论和目标理论三种。

按照期望理论的观点，人力资源管理为了达到激励员工的目的，必须对绩效管理系统和薪酬管理系统进行相应的改善。

公平理论对于人力资源管理的意义更多地集中在薪酬管理方面，就是要实施具有公平性的报酬体系，这种公平体现在内部公平、外部公平和自我公平三个方面，使员工感到自己的付出得到了相应的回报，从而避免员工产生不满情绪。

相比公平理论，目标理论对人力资源管理的意义则更多地体现在绩效管理方面。按照目标理论的要求，在制定员工的绩效目标时要注意三个问题：一是目标必须具体、明确；二是目标要有一定的难度，通俗地说就是让员工“跳一跳能够摘到桃子”；三是制定目标时要让员工共同参与，使员工能够认同和接受这一目标。

(四) 行为改造型激励理论

行为改造型激励理论主要是研究如何改造和转化人们的行为，变消极为积极，以期达到预定的目标。行为改造型激励理论以美国哈佛大学心理学教授B. F. 斯金纳（B. F. Skinner）的强化理论最为典型。

强化理论对人力资源管理的借鉴意义在于：要建立完善的绩效管理体系和奖惩制度；对员工的绩效考核不仅注重目的，还要注重过程；要及时发现员工的有效行为和不良行为并及时给予奖励或惩罚，以达到引导和纠正员工行为的目的。此外，还要加强人力资源管理的培训活动，通过培训对员工的行为进行有计划、有目的的训练，并不断强化，使员工的行为与组织的目标紧密结合起来。

我们简要地介绍了几种具有代表性的激励理论，应当说，这些理论对激励问题做出了比较深入和准确的研究，这对人力资源管理的实践活动具有非常重要的指导意义。但是需要注意的是，这些理论都是在一定的条件和环境下得出的，因此都有相应的适应范围，并不是绝对的真理，在实践过程中，我们必须根据具体的情况灵活加以运用，绝对不能生搬硬套。此外，这些理论对激励的解释基本都是从不同的角度入手的，不可避免地具有一定的片面性，因此在实践中，我们应当对这些理论综合加以运用。

第三节　人力资源外包

归纳已有对人力资源管理外包的相关定义，其内涵可以概括如下：在一段时期内，企业把人力资源部分业务转移给外部供应商完成。这部分业务以前是由企业内部部门承担的，在外包基础上结成人力资源职能外包供求双方所形成的相互依赖、诚信、互惠及合作的关系。例如，员工招聘、培训教育、劳动关系、福利、工作分析与岗位描述和人力资源管理信息系统等都可以作为人力资源管理外包的内容。

一、人力资源管理外包的动因

（一）经济全球化与国际分工的细化

20 世纪 80 年代以来，世界经济发生了巨大的变化，经济全球一体化成为席卷世界的浪潮。国际贸易与国际投资以惊人的速度在递增，全球性市场逐步形成，无国界经营发展迅速。经济全球化和渐趋开放统一的世界市场，一方面，使各国企业面临着更为广阔的市场容量，使它们更有必要和可能展开更大规模的生产和销售，以充分地实现规模效益；另一方面，也使企业面临着全球范围的激烈竞争，原有市场份额及垄断格局将不可避免地受到挑战。任何企业面对全球市场范围的竞争都显得势单力薄，必须加强联盟和合作，实现专业分工与协作，从而为全球规模外包业务的形成和发展提供强大推动力。

亚当·斯密的劳动分工和专业化理论，揭示了在工业化社会，几乎没有一家制造企业可以独立进行产品和零件的生产，某一特定企业把部分业务包给外部的承包商，不仅简化了管理的复杂性，而且有助于提高承包商的专业化效率。因此，业务外包被称作企业的第二生产厂和获取利润的主渠道之一。人力资源管理外包的动因与业务外包机理相同，人力资源管理外包的本质是劳动分工的延伸，人力资源管理外包本质上是一种管理外包。管理外包，包括人事管理外包，是继业务外包之后发展起来的外包形式，诸如，财务账目清算、薪酬发放、人事代理、管理咨询、研发投入、员工招聘、员工培训和高层管理者搜寻等，它们原本属于企业内务管理职能，随着企业的发展和管理提升，逐步外包给其他企业或组织。

(二) 人力资源管理职能细化的产物

随着社会分工的细化，人力资源管理的内涵也越来越丰富，包括：招聘、员工发展、档案管理、出国政审、转正定级、技术职称申报、户籍管理、党团组织关系挂靠、人力资源咨询与测评、计划生育管理、保留干部身份和工龄、代收代缴社会保险、绩效考核、薪资福利和员工培训等多个具体环节。当人力资源管理职能分工越来越细化，人力资源部门在企业中扮演的角色越来越重要时，具体操作性工作就越来越多，企业就要不断增加在人力资源管理方面的资金和人力等投入。企业人力资源部门的分工越来越细，当管理职能进一步细化，企业认为没有必要再增加内部管理投入，某些工作可以借助外力进行时，一些事务性工作即被外包，人力资源部门的职能再次分化。因此，把一些非核心的、过于细化的传统人力资源管理业务外包出去，能使人力资源部门更专注于系统性、全局性的战略事务，将有利于人力资源管理水平的提高。人力资源管理外包的发展动因与企业管理职能的转变和提升有着直接的关系，人力资源管理外包是组织职能演变的结果。

(三) 战略人力资源管理角色的要求

传统的企业人力资源管理工作可分为两方面：一种是事务性的，另一种是战略性的。事务性的人力资源管理工作是指普通员工的招聘、教育和培训、绩效考评和薪资管理等；而战略性的人力资源管理工作则包括人力资源政策的制定和执行、中高层主管的甄选、员工职业生涯的策划和组织发展规划等。由于事务性的人力资源管理工作程序化强、重复性高、附加值低，因此，企业常把这部分过于烦琐的人力资源管理业务外包出去，从而可以更关注那些具有系统性、战略性、前瞻性的人力资源管理工作。企业人力资源管理部门已逐渐由原来的非主流的功能性部门，转而成为企业经营业务部门的战略伙伴。企业人力资源经理已经从过去的行政、总务、福利角色转变为学习型组织教育的推动者、高层主管的咨询顾问、战略业务伙伴、管理职能专家和变革倡导者。人力资源部门已经成为企业中“关于人力资源管理问题的专家”，在战略执行过程中通过各种人力资源管理政策的制定，以及对人力资源管理实践的调整，帮助企业获得并保持竞争优势，人力资源管理部门以战略经营伙伴的身份，协同各业务部门达成企业的经营目标。

(四) 人力资源管理外包是降低成本的途径

玛丽·F. 库克（Mary F. Cook）认为：越来越多的企业将人力资源活动外包是出于各种原因：①外包是降低财务和管理成本的有效途径之一；②外包还可以解决由临时解雇和企业重组所引起的问题；③外包还可以分摊企业计算机和软件

升级的成本，因为外包服务商对技术进行的大量投资可以通过很多用户的使用而进行成本分摊；④人力资源职能具有复杂、高成本和受严格规范控制的特点，也是促使企业对其进行外包的因素。

综上所述，人力资源管理外包动因是多维的，包括外部商业环境变化、政策法律的完善、信息技术发展和从业者价值观的变化等。内部驱动因素包括：人力资源管理职能细化、组织内部管理与控制需要、人力资源管理地位提升和企业弹性化雇用模式。总之，人力资源管理外包的本质动因是为了适应外部环境和内部条件的变化，尽管有些行为是组织被动的反映，有些则是企业的主动行为。

二、人力资源管理外包的步骤

由于人力资源管理外包观念引进的时间不长，在国内正处于起步阶段，很多企业实施外包更多的是基于降低成本等低层面考虑，没有上升到战略层面，他们只是把人力资源管理外包简单地看作一种人力资源职能的转移，没有从系统的角度看人力资源管理外包，也没有把外包策略和企业的发展战略联系起来，所以很难衡量外包对战略的支持性作用。基于战略和价值链的人力资源管理外包流程系统，分为六个步骤：

（1）根据企业战略规划制定相应的支持性人力资源管理战略，在此基础上设计企业人力资源管理系统。进行人力资源系统内部分析，确认其优势和薄弱环节，为选择外包对象做基础性工作。

（2）成立人力资源管理外包决策机构，对企业人力资源管理活动的优势和薄弱环节分别进行认真分析和评估，并根据标准判断是否适合采取外包策略。

（3）结合战略制定相应的外包战略和外包策略。此环节主要评估所选外包职能自己能不能做，战略相关度，机密性和成本效益核算等因素。

（4）外包实施。分析评估人力资源管理外包业务的供应商、最终确定对企业最有利的外包供应商并与之签订清晰全面的契约；做好外包的宣传工作，消除员工因对外包的误解而产生的不良抵触情绪，做好客户和供应商的沟通工作；与供应商共同加强对企业方面的外包参与人员和供应商方面的外包实施人员的日常管理；加强对供应商的监督，控制外包活动的发展趋势，一旦出现偏离外包预期目标的情况，要及时采取措施加以纠正；外包合同的管理。

（5）外包效果评估反馈。在外包结束后，为保证下轮活动能在此基础上有所改进和提高，对外包考评结果的反馈是不可忽视的方面。企业与供应商应针对外包结果与预期目标之间的差异，分析原因，提出双方改进外包效果所采取的可行性措施，以此作为改进下轮外包效果的有力工具。只有这样，每轮外包结束后进行反馈，总结经验，提出措施，人力资源管理外包活动效果才会与预期目标越走越近。

(6) 企业获取绩效和竞争优势，并与新的市场或组织环境相结合，为企业战略的持续改进提供支持，实行下一轮外包活动。

三、人力资源管理外包风险

人力资源管理外包风险，可以分为两个类型。一类是外包项目的效果。企业投入了人力、物力、时间，如果不能够达到预期的效果，不但会造成资源的浪费，重要的是可能因为错过时机丧失获取竞争优势的机会。另一类风险就是在外包项目过程中可能引发的对企业经营的负面影响，如造成企业自身人力资源管理能力薄弱，以及企业信息外泄等。具体来讲，人力资源管理外包风险来自于四个方面：

(一) 外包服务机构的选择

目前，国内市场上人力资源管理外包服务商众多，由于行业进入门槛低，人力资源管理咨询公司、猎头公司等如雨后春笋般涌现。但是，这些机构的水平参差不齐，既有世界顶级服务提供商，也有一个人一台电脑的独立顾问，由于行业存在信息不对称，企业很难对服务商的背景、资质准确了解，而真实的水平往往在外包服务过程中才能被准确评估。人力资源管理外包服务的质量和效果与服务提供商的优劣有直接关系，因此服务商选择的决策风险不可忽视。

(二) 企业自身与外包服务的适应

这里所讲的适应，是指企业与外包服务商的适应。许多关于人力资源管理外包风险的研究都把这种适应归结为企业文化问题，即服务提供商是否能够深刻理解、适应企业文化的特点，并对服务进行相应的客户化。实际上这种适应还应当包括企业对外包服务本身的适应，比如，现有的组织机构设置，相关人力资源流程，企业执行力等是否能够保证外包服务的效果。因为外包的成果最终还是要通过企业自身的应用和实施发挥效用。

在实际的人力资源服务外包中，这种双方的适应磨合是普遍存在的，而适应的程度对服务的效果有很大影响。例如，某大型国有企业在对人力资源招聘、薪酬设计、考核、职业生涯规划外包方案实施时，遇到几个问题：第一，按照设计方案，招聘工作应当从人员的能力素质与岗位要求的匹配程度出发，而国企的背景及人际关系的影响，造成在招聘的过程中方案往往无法得到严格执行；第二，薪酬体系的方案设计科学合理，打破了原有的平均主义，但是员工由于多年处于“大锅饭”的体制下，对收入差距的接受程度极小，方案推行的难度很大；第三，职业生涯的设计将企业现有岗位划分了职系，梳理了清晰的晋升通道，但是在实际干部升迁时，由于旧体制的影响，对所谓“资历”以及政工方面的因素过多地考虑使得职系往往被忽视，跨职系升迁调动十分普遍。这些问题使得设计方案的实施效果大打折扣，原因就在于企业自身还没有准备好项目实施的平台，而设计方案本身对企业现状的考虑也存在不足。

（三）信息安全

企业在外包合作过程中必须向服务商披露大量信息，例如，企业战略、经营方案、经营指标、人员结构和人力资源管理现状等，甚至会涉及人力资源以外的如市场、技术等方面的信息。虽然目前国内的服务机构在合作时都会与企业签订保密协议，提供了一定程度的信息安全保障，但是，在中国尚无完善的法律法规去规范外包行业的运作，一些运作不规范的外包商有可能泄露企业经营管理方面的机密信息，特别是如果出现外包商因经营不善而倒闭，那么企业的合法权益将得不到保护。如何在保证服务商为外包服务的顺利开展获得足够企业信息的同时，保护企业信息安全也是外包过程中必须妥善处理的问题。

（四）外包与自身人力资源管理职能的关系

企业选择人力资源管理外包，必然会产生企业对自身人力资源职能的定位问题，这里包含了两层含义。

1. *如何应对企业自身人力资源职能边缘化*

随着人力资源管理外包在国内的不断发展，外包服务的内容已经逐渐涵盖了人力资源的主要职能，在这种趋势下，选择进行外包的企业自身的人力资源管理人员从实际工作中获得的经验、知识、技能可能会越来越少，企业可能产生对外包的依赖性，逐渐使自身的人力资源管理能力削弱，久而久之造成对外包服务的评估能力下降或者无法准确认识企业不断变化的人力资源需求，而且一旦与外包机构的合作终止，将给企业带来管理风险。

2. *如何为人力资源管理者定位*

随着人力资源管理外包的不断普及发展，很多人力资源从业者都产生了一种担忧，就是随着人力资源职能外包的范围越来越大，企业内部人力资源管理者的责权是否逐渐被削弱，而最终使人力资源部门失去存在的意义。这种人力资源管理者自身的潜在风险实际上也会给企业带来风险，即原有的人力资源部门在定位模糊的情况下很容易产生人员流失。

由此可见，人力资源管理外包决不简单是将一些职能“扔”给服务机构而高枕无忧，在外包的决策、实施各个环节中，都有可能发生对外包项目本身，对企业人力资源管理乃至对于整个企业经营造成消极影响的风险因素，企业不但需要识别这些因素，而且需要制定详细可行的应对方案，这就要求在外包项目的整个过程中，企业内部的参与者，包括高层管理者、项目负责人、人力资源部门等各方承担起相应的职责。

第八章　研发管理

第一节　研发管理的定义和内涵

研发管理就是在研发体系结构设计和各种管理理论基础之上，借助信息平台对研发过程中进行的团队建设、流程设计、绩效管理、风险管理、成本管理、项目管理和知识管理等的协调活动，通俗地讲就是：告诉人们在什么时候做什么事情，而且学会把事情做好。衡量研发管理优劣的三个关键指标是：质量、时间和成本。人们总是希望做得好（即质量高），做得快（即时间少），而且少花钱（即成本低）。如果出现三者难以同时兼得的情况，那么决策者一定要搞清楚质量、时间、成本之间的复杂关系，判断孰重孰轻，给出优化和折中的措施。

研发管理可以从狭义和广义两个方面进行理解：

狭义的定义：研发管理是指对研发或技术部门及其工作进行管理，重点是产品开发及测试过程。

广义的定义：研发管理实际上不仅包含技术开发工作，其范围涵盖新产品的全生命周期，从产品创意的产生、产品概念形成、产品市场研究、产品设计、产品实现、产品开发、产品中试和产品发布等过程。从管理的角度看，其范围涵盖产品战略与规划、市场分析与产品规划、产品及研发组织结构设计、研发项目管理、研发质量管理、研发团队管理、研发绩效管理、研发人力资源管理、平台开发与技术预研等领域。

第二节　研发管理的基本理念和原则

一、基本理念

（1）鼓励创新、适合研发的企业环境。

（2）承诺的、开放平等的企业文化是研发管理的基石。

（3）以人为本，发挥员工的创造性和主动性。

（4）将产品开发视为一项投资，以市场为导向，重视产品组合管理与产品管理阶段决策。

（5）采用基于平台的异步开发模式。

（6）矩阵式跨部门协同运作。

（7）结构化的产品开发流程。

（8）用户需求是驱动研发进步和创新的根源。

二、基本原则

研发管理体系设计需要遵循以下原则：

（1）面向价值、市场驱动。

（2）倾听顾客、客户、企业三方面的声音。

（3）均衡的结构化流程（在结构化与灵活之间取得平衡）。

（4）跨部门协作的组织结构。通过矩阵式的组织模式，实现跨部门协作的研发管理过程。产品研发团队应包括市场、技术、服务、工艺、测试和制造等多个领域的代表，并不以单纯的研发组织构成。

（5）逐步强化项目管理的重要性和作用。项目管理渗透在整个研发管理的过程中，项目管理的思维与方法被广泛接受和使用，项目经理从兼职逐步演变为专职的职业经理人。

（6）技术开发与产品开发相分离，采取异步模式，在产品开发过程中，避免技术研究的不确定性与风险。

（7）绩效管理体系配套实施。通过绩效管理体系的有效设计和实施，保障研发管理体系的落地和执行。

（8）全局规划、分步实施。研发管理体系的进步，并非一朝一夕之事，需要一个漫长的过程。因此，必须在早期对整个体系进行科学系统的规划，再根据自身的能力分步实施。中天华夏杨飞老师曾讲过："研发管理是科学，同时也是实践的学问，需要依据相关理论体系进行系统的规划，再通过分步执行逐步落地；前者重在其科学性与合理性，具有全局指导作用，后者重在实践和经验的积累，是落地执行的保证，两者缺一不可；一口吃成胖子的想法是不科学的，必将收到惨痛的教训。"

（9）人、流程和技术同步考虑。研发体系的设计，并不是照搬现成就可以的，更为重要的是适合自己的业务模式、适合自己的人员能力、资源规模和技术实力。脱离现实，盲目模仿先进，必将导致失败。

第三节 研发管理的内容

一、团队建设

研发是一项创造性的工作，卓有成效的研发需要优秀的研发团队来完成，可以说有什么样的研发团队就有什么样的研发成果。华为有句话：员工的成熟，铸就产品的成熟。卓越的研发团队由三个因素决定：团队中的个人、团队机制和团队文化。

二、流程设计

研发优势的唯一可持续源泉是卓越的研发管理流程。以某项卓越设计、天赐良机、对手的某个失策或某一次幸运为基础的优势是不可能长久的。而优越的研发流程则始终能够发现最佳的机遇，推出有竞争力的产品和服务，并以最快的速度把这些研发成果投入市场。

研发流程改进也是个持续的过程，需要不断地持续改进研发流程。研发流程管控保证研发流程设计与改进的持续性、规范化、程序化。

三、成本管理

随着微利时代的来临，企业要从各个方面节约成本，包括研发成本也要控制。研发成本控制并非指压缩研发规模或者减少研发投资，而是指减少研发中不必要的开支，用较少的投入获取较大的研发成果。研发成本管理要和研发成果收益结合起来。产品在其生命周期的不同阶段，所能获取的利益不同，研发要在产品的不同生命周期有不同的投入，比如，在新产品开发的时候研发投入较大，但是研发收益几乎没有，一旦新产品开发出来，受到市场的欢迎，则要加大研发投入，改进产品性能。到产品的成熟期，市场竞争激烈，产品改进研发投入要收缩，直至完全取消。

四、项目管理

研发属于动态作业，整个流程横跨所有部门，因此，项目管理是研发管理的核心手段，不可或缺。

五、绩效管理

研发团队的绩效管理能够有效地激励研发团队的积极性，提高工作效率。研发管理的绩效管理过程包括：绩效计划、绩效辅导、绩效评价和结果运用四个部分。绩效评价指标通常会围绕研发绩效管理进行，应该考虑企业的整体战略，应用平衡记分卡等工具制定研发绩效评估系统。

六、风险管理

研发人员可能被竞争对手挖走，对外泄密或者恶意破坏。研发信息风险指研发信息可能被研发人员泄密或者破坏，也可能因为遭受灾难、意外事件或者别人的攻击导致风险。研发成果风险指研发出来的产品或者服务可能是过时的或者是不受欢迎的，或者研发的投入太大引至企业经营风险，或者研发的投入大于研发产生的效益。研发风险管理则是以风险为主要的控制目标，制定一系列规章制度，有效将风险降低到可接受水准以下，否则就必须增加控制措施。

第九章 财务决策

企业财务决策包括：筹资、投资和成本等决策，它主要以财务信息资源作为决策的基础，并以决策计算的常用方法和绩效评价作为手段。企业对资金筹措、使用的最佳方案进行甄别与选择，进行财务决策，以使企业的财务活动取得最佳经济效益。在现代社会日趋激烈的市场竞争中，企业财务决策是否合理有效，直接影响到企业的发展战略，是企业能否在竞争中取胜的关键。

以最小的成本获取最大的利润是企业管理者追求的主要目标，企业获取的收益越多，经济实力越大，在市场竞争中就越处于有利的地位。企业财务决策与企业的经营管理水平密不可分，其依赖于日常的营运资本和财务管理，在企业管理中具有举足轻重的地位。

第一节 财务决策分类

财务决策按照能否程序化，可以分为程序化财务决策和非程序化财务决策。前者指对不断重复出现的例行财务活动所做的决策，后者指对不重复出现、具有独特性的非例行财务活动所做的决策。按照决策所涉及的时间长短，可分为长期财务决策和短期财务决策。前者指所涉及时间超过一年的财务决策，后者指所涉及时间不超过一年的财务决策。

财务决策又可以按照决策所处的条件，分为确定型财务决策、风险型财务决策和非确定型财务决策，确定型财务决策指对未来情况完全掌握，每种方案只有一种结果的事件的决策；风险型财务决策指对未来情况不完全掌握、每种方案会出现几种结果，但可按概率确定的条件的决策；非确定型财务决策指对未来情况完全不掌握，每种方案会出现几种结果，且其结果不能确定的事件的决策。

按照决策所涉及的内容，财务决策还可以分为投资决策、筹资决策和股利分配决策。投资决策指资金对外投出和内部配置使用的决策，筹资决策指有关资金筹措的决策，股利分配决策指有关利润分配的决策。

财务决策还可以分为生产决策、市场营销决策等。生产决策是指在生产领域中，对生产什么、生产多少以及如何生产等问题做出的决策，具体包括剩余生产能力如何运用、亏损产品如何处理、关联产品是否进一步加工和生产批量的确定等。

第二节 财务决策的方法及依据

一、财务决策的方法

财务决策的方法分为定性决策方法和定量决策方法。

定性财务决策是通过判断事物所特有的各种因素、属性进行决策的方法，它建立在经验判断、逻辑思维和逻辑推理之上，主要特点是依靠个人经验和综合分析对比进行决策。定性决策的方法有专家会议法、德尔菲法等。

定量决策是通过分析事物各项属性的数量关系进行决策的方法，主要特点是在决策的变量与目标之间建立数学模型，根据决策条件，得出决策结果。

定量财务决策的方法主要有：适用于确定型决策的本量利分析法、线性规划法、差量分析决策法、效用曲线法、培欣决策法和马尔可夫法等；适用于非确定型决策的小中取大法、大中取大法、大中取小法和后悔值法等。

二、财务决策的依据

管理人员在做出财务决策前必须权衡比较各个备选方案。列出各个备选方案的正反效果（包括定量和定性因素），确定各个备选方案的净效益，然后比较各个备选方案的净效益，选择一个效益最好的方案，这就是财务决策。在财务决策过程中，成本效益分析贯穿始终，成本效益分析的结果成为选择财务决策方案的依据。效益最大或成本最低的备选方案是管理人员应采用的方案。成本效益分析需要两方面的信息。

(一) 财务信息

财务信息是指与特定决策相关的能够用货币计量的因素。如在零部件是自制还是外购的决策中，自制的成本和外购的价格因其能用货币进行计量，就属于财务信息。管理会计关注的主要是定量化因素或能用货币计量的因素的成本效益分析。其基本规则是，在其他因素相同的情况下，用货币计量的效益最大或成本最低的方案就是最佳方案。在管理会计中，成本效益分析比日常生活中的决策更为系统化。系统化研究的好处之一，就是能够保证在成本效益分析时与决策有关的所有成本和效益因素都不会被遗漏。如被遗漏，就可能导致错误的决策。在成本效益分析时，最困难的是在所有的信息中识别出与被选方案相关成本和效益因素。在成本效益分析中，成本效益分析的方法是简单的。首先，考察所取得的全部信息，并识别备选方案中与决策有关的成本和效益；然后用表式列出所有的成本及相关的效益；最后用效益减成本，两者之差就是某个或某系列备选方案的净效益或净成本。如何列示成本和效益因素没有固定的形式，但是，在陈述相关信息时，必须保证这些信息容易理解，所有备选方案的最终比较结果是在一个相似的基础上得出的。这样有利于最佳方案的选择。

（二）非财务信息

尽管管理会计主要关注的是决策方案的财务信息，但非财务信息（或称定性因素）对成本效益分析以及决策，其重要性绝不亚于定量因素或可用货币计量的因素。大多数备选方案中都隐含着非财务性因素。这些非财务性因素中包括决策中的人际因素，如雇员士气、公共关系、质素以及不能用货币确切计量的长远影响等。管理人员在做出具体决策前，必须充分考虑这些定性因素。

第三节　关键财务指标的计算

财务指标是指总结和评价企业财务状况与经营成果的分析指标，包括偿债能力指标、运营能力指标、盈利能力指标和发展能力指标。

一、偿债能力分析

偿债能力是指企业偿还到期债务（包括本息）的能力。偿债能力分析包括短期偿债能力分析和长期偿债能力分析。

（一）短期偿债能力分析

短期偿债能力是指企业流动资产对流动负债及时足额偿还的保证程度，是衡量企业当前财务能力，特别是流动资产变现能力的重要标志。

企业短期偿债能力分析主要采用比率分析法，衡量指标主要有流动比率、速动比率和现金流动负债比率。

1. *流动比率*

流动比率是流动资产与流动负债的比率，表示企业每元流动负债有多少流动资产作为偿还的保证，反映了企业的流动资产偿还流动负债的能力。计算公式为：

流动比率＝流动资产÷流动负债

2. 速动比率

速动比率，又称酸性测试比率，是企业速动资产与流动负债的比率。计算公式为：

速动比率＝速动资产÷流动负债

其中：

速动资产＝流动资产－存货

或：

速动资产＝流动资产－存货－预付账款－待摊费用

3. 现金流动负债比率

现金流动负债比率是企业一定时期的经营现金净流量与流动负债的比率，它可以从现金流量角度反映企业当期偿付短期负债的能力。计算公式为：

现金流动负债比率＝年经营现金净流量÷年末流动负债

式中年经营现金净流量指一定时期内，由企业经营活动所产生的现金及现金等价物的流入量与流出量的差额。

（二）长期偿债能力分析

长期偿债能力是指企业偿还长期负债的能力。它的大小是反映企业财务状况稳定与否及安全程度高低的重要标志。其分析指标主要有四项。

1. 资产负债率

资产负债率又称负债比率，是企业的负债总额与资产总额的比率。它表示企业资产总额中，债权人提供资金所占的比重，以及企业资产对债权人权益的保障程度。计算公式为：

资产负债率＝（负债总额÷资产总额）×100%

2. 产权比率

产权比率是指负债总额与所有者权益总额的比率，是企业财务结构稳健与否的重要标志，也称资本负债率。计算公式为：

负债与所有者权益比率＝（负债总额÷所有者权益总额）×100%

3. 负债与有形净资产比率

负债与有形净资产比率是负债总额与有形净资产的比例关系，表示企业有形净资产对债权人权益的保障程度，计算公式为：

负债与有形净资产比率＝（负债总额÷有形净资产）×100%

有形净资产＝所有者权益－无形资产－递延资产

4. 利息保障倍数

利息保障倍数又称为已获利息倍数，是企业息税前利润与利息费用的比率，是衡量企业偿付负债利息能力的指标。计算公式为：

利息保障倍数＝税息前利润÷利息费用

二、营运能力分析

营运能力分析是指通过计算企业资金周转的有关指标分析其资产利用的效率，是对企业管理层管理水平和资产运用能力的分析。

（一）应收款项周转率

应收款项周转率也称应收款项周转次数，是一定时期内商品或产品主营业务收入净额与平均应收款项余额的比值，是反映应收款项周转速度的一项指标。计算公式为：

应收款项周转率（次数）＝主营业务收入净额÷平均应收账款余额

其中：

主营业务收入净额＝主营业务收入－销售折让与折扣

平均应收账款余额＝（应收款项年初数＋应收款项年末数）÷2

应收款项周转天数＝360÷应收账款周转率

＝（平均应收账款×360）÷主营业务收入净额

（二）存货周转率

存货周转率也称存货周转次数，是企业一定时期内的主营业务成本与存货平均余额的比率，是反映企业的存货周转速度和销货能力的一项指标，也是衡量企业生产经营中存货营运效率的一项综合性指标。计算公式为：

存货周转率（次数）＝主营业务成本÷存货平均余额

存货平均余额＝（存货年初数＋存货年末数）÷2

存货周转天数＝360÷存货周转率＝（平均存货×360）÷主营业务成本

（三）总资产周转率

总资产周转率是企业主营业务收入净额与资产总额的比率。它可以用来反映企业全部资产的利用效率。计算公式为：

总资产周转率＝主营业务收入净额÷平均资产总额

其中：

平均资产总额＝（期初资产总额＋期末资产总额）÷2

资产平均占用额应按分析期的不同分别加以确定，并应当与分子的主营业务收入净额在时间上保持一致。

总资产周转率反映了企业全部资产的使用效率。该周转率高，说明全部资产的经营效率高，取得的收入多；该周转率低，说明全部资产的经营效率低，取得的收入少，最终会影响企业的盈利能力。企业应采取各项措施来提高企业的资产利用程度，如提高销售收入或处理多余的资产。

（四）固定资产周转率

固定资产周转率是指企业年销售收入净额与固定资产平均净值的比率。它是反映企业固定资产周转情况，从而衡量固定资产利用效率的一项指标。计算公式为：

固定资产周转率 = 年销售收入净额 ÷ 固定资产平均净值

其中：

固定资产平均净值 = （期初固定资产净值 + 期末固定资产净值） ÷ 2

固定资产周转率高，不仅表明企业充分利用了固定资产，同时也表明企业固定资产投资得当，固定资产结构合理，能够充分发挥其效率。反之，固定资产周转率低，表明固定资产使用效率不高，提供的生产成果不多，企业的营运能力欠佳。

在实际分析该指标时，应剔除某些因素的影响。一方面，固定资产的净值随着折旧计提而逐渐减少，因固定资产更新，净值会突然增加；另一方面，由于折旧方法不同，固定资产净值缺乏可比性。

三、盈利能力分析

盈利能力就是企业资金增值的能力，它通常体现为企业收益数额的大小与水平的高低。企业盈利能力的分析可从一般分析和社会贡献能力分析两方面研究。

企业盈利能力的分析可以按照会计基本要素设置销售利润率、成本利润率、资产利润率、自有资金利润率和资本保值增值率等指标，借以评价企业各要素的盈利能力及资本保值增值情况。

（一）主营业务毛利率

主营业务毛利率是销售毛利与主营业务收入净额之比，计算公式为：

主营业务毛利率 = 销售毛利 ÷ 主营业务收入净额 × 100%

其中：

销售毛利 = 主营业务收入 − 主营业务成本

主营业务毛利率指标反映了产品或商品销售的初始获利能力。该指标越高，表示取得同样销售收入的销售成本越低，销售利润越高。

（二）主营业务利润率

主营业务利润率是企业的利润与主营业务收入净额的比率，计算公式为：

主营业务利润率＝利润÷主营业务收入净额×100%

根据利润表的构成，企业的利润分为：主营业务利润、营业利润、利润总额和净利润四种形式。其中，利润总额和净利润包含非销售利润因素，所以能够更直接反映销售获利能力的指标是主营业务利润率和营业利润率。通过考察主营业务利润占整个利润总额比重的升降，可以发现企业经营理财状况的稳定性、面临的危险或可能出现的转机迹象。主营业务利润率指标一般要计算主营业务利润率和主营业务净利率。主营业务利润率指标反映了每元主营业务收入净额给企业带来的利润。该指标越大，说明企业经营活动的盈利水平越高。分析主营业务毛利率和主营业务利润指标时，应将企业连续几年的利润率加以比较，并对其盈利能力的趋势做出评价。

（三）资产净利率

资产净利率是企业净利润与平均资产总额的比率。它是反映企业资产综合利用效果的指标。计算公式为：

资产净利率＝净利润÷平均资产总额

其中：

平均资产总额＝（期初资产总额＋期末资产总额）÷2

资产净利率越高，表明企业资产利用的效率越好，整个企业盈利能力越强，经营管理水平越高。

（四）净资产收益率

净资产收益率亦称净值报酬率或权益报酬率，是指企业一定时期内的净利润与平均净资产的比率。它可以反映投资者投入企业的自有资本获取净收益的能力，即反映投资与报酬的关系，因而是评价企业资本经营效率的核心指标。计算公式为：

净资产收益率＝（净利润÷平均净资产）×100%

净利润是指企业的税后利润，是未做如何分配的数额。平均净资产是企业年初所有者权益与年末所有者权益的平均数，公式为：

平均净资产＝（所有者权益年初数＋所有者权益年末数）÷2

净资产收益率是评价企业自有资本及其积累获取报酬水平的最具综合性与代表性的指标，反映企业资本营运的综合效益。该指标通用性强，适用范围广，不受行业局限。在中国上市公司业绩综合排序中，该指标居于首位。通过对该指标的综合对比分析，可以看出企业获利能力在同行业中所处的地位，以及与同类企业的差异水平。一般认为，企业净资产收益率越高，企业自有资本获取收益的能力越强，运营效益越好，对企业投资人、债权人的保障程度越高。

（五）资本保值增值率

资本保值增值率是企业期末所有者权益总额与期初所有者权益总额的比率。资本保值增值率表示企业当年资本在企业自身努力下的实际增减变动情况，是评价企业财务效益状况的辅助指标。计算公式如下：

资本保值增值率＝期末所有者权益总额÷期初所有者权益总额

该指标反映了投资者投入企业的资本的保全性和增长性，该指标越高，表明企业的资本保全状况越好，所有者的权益增长越好，债权人的债务越有保障，企业发展后劲越强。一般情况下，资本保值增值率大于1，表明所有者权益增加，企业增值能力较强。但是，在实际分析时应考虑企业利润分配情况及通货膨胀因素对其的影响。

四、社会贡献能力分析

在现代经济社会，企业对社会贡献的主要评价指标是社会贡献率和社会积累率。

（一）社会贡献率

社会贡献率是企业社会贡献总额与平均资产总额的比值。它反映了企业占用社会经济资源所产生的社会经济效益的大小，是社会进行资源有效配置的基本依据。社会贡献总额包括：工资（含奖金、津贴等工资性收入）、劳保退休统筹及其他社会福利支出、利息支出净额、应交或已交的各项税款、附加及福利等。计算公式为：

社会贡献率＝企业社会贡献总额÷平均资产总额

（二）社会积累率

社会积累率是企业上交的各项财政收入与企业社会贡献总额的比值。计算公式为：

社会积累率＝上交国家财政总额÷企业社会贡献总额

上交的财政收入总额包括企业依法向财政交纳的各项税款，如：增值税、所得税、产品销售税及附加和其他税款等。

五、发展能力分析

发展能力是企业在生存的基础上，扩大规模、壮大实力的潜在能力。在分析企业发展能力时，主要考察六方面指标。

(一) 销售（营业）增长率

销售（营业）增长率是指企业本年销售（营业）收入增长额同上年销售（营业）收入总额的比率。这里的企业销售（营业）收入，是指企业的主营业务收入。销售（营业）增长率表示与上年相比，企业销售（营业）收入的增减变化情况，是评价企业成长状况和发展能力的重要指标。计算公式为：

销售（营业）增长率 = [本年销售（营业）增长额 ÷ 上年销售（营业）收入总额] ×100%

该指标是衡量企业经营状况和市场占有能力、预测企业经营业务拓展趋势的重要标志，也是企业扩张增量和存量资本的重要前提。不断增加的销售（营业）收入，是企业生存的基础和发展的条件，世界500强就主要以销售收入的多少进行排序。该指标若大于零，表示企业本年的销售（营业）收入有所增长，指标值越高，表明增长速度越快，企业市场前景越好；若该指标小于零，则说明企业或是产品经营不对路、质次价高，或是在售后服务等方面存在问题，产品销售不出去，市场份额萎缩。该指标在实际操作时，应结合企业历年的销售（营业）水平、企业市场占有情况、行业未来发展及其他影响企业发展的潜在因素进行前瞻性预测，或者结合企业前三年的销售（营业）收入增长率做出趋势性分析判断。

(二) 资本积累率

资本积累率是指企业本年所有者权益增长额同年初所有者权益的比率，表示企业当年资本的积累能力，是评价企业发展潜力的重要指标。计算公式为：

资本积累率 =（本年所有者权益增长额 ÷ 年初所有者权益）×100%

该指标是企业当年所有者权益总的增长率，反映了企业所有者权益在当年的变动水平。资本积累率体现了企业资本的积累情况，是企业发展强盛的标志，也是企业扩大再生产的源泉，展示了企业的发展活力。资本积累率反映了投资者投入企业资本的保全性和增长性，该指标越高，表明企业的资本积累越多，企业资本保全性越强，持续发展的能力越大。该指标如为负值，表明企业资本受到侵蚀，所有者利益受到损害，应予充分重视。

(三) 总资产增长率

总资产增长率是企业本年总资产增长额同年初资产总额的比率，它可以衡量企业本期资产规模的增长情况，评价企业经营规模总量上的扩张程度。计算公式为：

$$总资产增长率=（本年总资产增长额÷年初资产总额）\times 100\%$$

该指标是从企业资产总量扩张方面衡量企业的发展能力，表明企业规模增长水平对企业发展后劲的影响。该指标越高，表明企业一个经营周期内资产经营规模扩张的速度越快。但实际操作时，应注意资产规模扩张的质与量的关系，以及企业的后续发展能力，避免资产盲目扩张。

（四）固定资产成新率

固定资产成新率是企业当期平均固定资产净值同平均固定资产原值的比率。计算公式为：

$$固定资产成新率=（平均固定资产净值÷平均固定资产原值）\times 100\%$$

平均固定资产净值是指企业固定资产净值的年初数同年末数的平均值。平均固定资产原值是指企业固定资产原值的年初数与年末数的平均值。

固定资产成新率反映了企业所拥有的固定资产的新旧程度，体现了企业固定资产更新的快慢和持续发展的能力。该指标高，表明企业固定资产比较新，对扩大再生产的准备比较充足，发展的可能性比较大。运用该指标分析固定资产新旧程度时，应剔除企业应提未提折旧对房屋、机器设备等固定资产真实状况的影响。

（五）三年利润平均增长率

三年利润平均增长率表明企业利润连续三年的增长情况，体现企业的发展潜力。计算公式为：

$$三年利润平均增长率=\left[（年末利润总额/三年前年末利润总额）^{\frac{1}{3}}-1\right]\times 100\%$$

三年前年末利润总额指企业三年前的利润总额数。假如评价企业 2002 年的效绩状况，则三年前年末利润总额是指 1999 年年末利润总额数。

利润是企业积累和发展的基础，该指标越高，表明企业积累越多，可持续发展能力越强，发展的潜力越大。利用三年利润平均增长率指标，能够反映企业的利润增长趋势和效益稳定程度，较好地体现了企业的发展状况和发展能力，避免因少数年份利润不正常增长而对企业发展潜力的错误判断。

（六）三年资本平均增长率

三年资本平均增长率表示企业资本连续三年的积累情况，体现企业的发展水平和发展趋势。

假如评价 2002 年企业效绩状况，三年前所有者权益年末数是指 1999 年年末数。

由于一般增长率指标在分析时具有“滞后”性，仅反映当期情况，而利用该指标，能够反映企业资本保值增值的历史发展状况，以及企业稳步发展的趋势。该指标越高，表明企业所有者权益得到的保障程度越大，企业可以长期使用的资金越充足，抗风险和保持连续发展的能力越强。

需要强调的是，上述四类指标不是相互独立的，它们相辅相成，有一定的内在联系。企业周转能力好，获利能力就较强，则可以提高企业的偿债能力和发展能力，反之亦然。

六、财务指标分析的主观局限性

财务指标分析是为了帮助财务报表的使用者能更好地了解、掌握一个企业的生产经营情况。但由于财务报表是由企业的财务人员根据有关的法规、制度、准则等编制，不可避免地会出现一些人为的差错和失误，甚至恶意隐瞒，直接影响着分析的结果。

（一）分析者分析能力的局限性

对企业财务报表进行分析与评价通常是由报表分析人员完成的。然而，不同的财务分析人员对财务报表的认识度、解读力与判断力，以及掌握财务分析理论和方法的深度和广度等各方面都存在着差异，因此，理解财务分析计算指标的结果会有所不同。如果缺乏实践经验，就很可能出现理解偏差，这样必定会影响财务指标的分析结果。

（二）分析者有意操纵财务指标的行为

财务报表数据的信息质量受制于企业管理当局的职业道德。众所周知，办企业就是为了盈利。然而，盈利的方法和途径却是多种多样的。有的人通过正当的经营谋取利润，也有人通过其他的操作谋取利益。

七、财务指标分析的客观局限性

在实际的经营过程中，我们常用的指标主要是评价企业的短期偿债能力和企业收益能力。

（一）短期偿债能力指标的局限性

企业短期偿债能力是指企业在短期债务到期前资产可以变现用于偿还流动负债的能力。短期偿债能力指标分为流动比率和速动比率指标。由于流动资产一般在短期内能够转化为现金，所以用流动比率和速动比率反映企业短期偿债能力具有一定的合理性。然而，若单纯根据这两个比率指标对企业短期偿债能力做出判断，难免有失偏颇，也是短期偿债能力固有缺陷之所在。

(二) 收益能力指标的局限性

对于上市公司来说，最重要的财务指标是每股收益、每股净资产和净资产收益率，但人们在使用这几个财务指标时也应注意其存在的局限性。

1. 每股收益的局限性

每股收益 = 本年度净利润 ÷ 年末普通股份总数

表明普通股在本年度所获的利润，是衡量公司盈利能力的一个重要的比率指标。在计算这个比率时，分子是本年度的净利润，分母是年末普通股份总数，一个是时期指标，一个是时点指标，那么分子、分母的计算口径不完全一致。每股收益不能反映公司经营风险的大小，在收益增加的同时风险往往是随之增加的。

2. 每股净资产的局限性

每股净资产 = 年度末股东权益（或期末净资产） ÷ 年度末普通股数

表示发行在外的普通股每一股份所代表的股东权益或账面权益。在进行投资分析时，只能有限地使用这个指标，因其是用历史成本计量的，既不反映净资产的变现价值，也不反映净资产的产出能力。

3. 净资产收益率的局限性

该指标用来反映所有者权益的收益水平。计算公式有两种形式：

净资产收益率 = 净利润 ÷ 年末股东权益

净资产收益率 = 净利润 ÷ 平均净资产

为了提高计算结果的准确性，应以净资产的加权平均数作为计算依据，但这样又过于复杂，从简化计算角度考虑，分母用年初和年末净资产的平均值，同分子的当年净利润相比较似乎更为合理。

第十章 风险分析与管理

在科学技术高速发展、经营竞争日趋激烈的现代社会里，财产安全和财务稳定正日益成为企业经营者追求的重要管理目标。自然灾害、意外事故、市场变化以及其他不测事件等风险的发生，或影响企业的正常经营、减少盈利，或造成亏损、甚至停产或倒闭。事实上，每个企业承担着各种风险，稳妥有效地搞好风险管理，将为现代企业经营者提供基本的、重要的经营条件。

第一节 风险

一、风险的概念

人类从一开始就自觉或不自觉地与风险进行着斗争。在现代生活中，风险更是无处不在，无时不有。在进行有效的风险管理之前，我们必须先认识风险。那么，风险到底是什么？风险对人类又意味着什么呢？

风险是未来损失或收益的不确定性，这里的损失或收益是指对人、企业和政府等经济主体的生存权益或者财产权益产生不利或有利影响事件的结果。具体讲，风险是指在一定条件下和一定时期内事件可能产生的各种结果的不确定性，而这种不确定性是可以运用数学、统计学等学科的相关方法估计出来的。从企业的角度说，企业风险是企业在生产经营过程中，由于各种事先无法预料的不确定性因素带来的影响，使得企业的实际收益与预期收益发生一定的偏差，从而有蒙受损失或获得额外机会的可能性。

从企业角度看，企业风险主要有生产风险、新产品开发风险、营销风险、投资风险、组织风险、财务风险、人力资源风险、经营风险和战略决策风险等。

二、风险的构成因素

(一) 风险因素

风险因素是指能够引起或增加风险事件发生的机会或影响损失的严重程度的因素，是事故发生的潜在条件。风险因素从形态上可分为物的因素和人的因素。

物的因素属于有形的情况或状态，如消防设备的损坏；人的因素指道德、心理状况和状态，如欺诈、大意、违纪等。具体可分为三种因素。

第一，实质风险因素，属于有形因素，指增加某一标的的风险发生机会或损失严重程度的直接条件。例如，汽车刹车部件损坏、地壳异常变化、建材质量不合格等。对于实质风险因素，有些可以在一定程度上加以控制，有些在一定的技术条件下是无能为力的。

第二，道德风险，属于无形因素，与人的品德修养有关，是指由于个人怀有犯罪意图、不诚实或者不良企图而引起或增加损失机会的条件。如投保后故意纵火损坏自己财物以索取保险赔款。道德风险因素强调人的恶意行为或故意行为所造成的损失。

第三，心理风险因素，也属于无形因素，是指由于人们主观上的疏忽或过失，如粗心大意、玩忽职守等行为而导致增加风险事件发生的机会，或扩大了损失严重程度的因素，如违章作业、下班后忘记关电源等。

（二）风险事件

风险事件又称风险事故，是风险因素综合作用的结果，是产生风险损失的直接原因，也是风险损失产生的媒介物。换言之，风险事件是促使风险因素由可能变成现实的事件。比如，对于三鹿集团来说，资金链断裂、管理层战略决策失误、公司产品不适应市场、产品质量不合格和投资失误等，都是可能引发三鹿集团破产的风险因素，但是"三聚氰胺事件"是导致三鹿集团破产的直接原因，因此，三聚氰胺事件是导致三鹿集团破产的风险事件。可见，风险事件与风险因素是不同的，由于二者在风险损失形成过程中的作用不一样，所以有必要对它们进行严格的区分。

（三）风险损失

风险损失是指非故意的、非预期的、非计划的利益的减少。一般来说，风险和损失构成一对因果关系，风险为因，损失为果。但是风险并不等同于损失。风险是指发生损失的可能性，而损失是指实际上发生的财产、物资等的消耗或损耗。风险只有转换为现实才能造成损失。风险损失有两种形态：一是直接损失，包括财产损失、收入损失、费用损失等；二是间接损失，包括商业信誉、企业形象、业务关系和社会利益等的损失，以及由直接损失而导致的第二次损失。

风险因素、风险事件、风险损失存在着一定的因果关系，风险因素引起风险事故，风险事故导致风险损失，三者关系密切，三位一体构成了风险存在与否的基本条件。

第二节　稳定、收缩与扩张战略

一、企业稳定型战略

（一）企业稳定型战略的概念

稳定型战略是指在企业内外部环境约束下，企业基本保持目前的资源分配和经营业绩水平的战略。按照稳定型战略，企业目前的经营方向、核心能力、产品及市场领域、企业规模及市场地位等都大致不变或以较小的幅度增加或减少。

从企业经营风险的角度讲，稳定型战略的风险是比较小的；从企业发展速度上讲，稳定型战略发展速度是比较缓慢的，甚至还会有萎缩；从企业的战略思想上讲，稳定型战略追求的是与企业过去大体相同的业绩，是要保持在过去经营状况基础上的稳定。

（二）企业选择稳定型战略的原因

（1）企业高层领导者对过去的经营业绩感到满意，希望保持和追求与过去大体相同的业绩和目标，希望在市场占有率、产销规模、总体利润等方面保持现状或略有增加，从而稳定和巩固企业现有的竞争地位。

（2）企业不愿意冒改变现行战略而带来的风险，因为企业如果采用新的发展战略会使企业经营者感到对新的产品或新的市场缺乏足够的认识和必要的准备。对于新上任不久的领导者来讲，采用稳定型战略会感到更加保险。

（3）企业外部环境相对比较稳定，无论企业资源充足或资源相对比较紧缺，都应采用稳定战略。例如，企业宏观经济环境保持低速增长，或者行业发展速度较慢，行业技术相对较成熟，技术进步速度较慢，消费者需求增长较慢，消费者偏好较为稳定，或产品生命周期处于成熟期，市场规模变化不大，因此，无论企业资源充足或企业资源相对比较紧缺，都应采用稳定型战略。当然，若企业资源充足可以在较宽的市场领域进行经营；若企业资源相对比较紧缺，可以在较窄的市场领域内经营。

（4）根据企业内部实力状况决定采用稳定型战略，例如，当企业外部环境较好，为企业发展提供了进一步发展的机遇，但企业实力不足，如企业资金不足、研发力量薄弱、企业素质及管理落后等原因无法采取发展型战略，在这种情况下，企业只能采用稳定型战略，使企业有限的资源集中投入到自己最有优势的环节上去。

（5）寡头垄断行业内竞争格局已经形成，一般要采用稳定型战略。某个行业内被少数几家厂商所垄断，控制了这一行业的供给，就是寡头垄断行业。寡头垄断行业在国民经济中占有十分重要的地位，例如，在美国钢铁、汽车、炼铝、石油、飞机制造和香烟等重要行业都是寡头垄断行业。这些行业中大都是几家公司的产量占全行业产量的70%以上。在日本、欧洲等发达国家也存在同样的现象。这种寡头垄断行业的重要特征是规模经济效应十分显著，而其市场结构的重要特征是几家寡头企业之间相互依存性很大，即每家厂商在做出价格与产量决策时，不仅要考虑其本身的成本和收益，而且还要考虑这一决策对行业市场的影响，以及其他厂商可能做出的反应。这种行业进入壁垒非常高，行业竞争格局比较稳定，竞争对手之间很难有较大的业绩改变，因此，这种行业的企业有可能采用稳定型战略，以期保持稳定的收益。

(三) 稳定型战略的类型

美国的一些管理学家将稳定型战略分为四类：不变战略、近利战略、暂停战略、谨慎前进战略。

1. 不变战略

采用不变战略有两个原因：一是企业内外环境没有发生重大变化，基本稳定，而高层领导者认为企业过去经营相当成功，因此，没有必要对战略做出调整；二是企业经营不存在大的问题，而外部环境又比较稳定，如果此时对战略做出重大调整反而会使企业受损，企业效益反而有可能下降，因此企业高层领导不愿意对战略做出重大调整。

随着通货膨胀等因素的变化，企业也只能做些微调，对战略不做根本性改变。

在当前竞争十分激烈的情况下，企业采用这种战略实际上是十分危险的，一旦企业内外环境发生较大变化，如果此时企业仍死守阵地，则有可能完全被竞争对手挤垮。

2. 近利战略

企业以追求急功近利为目标，甚至不惜牺牲未来长远利益维持目前的利润水平，追求短期效益而忽略企业长期发展。例如，企业采用减少研发经费开支，停止设备维修，减少广告费等支出，尽量提高企业当前短期利润水平，新上任的企业领导尽管还没有采取什么战略措施，但到了年底却要企业财务主管把账上的利润做得很高，以显示新上任的领导比前任领导强。如果企业较长期采用这种战略，将使企业丧失发展后劲，难以持续发展。

3. 暂停战略

暂停战略通常被认为是企业内部休整的临时战略。经营中往往会出现这样的情况，企业经过一段时间的快速发展后，可能会发现企业在某些方面显得力量不足或资源紧张，或管理跟不上企业外界环境的变化，这时就可采取暂停战略，即在一段较短时间内放慢企业发展速度，临时性地降低增长目标的要求，腾出精力加强企业内部管理，以缓解资源供应紧张的状况。暂停战略可以使企业积蓄能量，为今后发展做好各方面的准备。

4. 谨慎前进战略

采用谨慎前进战略主要是由于企业外部环境中某些重要因素发生了显著变化，而企业对环境变化的未来发展趋势难以预测，把握不住。例如，企业的原材料供应突然变得紧张起来，或政府颁布了对企业经营有重大影响的新法规，或宏观经济形势变得捉摸不定，此时企业必须谨慎行事，有必要采用稳定型战略，重新审视企业内外环境变化，使企业稳步地向前发展。

二、收缩战略

（一）企业收缩型战略的概念

收缩型战略是指企业从目前的战略经营领域收缩或撤退，是偏离原战略起点较大的一种战略，相对比较消极。

一般来讲，企业实行收缩型战略是短期的，其根本目的是从某一经营领域撤出后，再进入其他对企业发展更为有利的领域，是以退为进的战略。从企业经营风险的角度讲，收缩型战略是企业从风险较大、有可能使企业遭受更大损失的经营领域退出来，是企业躲避风险的战略。从企业发展讲，可能因外部环境恶化迫使企业采取收缩型战略，它是保全企业生存被迫向后撤退的战略。

（二）企业实行收缩型战略的原因

企业采用紧缩型战略有四个原因。

(1) 国际或国内宏观经济衰退，银根收紧，或宏观经济存在潜在危机，企业的制造成本和销售成本均面临日益增高的通货膨胀压力，企业处境困难，不得不采用收缩战略。

(2) 企业产品处于衰退期，市场竞争过度，产品不盈利，甚至产生亏损，又没有新产品上市，企业被迫采用收缩战略。

(3) 企业重大投资失败，在战略决策上有重大失误，财务上遇到严重困难，企业处于危难之中，不得不采用收缩战略。

(4) 企业为谋求更大的发展，主动调整战略。企业主动从某些经营领域撤出，要将有限的资源投入到更有市场前景、收益更高的业务领域，这时企业要在某些经营领域采用收缩型战略。

(三) 收缩型战略的类型

收缩型战略有三种类型，即转变战略、撤退战略和清理战略。

1. 转变战略

转变战略的实施对象是陷入危机境地而又值得挽救的企业，实现战略转变有三种措施可供选择。

(1) 修订现行战略。如果企业诊断的结论是原有战略已不适应当前企业的外部环境及内部条件的要求，则应当修改现行战略。要重新对行业、竞争对手、企业竞争地位及其经营资源、经营能力的状态进行分析，甚至企业经营主业都要发生转移，基本的经营宗旨及价值观念都要发生变化。

(2) 提高收入。收入提高的战略目标自然是要增加现金流量，为此有以下方法可供选择，产品降价销售；改进促销手段；催收应收账款；出售与企业基本经营活动关系不大的土地、设备、房屋；出售某些资产，等等，努力增加现金收入。

(3) 降低成本。尽量压缩日常开支，减少培训、广告、研究开发、促销费用开支，压缩编制，降低管理费用，加强库存控制，等等。

2. 撤退战略

战略撤退的主要目的是要保存企业实力，等待时机再发起进攻。当企业现金流量日趋紧张时，企业从整体战略出发选择撤退战略，其方法有：卖掉一些生产线；卖掉某些子公司；撤出一些市场，将企业资源集中到企业的主导产品、核心市场上。企业资产的削减不仅是为了增加现金来源、摆脱亏损的经营领域，更是为了通过资金的筹集加强和巩固保留下来的业务的优势。

撤退战略包括三种类型，即放弃战略、分离战略和清理战略。

(1) 放弃战略。当企业遇到很大困难、预计难以通过转变战略扭转局面或当采用转变战略失败后，企业可以采用放弃战略，将经营资源从这一经营领域中抽出，即以现金回收为出发点，企业暂时还留在夕阳产品的市场中，但不再进行任何新的投资，停止一切设备的维修，中止广告和研究开发，尽量减少产品的规格和种类，缩减产品的配销渠道等。总之，这种战略是从企业的现状出发，以尽快回收现金为目的，最后放弃这一业务领域。

(2) 分离战略。分离战略有两种形式：将某一业务单位从公司中分离出去，此业务单位在财务和管理上有其独立性，母公司只保存部分所有权或者完全没有所有权；另一种情况就是找到愿意进入该经营领域的买主，将这一业务单元出卖。企业分离的原因多种多样：首先，可能是业务单元的经营内容或经营状况与公司整体经营的状况不协调，不适合企业战略发展的需求，尽管这些业务单元的经营还能盈利；其次，可能是公司财务的需要，如筹集资金，保证公司财务稳定和主导产品经营的优势，因而牺牲某个经营领域以便增加公司的现金流量。

(3) 清理战略。清理战略也称"清算战略"，即企业由于无力清偿债务，通过出售或转让企业的全部资产，以偿还债务或停止全部经营业务而结束企业的生命。清理分自动清理和强制清理，前者一般由股东决定，后者须由法庭决定。清理战略是所有战略选择中最为痛苦的决策，对于单一经营的企业，意味着结束了公司组织的存在；对于多样化经营的企业，意味着关闭一定数量的工厂和解雇部分员工。通常情况下这是所有战略全部失灵时采用的战略，当企业资产不足以清偿债务时，则只有宣告破产。在企业毫无希望再恢复经营时，早期清理比被迫破产更有利于股东的利益，否则，一味地在该领域内继续煎熬，只能耗尽企业的资源，而不会有任何好处。

三、企业扩张战略

(一) 企业扩张战略的概念

企业扩张战略又称增长型战略（Growth Strategies）、进攻型战略（Attack Strategy）、发展型战略（Growth Strategies）或成长型战略，是一种企业增长战略。从企业发展的角度看，任何成功的企业都应当经历长短不一的扩张战略实施期，因为从本质上说，只有扩张战略才能不断地扩大企业规模，使企业从竞争力弱小的小企业发展成为实力雄厚的大企业。其主要类型有横向一体化、纵向一体化和多样化。

(二) 扩张战略的特征

与其他类型的战略态势相比，扩张战略具有以下特征。

(1) 实施扩张战略的企业其增长速度不一定比整个经济增长速度快，但比其产品所在的市场增长得快。市场占有率的增长是衡量增长的一个重要指标，扩张战略的体现不仅应当有绝对市场份额的增加，更应有在市场总容量增长的基础上相对份额的增加。

(2) 实施扩张战略的企业往往有超过社会平均利润率的利润水平。由于发展速度较快，这些企业更容易获得较好的规模经济效益，从而降低生产成本，获得超额的利润率。

(3) 采用扩张战略态势的企业倾向于采用非价格的手段同竞争对手抗衡。由于采用了扩张战略的企业不仅在开发市场上下功夫，而且在新产品开发、管理模式上都力求具有竞争优势，因而其作为竞争优势的并不会是损伤自己的价格战，而一般来说总是以相对更为创新的产品和劳务以及管理上的高效率作为竞争手段。

(4) 扩张战略鼓励企业的发展立足于创新。采用扩张战略的企业常常开发新产品、新市场、新工艺和旧产品的新用途，以把握更多的发展机会，谋求更大的风险回报。

(5) 采用扩张战略的企业与简单的适应外部条件不同，它倾向于通过创造以前本身并不存在的某物，或对某物的需求来改变外部环境并使之适合自身。这种去引导或创造合适的环境是由其发展的特性决定的：要真正实现既定的发展目标，势必要有特定的合适的外部环境，被动适应环境显然不一定有帮助。

(三) 扩张战略的类型

企业增长在战略上可分为一体化扩张和多样化扩张。一体化扩张又可分为横向一体化（水平一体化）和纵向一体化（垂直一体化）。实现这些扩张的方法包括内部发展和外部发展（合并和合资等）。内部发展是现有企业（公司）通过新股票发放或自身资金积累而扩大现有生产规模，或建立新厂、新的部门、新的子公司等；合并是指一企业获取另一企业的资源且无人抗争的过程。如果被合并的企业进行抗争，则称此过程为兼并。

1. **横向一体化**

横向一体化指企业现有生产活动的扩展并由此导致现有产品市场份额的扩大。该类增长可以从三个方向进行：①扩大原有产品的生产和销售；②向与原产品有关的功能或技术方向扩展；③向与上述两个方向有关的国际市场扩展或向新的客户类别扩展。通过横向一体化，可以带来企业同类生产规模的扩大，实现规模经济。由于该类增长与原有生产活动有关，比起其他类型增长更易于实现，故一般来说，企业早期的增长多以此为主，且实现的方式以内部增长为主。据对美国 1895—1972 年的公司增长战略分析，1895 年至 21 世纪初的公司增长主要以横向一体化为主。中国工业企业的增长在相当长的时期内也以横向一体化为主，20 世纪 80 年代以来，其他形式的扩张才较多出现。

2. **纵向一体化**

纵向一体化指企业向原生产活动的上游和下游生产阶段扩展。现实中，多数大型企业均有一定程度的纵向一体化。该类扩张使企业通过内部的组织和交易方式将不同生产阶段联结起来，以实现交易内部化。纵向一体化包括后向一体化和前向一体化。后向一体化（backward integration）指企业介入原供应商的生产活动；前向一体化（forward integration）指企业控制其原属客户公司的生产经营活动。如化学工业公司可向石油冶炼、采油方向扩展，以实现后向一体化；也可向塑料制品、人造纤维等方向扩展，以实现其前向一体化。纵向一体化是公司增长到一定阶段的主要扩张战略。根据班诺克的观点，公司通过横向一体化打败竞争对手，达到市场多头垄断地位后，便会进行纵向一体化扩张阶段，以占领更大的市场。一旦公司在某一生产部门占有重要地位之后，向多种部门扩张便成为其唯一的增长战略。

3. **多样化战略**

多样化是一个意义广泛的概念，它可以涉及相关产品的活动，也可以涉及不相关产品的活动。由于横向一体化已涉及同类产品的多样化，纵向一体化已涉及相关但不同生产阶段产品多样化，所以这里的多样化仅指不相关产品的多样化。但是，严格区分相关与否，并不容易。因为在实际中，多数公司多样化扩张的部门均多少与其原有市场营销和技术开发有联系。尤其是研究与开发，多来自于现存生产活动的需求，但可用于其他无关部门的生产之中。

第二次世界大战结束后，多样化扩张战略在发达国家发展迅速。以美国为例，该战略在20世纪60年代以后被快速增长的公司普遍采用。1949年，美国500家大公司中有1/3以上为单产品经营，到1969年，该比例降为6%。与此相反，介入不相关经济活动的大公司的比例从1949年的3%增加到1969年的20%。中国改革开放以来，尤其是90年代以来，企业的多样化发展十分普遍。许多工业公司涉足房地产、商业等与原生产活动无关联的行业。

多样化扩张是基于对市场风险和环境的不确定因素的防范意识。具有多样化经营的公司，可以减少某种不可预测因素的冲击。此外，一些原生产产品市场需求的下降，也会促使公司寻求多样化机会，以充分利用其生产能力。而当某一产品出现旺盛市场需求时，也会诱发新的公司介入此类生产活动（如前几年许多公司在“房地产热”中介入房地产市场）。

企业增长的各种战略和方法，均可导致企业的多部门、多区位发展。当企业规模增加到一定程度时，这种多部门、多区位的格局，对企业充分利用各地优势资源、降低生产成本、扩大盈利起着重要作用。

第三节 经营风险分析

一、经营风险的含义

经营风险又称营业风险，是指在企业的生产经营过程中，供、产、销各个环节不确定性因素的影响所导致企业资金运动的迟滞，产生企业价值的变动。另有一种说法为，企业由于战略选择、产品价格、销售手段等经营决策引起的未来收益不确定性，特别是企业利用经营杠杆导致息税前利润变动形成的风险叫作经营风险。经营风险时刻影响着企业的经营活动和财务活动，企业必须防患于未然，对企业经营风险进行较为准确的计算和衡量，是企业财务管理的一项重要工作。

二、经营风险的分类

(一) 非财务因素

以下几个因素可以划归为非财务因素：无法取得经营所需资金；发生灾难性危机事件影响生存能力及经营状况；市场竞争及其替代性产品或服务的影响；金融市场波动；行业特定风险；无法获得所需人力资源；法律风险；法规及特殊监管的风险；对环境变化的容忍度低，即过于敏感；无法达到股东期望而引致股票价格下跌及一系列不良后果；由于社会或文化背景差异而产生的经营风险；政治风险；还有内部组织体系和工作事务流程的风险，信息技术产生的风险，员工诚信等方面的风险，科技进步所带来的风险，等等。

生产风险，生产风险是指由于信息、能源、技术及人员的变动而导致生产工艺流程的变化，以及由于库存不足所导致的停工待料或销售迟滞的可能。产品风险指企业所生产的产品不能满足市场的需求，对产品的替代品估计不足，新产品开发研究的风险。

(二) 财务因素

常见的财务因素有四个方面。

1. 采购风险

采购风险是指企业由于采购原材料而产生的风险，比如，供货商存货不足，采购市场价格变化剧烈等。由于原材料市场供应商的变动而产生的供应不足的可能，以及由于信用条件与付款方式的变动而导致实际付款期限与平均付款期的偏离。

2. 应收账款变现风险

应收账款变现风险是指由于赊销业务过多导致应收账款管理成本增大的可能性，以及由于赊销政策的改变导致实际回收期与预期回收期的偏离等。资产长期被债务人无偿占用，严重影响企业资产的流动性及安全性，企业赊销比重大，应收账款缺乏控制。由于中国市场已成为买方市场，企业普遍存在产品滞销现象。一些企业为了增加销量，扩大市场占有率，大量采用赊销方式销售产品，导致企业应收账款大量增加。同时，由于企业在赊销过程中，对客户的信用等级了解不够，盲目赊销，造成应收账款失控，相当比例的应收账款长期无法收回，直至成为坏账。

3. 存货变现风险

存货变现风险是指由于产品市场变动而导致产品销售受阻的可能。企业存货库存结构不合理，存货周转率不高。目前，中国企业流动资产中，存货所占比重相对较大，且很多表现为超储积压存货。存货流动性差，一方面占用了企业大量资金，另一方面企业必须为保管这些存货支付大量的保管费用，导致企业费用上升，利润下降。长期库存存货，企业还要承担市价下跌所产生的存货跌价损失及保管不善造成的损失，由此产生风险。

4. 资本结构风险

资本结构风险是指企业由于举债经营而产生的风险。在现今的企业中，零负债经营的企业可以说是非常少见的，企业的经营依靠自有资本或者外债，而资本的组成结构会对企业的经营产生很大的影响。如果一个企业举债规模很大，那么将会承担很大的利息负担，使企业的经营风险增加。

（三）经营风险控制及会计对策

1. 经营风险控制

经营风险控制是现代化企业经营管理构架中不可或缺的组成部分，是企业防范商业风险、保障商务安全的重要手段之一。

风险控制是对特定目标的资产、资质、信用和信誉状况的调查，通过建立企业风险控制系统，从而规避企业内部员工及外部投资等方面可能出现的系列风险。企业通过商业风险控制系统，既能够对外部商业伙伴的信用及实力进行深入了解，以防范和应对经营中潜藏的欺诈行为；同时可以加强内部沟通，增加员工忠诚度，降低因员工道德因素引发的无形风险。在经营条件日益严峻的市场环境下，企业通过商业风险控制，能够有效降低运作成本，增强综合竞争实力，提升管理水平。

2. 经营风险的会计对策

(1) 转嫁风险。说到风险，人们的第一反应是找保险公司。然而保险公司一般受理的是可统计且无投机因素的纯粹风险与静态风险，如企业财产险、职工人身安全险、车船险等。企业以盈利为目的的经营风险如长期投资风险、营销风险、财务风险等为不可保风险（特例除外），需采取其他对策。

(2) 回避。即对于风险较大的人、物、业务予以回避。如在融资业务中，对资信可靠度低的对象不予受理；在营销活动中，对缺乏市场调查、产品设计存在明显缺陷的营销计划，予以拒绝等。

(3) 加强防范。对无法投保又无法回避的经营风险，企业会计可采用积极的预防性措施，降低损失发生的可能性。如为降低赊销中的坏账风险，可加强对赊账客户的管理，对客户的信用进行调查和甄别，对应收账款的账龄进行分析，建立赊销责任制度等。

(4) 组合。运用大数法则，增加承担风险个体的数量，降低损失发生的比例。如为降低长期投资项目的投资风险，可采用合资、合伙或股份化的组织形式筹资组建；为降低证券投资风险，可采取多元化的投资组合策略等。

(5) 自留。对以上四个对策难以适用的经营风险，企业只能“兜着走”。在财务会计的实务中，主要表现为：①应收账款的坏账损失；②应收票据贴现后遭出票方拒付时，被银行索兑与罚款的损失；③因产品质量问题，遭客户索赔的损失；④因产品瑕疵遭客户退货的损失；⑤为附属或联营企业提供担保而承受的风险；⑥败诉的经济责任；⑦全资子公司的债务纠纷损失；⑧已采用组合策略，加强防范对策后仍可能发生损失的投资风险、营销风险等。

第二部分

国际商务模拟决策——基于芬兰 CESIM Global Challenge 模拟平台

第一章　案例背景

第一节　Mobilé Inc——案例公司介绍

美国司法部下令几个跨国移动通信制造公司的董事会解散，并重新组建其高管层，此中主要原因是多年以来他们的联合垄断。调查发现，这些企业的董事们在一些事宜上秘密达成暗箱操作的协议，如蓄意停止技术发展计划、人为造成手机高价和其他一些重要事宜，这些操作致使这些企业恰好处于相同的财务和营运状况。最终，董事会明白了事态的严重性并聘用其他高层管理人员，与其他重组后的公司展开竞争。

在移动通信制造产业中，企业的核心运营为研发、生产和销售，上一财政年度的销售额为 10 多亿美元。这些跨国移动通信制造公司联合垄断的结果是各企业都有较好利润和足够的现金流动。这是一个很好的开始，因为在今后的几年中，日益激烈的竞争和快速的科技发展将影响企业的利润和现金。

一、产业历史

第一个国际移动电话网络开始于 1981 年，那时的移动电话体积大，20 世纪 80 年代末具有实际意义的移动手机登上舞台，意味着移动电话产业时代的开始。

在 20 世纪 80 年代末 90 年代初的萧条时期，经济的直线下滑影响了总体经济几年的发展，许多移动通信公司从多产业公司中发展起来。尽管经济下滑，但还是对通信业的研发进行了大量的投资。随着第二代（2G）移动电话的问世，通信业逐渐从其他行业的阴影中走出。1991 年 7 月 1 日，世界上第一个真正的 GSM 通话由芬兰首相霍尔克（Harri Holker）打给赫尔辛基市市长，他们在电话里讨论波罗的海鲜鱼的价格。GSM 手机的美国副本 CDMA 是世界上第二个普遍使用的手机标准，它拥有世界上 1/3 的移动用户。在 20 世纪 90 年代，移动电话的不断发展让手机越来越小巧轻便，技术设计越来越复杂，特征也越来越多。FOMA，第一个 3G（第三代）网络在 2001 年由 NTT DoCoMo 面世，这项新技术让语音数据和非语音数据如移动视频电话成为可能。

二、当前状况

当前从全球范围而言，公司仍属于小型移动手机制造公司（年销售额10亿美元），但考虑到其相对较大的研发投资，所以手机本身还是很具有竞争力的，企业发展也很具有积极意义。本公司成功的一个关键因素是令消费者感兴趣并符合他们需求的设计。

公司在美国、亚洲和欧洲销售其产品。生产和研发一直在亚特兰大（GA），而近期公司已开始在亚洲建厂。几年前已论证过在欧洲建厂的可能性，但由于欧洲复杂和不灵活的劳动法，使欧洲的工厂运营相当困难和昂贵。为保证研发和生产的灵活性，公司就部分生产和研发已积极与外包商达成协议。

三、未来挑战

行业的发展速度非常快，对新科技也充满了期望。大趋势是通过测试的4G技术，在静止时1Gbit/秒在移动时100Mbit/秒的通信速度来提高移动性。行业的总体增长潜力很大，但每个市场的发展可能会有很大的不同。对于手机制造商来说，最大的挑战是紧跟技术发展，因为研发需要很大的投入，手机已不只是通话的工具，其娱乐性比以前任何时候都更为重要。

目前看来，并不是所有的技术都可以靠内部开发，这样的话，与合作伙伴的技术外包研发成为一种必要的手段。全球市场的发展可能需要在亚洲建立更多的生产基地。当移动产业发展成为全新的应用与服务时，产业中各方面全力加强合作，以更快适应整个移动产业的移动服务和市场的增长。

第二节 运营

一、生产

高科技公司具有新产品生产初期过程复杂、成本高昂以及产品生命周期短等特征。这些特征迫使公司在低成本的基础上尽快生产出新产品。显然，当公司对一种特定的技术更为熟悉的时候，单位成本会根据学习曲线效用而降低。由于建造工厂需要两个回合的时间，当需求超出生产的情况发生时，公司会使用外包生产。由于外包生产受学习曲线的影响，所以在外包决策时需谨慎衡量。与自己工厂生产的产品相比，外包产品的单位成本与技术年限成反比，所以有时当外包生产的单位成本比工厂生产的低时，公司将从中获利。由于公司没有成品库存，必须控制好生产目标与预计需求相符，就是要生产合适数量的产品。错误的需求估算和生产指标将会造成损失或提高单位成本，从而导致增加额外的成本。由于不能及时满足消费者的需求，公司将面临销售损失，由于需要在实际生产环节中调节生产，从而提高了单位成本。

二、销售和营销

公司开始只在美国市场运营，但在过去的几年中，在亚洲和欧洲分别建立了销售网络。营销广告在品牌销售和向消费者传达产品信息时扮演很重要的角色。营销广告在美国尤为重要，虽然在欧洲和亚洲的效果不如美国，但也举足轻重。在此行业中，比较典型的营销广告费用占销售额的3%～5%。

三、研发

出于行业本身的动态性，研发对于IT行业和其他高科技行业来说是非常重要的。消费者不断要求有新产品推出，由于激烈的竞争，旧产品的利润会很快下降。要获得相关技术，公司可选择自己进行研发或通过购买技术许可证来外包其研发过程。研发过程的第一步是开发基础技术，每种基础技术可以开发高达10个技术特征。公司自己研发和购买外部技术许可证的最大区别是：自己研发的技术只能在一个回合后投入使用，而外部购买的技术可以立刻投入使用。与购买技术的投资相比，公司自己研发的成本在循序渐进的过程中会相对较低。技术许可证费用为一次性付费，会随着技术年限的接近而降低，在行业中比较典型的公司会花费销售额的10%在研发上。请注意研发开销不会出现在资产负债表中，因为所有的研发开销被认为是运营开销，而且研发投资可能会造成公司财务损益表的起伏。

四、技术

迄今为止，公司只生产技术1的手机。随着新型移动网络的不断发展，市场对新技术的手机会有需求。因此首先要做的是开发新技术。新技术的研发将需要相对较大的投资，但也是公司将来稳步发展的一个重要保证。请注意技术需要依靠其所在的网络，也就是说，技术2的手机不能在技术1的网络设施中使用。在计划研发时，应该查看需求页面的网络覆盖前景，此信息将显示各种技术大致在何时引进将更为经济。

五、特征

移动手机的潜在技术在各个公司中是差不多的，这样的话，产品的差异通过产品特征表现，如设计、机盖、彩屏、彩铃、多媒体和游戏等。在不同的市场领域中，产品特征对于需求有不同的影响。欧洲消费者很喜欢产品特征，而亚洲消费者则对价格比较敏感。

六、运输和物流

出口产品的运输将由独立的货运公司负责，运输服务的成本将不受其他小组的影响。总的运输成本是运输服务成本与关税之和。当货物在当地生产并销售时，不会产生运输成本。国际税收和转移价格是比较敏感的话题。公司已建立了具有一定灵活度的政策，最终目的是抚平研发费用带来的成本影响。研发功能与生产设备有关，研发成本根据以下原则在损益表中显示。

假设我们在美国有10个工厂，在亚洲有2个工厂，总共12个工厂，公司在此期间的研发总花费为20千万美元，在美国的损益表中出现10/12×20千万美元，而亚洲的损益表中出现2/12×20千万美元。

在决定转移价格时，教师可以用乘数（1~2）乘生产直接可变成本，就是说用生产直接可变成本乘1~2的一个数就得到转移价格。如果使用得当，由于不同区域的企业税率不同，公司可以通过转移价格从中获利。从一定程度上讲，公司可以通过转计定价来弥补运营所产生的累计损失。

七、财务

公司除了通过销售得到资金外，通过资产投资和借贷机构也可得到资金。公司在股票交易所上市，通过股票发行进行有效的融资，股东期望资产投资回报表现在股息和资本回报上。

在过去的几年中，行业进入了快速发展期，但股东们却没有得到很多股息，而另一方面，股价却有大幅度的提高，公司在纳斯达克综合指数里有优异的表现。可以通过发放股息或股票回购的形式奖励投资者，股票发行或回购的价格根据每回合开始的市值而定。借贷机构根据公司的财务状况，提供带息短期和长期贷款，由于短期贷款的利率肯定比长期贷款要高，所以短期贷款只有在公司现金流低于标准时使用。

可以通过内部贷款（国际资金管理）在不同的国家和地区转移资金，如果在亚洲或欧洲有多余现金时，可以通过内部贷款返回并发还给总公司，或用此资金在亚洲建厂。

第三节　市场区域

一、美国

美国是 Mobilé 的当地市场，同时也是最大的市场。美国总的来说是高技术产业的先驱，但在移动手机领域却落后于世界。移动技术和网络落后于欧洲和亚洲几年。美国消费者比亚洲消费者更崇尚手机附加特征，但其程度还是小于欧洲消费者。

至少在今后的 2～3 年中，估计将有每年 5% 左右的增长，而且也没有任何理由显示在此之后增长会停止。据保守估计，在今后几年中随着新技术的引进，需求的增长可能会出现每年 10% 的高峰。

二、欧洲

公司对欧洲产品的出口已有几年，因为高昂的劳动力成本，所以不会在欧洲建立生产工厂。

预计市场增长将在每年 10% 左右，而且需求在今后几年中也将保持稳步增长。因为新技术保证了新产品的不断推出，消费者会购买新的手机，所以不用担心市场的成熟度。

三、亚洲

根据预测，亚洲可能将成为最有增长潜力的市场，现今市场以每年 15% 的速度增长，但对长期前景很难下结论。

与其他市场相比，亚洲消费者不是特别崇尚手机特征，并且也不太喜欢先进的技术。

公司的业绩可以通过质量以及数量指标衡量。数量指标可进一步分为描述财务状况和描述市场位置。

公司主要目标是股东利益最大化，这种情况下股东的回报用股东总回报（TSR）衡量，股东总回报在一定时间段中考虑股东所得股息和股价升值因素，这个术语以年为时间段，表示公司一年的业绩。公司董事会表示管理者应在不与长期发展相冲突的基础上，以短期业绩为目标。股价的波动可以解释为财务指标和运营指标的改变，这些指标表现为股本回报率、净利润、每股盈利、各市场区域的市场份额和销售额的增长。

第二章　模拟平台登录

Cesim Global Challenge 登录页面 http：//globalchallenge. cesim. com，中国学生可以登录网页 http：//sim. cesim. cn 或 http：//gc4. cesim. cn，页面提供多种语言支持。

注册：使用你的 email 作为用户名。

课程：国际商务（International Business）。

课程代码：由任课教师给定。

许可证：密码由任课教师提供。

组建团队：4～5 名学生组建一个团队，代表一家手机制造商。

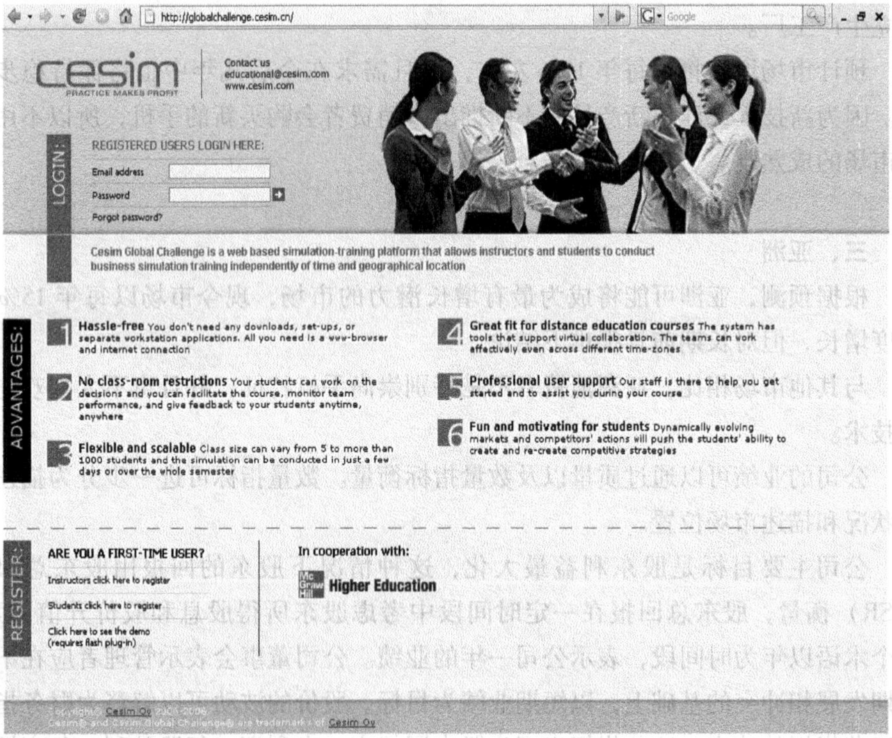

cesim
PRACTICE MAKES PROFIT
邮箱
密码
登录
请点击这里注册 | 如果你的指导教师想进行注册，请点击这里。
Cesim Simulation 是基于互联网的模拟培训平台，它让学生 根据自己的时间和地点，独立进行模拟商务训练。

第三章　决策制定流程

第一节　关于 Cesim

一、综述

芬兰 Cesim 公司为企业、院校和其他教育机构提供使用方便、实用性强的商务模拟课程，模拟课程也可以同其他商务课程相结合。Cesim 成立于 1996 年，总部坐落于芬兰，通过其分公司和合作伙伴网络在全球运营。

Cesim 为院校和教育机构提供四种模拟课程：

（1）Cesim Global Challenge®是为战略和国际商务设计的在线模拟课程，让学生领略并理解在多变而且竞争激烈的市场环境中，公司全球运营的复杂性。

（2）SimBrand 为以营销管理为基础的在线模拟课程，帮助学生理解营销决策的整体性，并在整个过程中注重公司利润。

（3）OnService 为服务管理型在线模拟课程，帮助学生理解并掌握在中小型服务企业的成功因素。

（4）Hospitality 为酒店管理在线模拟课程，帮助学生实践和学习中小型酒店和餐厅的管理和运营。

SimFirm 入门级企业运营在线模拟，有助于加深对高竞争的国际商务环境下现代企业中不同部门如何协作从而实现企业盈利的理解。

模拟课程的进行可以从几天到整个学期。模拟课程开始后，其所进行的回合数、日程表以及小组构架都可以进行调整。

二、联系 Cesim

芬兰 SESIM 公司的联系方式：

Cesim Oy

Arkadiankatu 21 A

00100 Helsinki

Finland

tel. +358 9 406 660

http：//www. cesim. com/

finland@ cesim. com

第二节　模拟平台介绍

一、通用用户界面选项

（一）我的信息

通过此页面，可以添加个人数据以个性化 Cesim 用户账户，这些信息将出现在用户界面的不同区域。用户可以在这里修改密码，也可以修改邮箱。在此页面的底部，有两个复选框，你可以决定是否要设定自动的邮件提醒功能。

建议所有的学生使用真实的邮箱，否则有可能会错过游戏过程中的重要信息。同时，"忘记密码"功能可通过邮件帮助你找回密码，如果使用无效的邮箱会导致密码无法找回。

（二）帮助

当用户遇到任何与模拟相关的问题时，这是一个最好的与 Cesim 支持团队联系的方式。请注意其他的与课程相关的信息，并咨询你的指导教师。

（三）更改语言

用户可以在这里找到游戏支持的语言，并在任何时候更改用户界面的语言。

二、模拟平台首页

（1）用户信息。

（2）邮件功能。可以让用户轻松地通过邮件联系到你的组员和指导教师。通过便捷的复选框选择想要联系的人。

（3）这个板块显示了该课程的所有重要数据。在顶部可以看到上个回合的重要指标。在下面，可以找到关于回合截止时间的信息、论坛的消息以及测验的信息。

（4）小组决策日志。用户可以在这里看到小组成员的决策保存情况。请留意该面板底部的"显示所有回合"和"更多"按钮。默认条件下，你只能看到当前回合的最近的决策保存情况。使用这两个按钮可以让你将面板扩展到显示所有回合以及每一回合的每一次的决策保存。同时要注意的是在团队决策列（更多信息请查阅指南中的决策列表一节）制定的决策不会在日志中显示更多细节，只会显示“小组决策修改者”。

三、决策列表

Cesim 模拟提供给用户一个创新型的决策制定区域，在这里小组成员可以很好地控制整个决策制定的流程。决策列表分为两个部分：每个学生的个人决策区域和小组决策区域。请注意，每回合到了截止时间以后，回合的结果只会根据小组决策区域的决策计算。在每回合游戏的进行过程中，你可以在决策列表找到已修改决策的高亮的单元格。

以下介绍几个决策列表中提供的决策制定流程管理的工具。

(1) 回合选择下拉列表。使用下拉列表选择你想要查看的回合。你可以通过选择先前的回合查看之前各回合的决策，尽管你已经不能修改它们。

(2)“确认”按钮允许用户进入其他小组成员的决策区域或者进入团队的决策区域。请注意，所做的修改将会被保存在你进入的决策区域。任何直接在小组决策区域修改的决策将在回合结束后直接作为最终决策参与结果的计算。

(3)“复制”按钮会将一个小组成员的决策复制为小组决策。一旦复制成功，以前的小组决策将不能找回。在回合结束前，你可以任意将个人决策复制到小组决策。请注意，如果直接在小组决策区域做决策，则不需要任何额外的步骤，决策将直接参与回合结束后的结果计算。

(4)“导入”按钮可以将小组或者其他组员的决策导入到自己的决策区域。一旦导入，你原先的决策将不能恢复。被导入组员的决策将不会有任何变化。

(5) 本回合预算显示了根据当前决策的预计利润以及与前一个可比较回合相比的“销售额变化（%）”。

四、决策区域

决策区域被分为若干个基于不同分类的主题（如需求、生产等）。请根据决策制定指南决定从哪里开始你的决策制定以及决策制定的顺序。一些区域需要先填写，因为它们会影响到一些计算以及预计值。

实际的决策需输入到各自的指定区域。一般而言有三种类型的决策区域：

(1) 白色的单元格里，你可以输入自己的决策。一些决策，例如，定价和员工决策，是每回合都非常重要的决策。而另一些，比如，投资决策，是只有在一些特定的回合根据你小组的战略才做出的决策。

(2)高亮的单元格里，你可以估计你的销售、员工流失率等。这些估计值将会作为系统给出预算的基础。

(3)下拉列表被用作一些需要具体选项的特定决策。

当你做出决策，系统会自动更新预算。

请注意游戏中的两个决策制定区域。

第一，学生的个人决策自定区域。每个小组成员都有自己的决策制定区域，他们可以任意修改他们的决策并查看预算结果。每个学生登录后会默认进入自己的决策区域。在个人决策区域做出满意的决策后，可以通过“复制”按钮把决策复制到第二个决策区域类型——小组决策区域中。一旦复制成功，这一系列决策将会被用来计算回合的结果。

第二，决策可以直接在小组决策区域制定。一个小组成员可以在决策列表里通过“确认”按钮进入小组决策区域。任何决策的修改都会被自动保存，如果没有修改，将会被用到之后的回合结果计算中。请注意，如果一个小组成员的决策被保存覆盖了之前直接在小组区域做出的决策，这些决策将不能恢复，除非在复制之前有其他的小组成员将小组决策导入到了个人区域。

一旦回合结束，游戏将根据小组决策区域里的决策自动开始计算本回合的结果。如果决策没有直接在小组区域做出，在回合结束前请再次确认个人决策被保存为小组决策。

五、结果

正如前面提到的，回合结果在回合结束后会立刻根据小组决策计算得出。游戏允许你在任何时间通过选择结果页的下拉列表查看过往回合的结果，包括练习回合。同时你还可以使用一些特殊的功能，比如，可下载 Excel 版本的回合结果以及一些重要指标的幻灯片。

(1) 团队选择下拉列表可以让你选择当前课程中的任何团队。

(2) 回合选择下拉列表可以用来选择你想要查看的回合结果。

(3) 使用“下载”按钮下载一个在 Excel 文档中的所选回合结果。

(4) 使用“幻灯片”按钮查看当前回合一些重要指标的幻灯片。

(5) 使用“可打印版本”按钮打印回合结果。

六、日程表

在日程表页面，你可以看到一个课程的回合列表，包含每一回合的截止时间。为了避免用户的电脑和系统时间不符，这个页面把你的时间和课程设置的系统时间都显示出来。模拟游戏通常在开始阶段会有练习回合。请注意练习回合的结果对之后实际回合的结果没有任何影响，而仅是用作熟悉游戏和练习预测结果。一旦练习回合结束，游戏将会重新被设置到初始的市场情况。

七、小组区域

在小组区域，你可以看到课程中团队所有小组成员的信息。你可以编辑小组信息，例如，小组名称、口号以及小组介绍。

小组成员在第一个截止时间前可以自由移动到其他的小组，之后则不可以。点击“加入小组”按钮移动到另一个小组。之后，只有指导教师有权限将学生在小组之间移动。

八、阅读材料

这个页面包括了所有理解和享受模拟游戏所需的资料。一般而言，阅读材料里包括了决策制定指南和案例描述。指导教师也可以上传自定义案例相关的材料到此页面。决策制定指南会告诉你模拟的基础知识，比如，用户界面的功能、如何制定决策、做决策时应该考虑的问题，以及每回合进行决策的一般顺序。在这里，有些模拟还提供视频教程以供参考。

九、论坛

论坛是一个当你无法与指导教师和同学面对面交流时绝佳的途径。比起使用电子邮件，使用论坛的好处在于每个人都可以看到论坛里的讨论并提出自己的见解。

论坛分为小组论坛和课程论坛。可以看出，小组论坛里只有同小组的成员可以看到发出的帖子并进行回复。而课程论坛则是对课程中所有人都开放的，无论你在哪个团队或小组。

指导教师可以阅读并回复论坛里的所有帖子。正因为如此，课程论坛是一个人提问大家受益的场所，小组论坛则是一个理想的讨论组内话题的私密场所。除非在我的信息中设置了禁用邮件通知，否则在小组论坛有新帖子的时候，用户会收到邮件的提醒。

第三节　决策

一、主要目标和获胜条件

本模拟的目标是实现累计股东回报率的最大化，包括股价的变化，公司支付给股东的股利，以及股东从股利获得的收益。累计股东回报率是一个年化的百分比。请注意股利发放的早，意味着你将有更少的资本来创造利润和提升股价，但是从长期看股利也会给股东带来利息收益。

二、决策制定流程

决策指南将在用户首次使用决策支持系统时提供帮助。在开始的时候，用户可能会根据我们所给出的步骤做出决策，以后用户可以自己选择决策步骤。

如果用户可以在开始决策前打印出此指南放在手边，那将会对用户在开始做出决策时很有帮助。

三、成功的决策制定流程（见图 3－1）

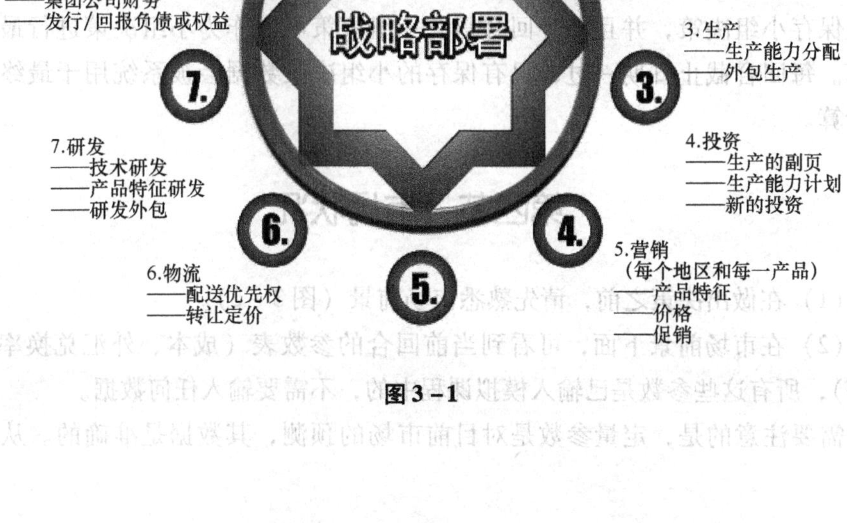

图 3－1

四、团队合作最佳方式

下面介绍几种实践中的最佳团队合作方式。这些合作方式对于虚拟小组合作尤其重要。

(1) 每个回合，指定一名小组成员担任 CEO 的角色，负责协调小组成员之间的工作，提交小组最终决策。各小组成员可在每个回合中轮流扮演 CEO 的角色。

(2) 请注意每个回合的截止日期。每个小组成员都可以独立地制定自己的决策，但最终需要相互协调，选择一组决策作为小组决策。

(3) 通过使用“论坛”中的平台，交流和沟通你们的战略意见和决策想法。论坛可以保留你们的来往交流信息，所以你可以随时查看之前各小组成员交流信息，你们达成的共识内容。

(4) 统一制定小组内部每回合截止日期，确定每个小组成员各自的决策和建议。这个截止时间应与系统中实际的截止时间有一定的间隔，以便于你们有足够的时间修改最终决策。如果各小组成员在不同的时区，那么你们可以使用“系统时间”协调时间表。

(5) 使用“决策列表”修改和确定最后的小组决策。在这里用户可以看到所有小组成员各自的决策内容，也可以进入各小组成员的决策区域。用户可以以其中一个小组成员的决策内容为基础对决策进行必要的调整和修改，也可以在小组决策制定区域直接修改小组决策。

(6) 当所有小组成员对某组决策达成共识后，请点击“复制”保存决策至小组决策栏数据，完成本回合决策制定。你可以在回合截止时间前，随时更改小组决策或重新复制其他决策为小组决策。请注意，任何小组成员的账号都可以保存小组决策，并且每个回合只有一组决策可以作为小组决策进行最终的计算。每回合截止日期一过，只有保存的小组决策数据会被系统用于最终的结果计算。

第四节　市场状况

(1) 在做出决策之前，请先熟悉市场前景（图 3－2）。

(2) 在市场前景下面，可看到当前回合的参数表（成本、外汇兑换率、税率等），所有这些参数是已输入模拟课程中的，不需要输入任何数据。

需要注意的是，定量参数是对目前市场的预测，其数据是准确的。从市场发展另一个角度看，公司间的竞争会对市场发展产生影响，市场实际发展将会有别于市场前景描述，所以市场增长也可能并不像所预计的那样。

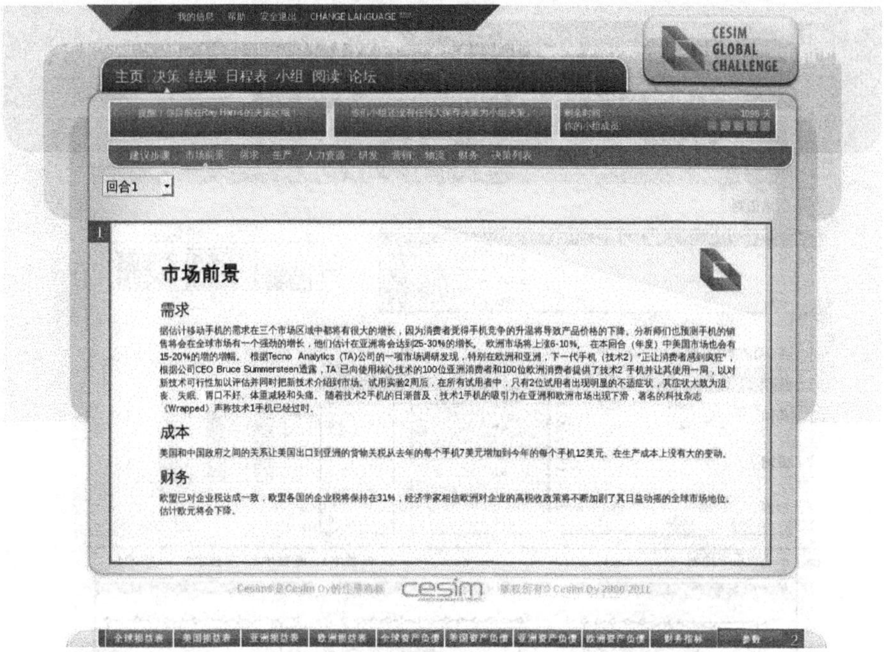

图 3-2

一、需求

（1）首先需要预测每一个市场区域的总的市场增长。分析和理解市场前景信息对预测可能会有很大帮助。

（2）选择在每一个市场区域销售的产品所运用的技术。每一个区域最多选择两种产品。公司最初开始时只有一种技术产品可生产和销售。（有关新产品的开发请参见研发章节）

（3）为每一种产品预测其市场份额，是用来计算公司的财务业绩报告和预算生产数量的。注意这里的市场份额是根据每个市场区域预测的，而不是每种技术。上一回合栏中所显示的是在上一回合中，公司每种产品（技术）的实际市场份额。

（4）在预测总的市场增长和自己产品的市场份额后，模型将告诉教师在每一个市场的预计需求。切记：这些数字只是预测值，最终的结果将取决于教师和教师在竞争中谁的决策更符合市场实际。（请见需求，整体市场和市场份额章节）

(5) 这些图片显示，随着时间的推移，各种技术产品所需的基础网络在不同的市场区域的覆盖情况（见图3-3）。

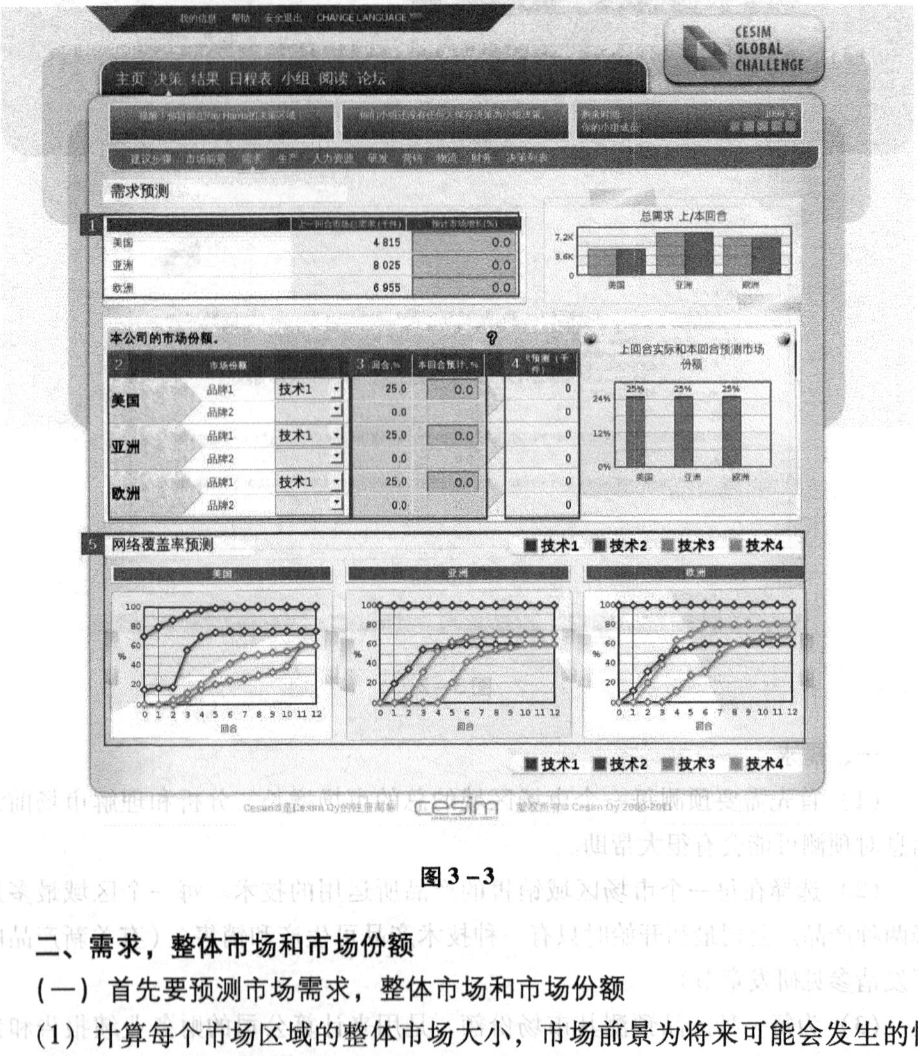

图3-3

二、需求，整体市场和市场份额

(一) 首先要预测市场需求，整体市场和市场份额

(1) 计算每个市场区域的整体市场大小，市场前景为将来可能会发生的情况提供了一个很好的预测。

(2) 整体市场需求将根据不同的技术进行划分。

(3) 影响市场份额的因素。提供相同技术公司的数量、平均销售价格、广告和上一回合市场份额。

在需求页面底部的图形显示不同技术的发展状况。对于需求来说，网络基础设施是技术发展的前提。如果设施不完备，那么就不可能有销售。图形展示了每项技术设施的发展情况。例如，在美国 50% 的数据，代表此技术在美国的覆盖率为 50%。

网络覆盖率同样也决定了运用新技术的手机需求量。不在技术网络覆盖范围中的消费者不会购买此技术的手机。在技术网络覆盖范围中的消费者倾向于购买具有新技术的手机，所以在新技术手机面世之初，技术网络会集中在比较密集的地区。市场前景中也会对新技术产品的发展进行预测报道。各技术的需求很大程度上也受到以下因素的影响：①价格新技术一般都比旧技术要昂贵。②提供相同技术的公司数量。③营销力度（广告）。

举例，如果新技术的定价是旧技术的两倍，那么技术的吸引力至少减少 50%（如果需求的价格弹性为 -1）。

（二）整体市场份额和公司市场份额

1. **影响整体市场大小的因素**（见图 3-4）

（1）经济状况；

（2）平均价格水平；

（3）平均广告预算；

（4）技术革新。

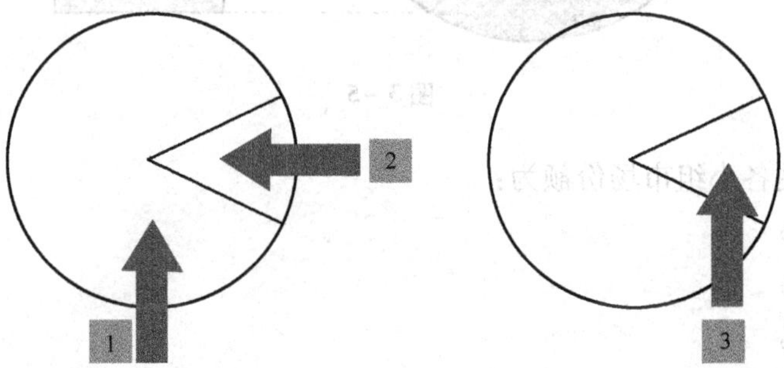

图 3-4

2. **影响不同技术需求的因素**

（1）技术价格水平；

（2）技术推广（广告）；

（3）提供各项技术的公司数目；

（4）网络覆盖程度；

（5）技术吸引力。

3. **影响公司市场份额的因素**

(1) 价格;

(2) 广告;

(3) 手机所提供的特征数量;

(4) 上一回合的市场份额;

(5) 提供技术的公司数目。

(三) 市场份额

在课程之初，每个公司的市场份额是一样的，但一旦开始做出决策，市场份额就会发生变化。图 3－5 引述了四个不同小组的市场份额状况。

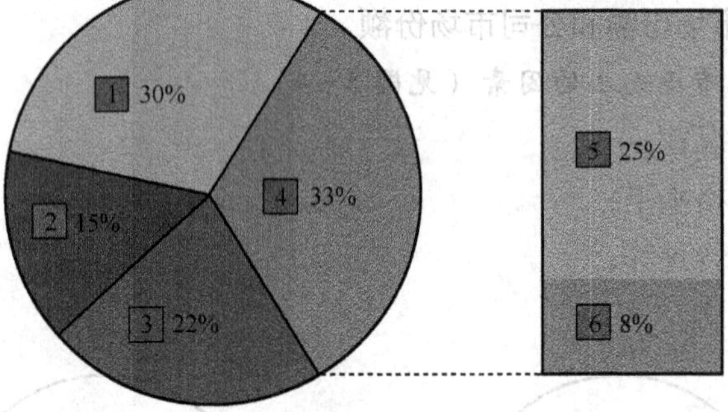

图 3－5

图示说明各小组市场份额为:

1 组 30%

2 组 15%

3 组 22%

4 组 33%（4 组的市场份额可分为两种技术份额：技术 1 占 25%，技术 2 占 8%）

第五节　生产

全球生产分配是此次模拟的重要成功因素。有两个生产地点（美国，亚洲）可以对三个市场区域供货。在模拟中，产品没有库存，如果你对需求过高估计并生产太多产品时，生产会自动减少以符合需求，如果生产量需要调整的话，就会有附加的费用。注意：如果实际需求高于预计需求的话，生产不会自动增加，在这种情况下，销售就会遭受损失（见图 3 - 6）。

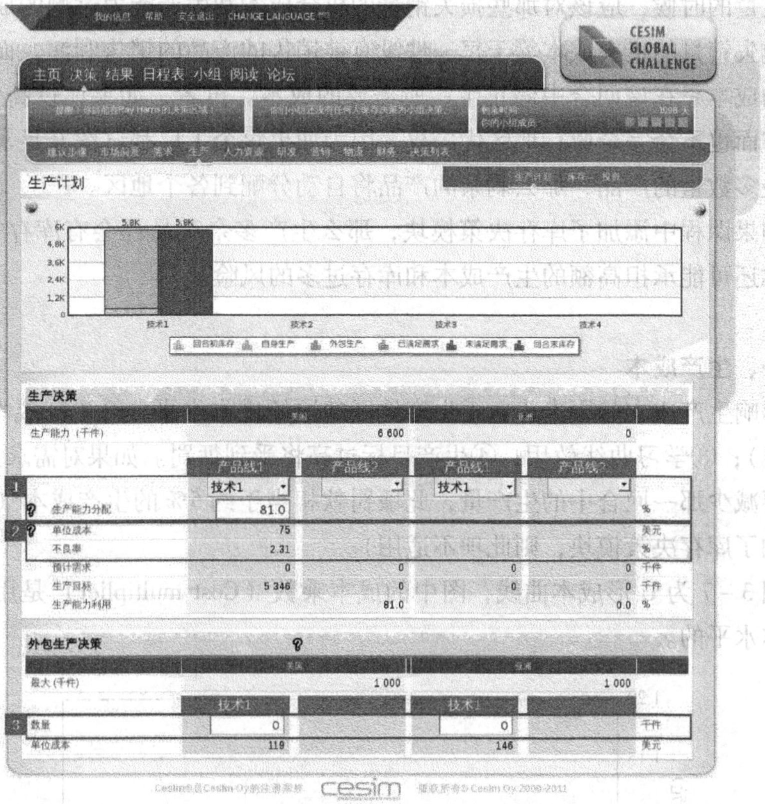

图 3 - 6

决策提示：

（1）这里可以选择每条生产线上的生产技术，以及每条生产线对不同产品的生产能力分配。两个地区，每个地区两条生产线，可以任意组合。在此例中，因为只生产一种技术，所以在美国只使用一条生产线进行生产，在亚洲还没有生产设备。

（2）这里可以决定外包生产的数量，只有在生产中运用的技术才可以外包。在每个回合中，对外包的数量都会有一个限制，外包的成本也在此给出。在此例中，因为自己公司的生产能力足以符合需求，所以暂且不采用任何外包生产。

（3）模拟系统会自动计算产品的单位成本（请参见生产成本章节）。不良率将根据生产能力的使用率和每种技术在生产中的熟练度变化而变化，在单位成本的计算时，不良率也在考虑之中。

决策充电：在决定是开足马力全面生产以避免销量损失，还是精打细算控制生产数量的时候，应该对那些损失销量的机会成本和生产能力过剩的成本进行比较。损失销量的机会成本等于每一件没有被销售的产品的销售利润，而生产能力过剩的成本是在该回合中停止生产所需要的成本。再者，如果你过高估计需求，物流方面也不会完全履行地区优先权，因为如果每个工厂都试图开足马力，尽力生产最多数量的产品，那么剩余的产品将自动分配到各个地区。

如果课程中添加了库存决策模块，那么生产多余产品还会有库存管理成本，同时你还可能承担高额的生产成本和库存过多的风险。

一、生产成本

影响生产成本的因素为：①生产地区的原始成本水平；②生产成本函数（U形曲线）；③学习曲线效用；④生产目标过高将受到惩罚。如果对需求过高估计，就需要减少那一回合中的生产量，此项罚款相当于约5%的生产成本（如果模拟中增加了库存决策模块，则此项不适用）。

图3－7为U形成本曲线，图中的成本乘数（Cost multiplier）是用来乘以原始成本水平的。

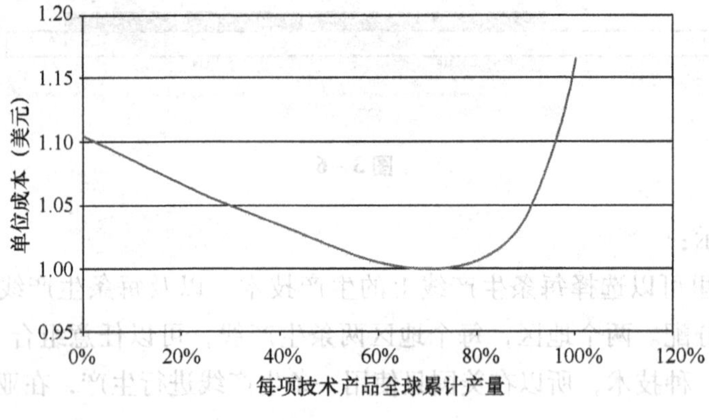

图3－7

图中，纵轴代表单位成本（美元），横轴代表每项技术产品全球累计产量。

原始成本水平反映了新技术投入生产后，第一批产品的生产成本，由于亚洲劳动力的技术不熟练（效率低），造成原始成本比美国高，但是学习曲线效用是影响生产成本的一个重要因素。横轴代表某技术的全球生产累计产量。请注意教师可以先在美国进行生产，当经验曲线达到一定位置时开始在亚洲生产。图3－

8 显示此逻辑。

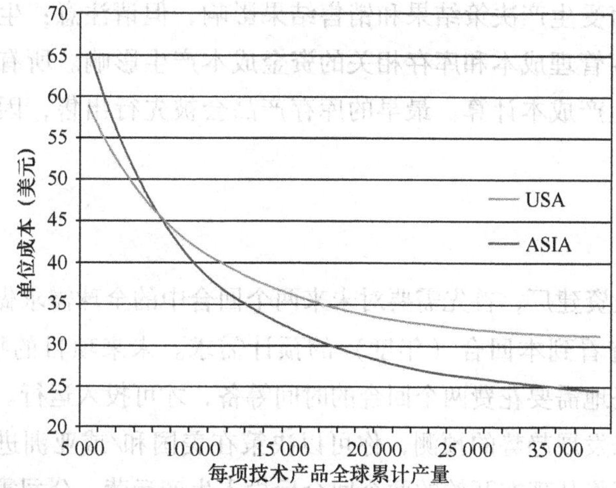

图 3-8

上图中，纵轴代表单位成本（美元），横轴代表每项技术产品全球累计产量。

二、库存

如果 Global Challenge 课程中新增了库存决策模块，那么你可以在生产决策栏中看到详细的库存管理内容。回合初和回合末库存数量也可以在生产计划页面中查看。库存管理并不需要参与者做出任何决策（见图 3-9）。

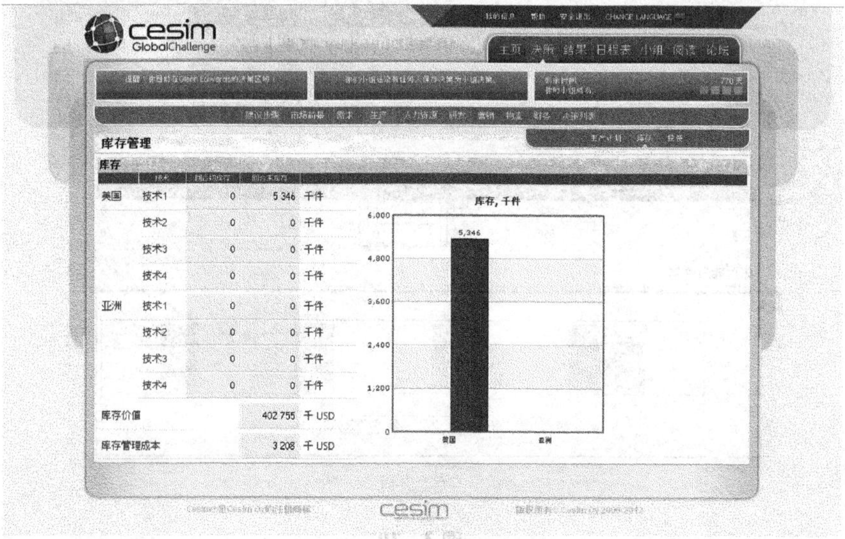

图 3-9

美国和亚洲都有各自的库存，库存产品只有在各市场上有需求时才会进行运输。库存价值受生产决策结果和销售结果影响，但请注意：生产计划和销售预测也会对库存管理成本和库存相关的资金成本产生影响。所有的库存产品都以原生产地的生产成本计算。最早的库存产品会被先行出售，因此库存不存在折旧。

三、投资

公司是否投资建厂，首先需要对未来两个回合中的全球需求做出预计。教师可以从需求栏查看到本回合（年度）的预计需求。未来项目的投资十分重要，因为新的生产基地需要花费两个回合的时间筹备，才可投入运行。

基于对未来发展趋势的预测，你可以决策在美国和/或亚洲进行新工厂建设的投资。新工厂将从现在开始的两个回合后投入生产运营，公司需要从现在开始的一个回合后支付新工厂建设费用（投资循环中期）。

图 3－10 包括了有关你的需求和生产能力的信息。该图是一个非常有效的工具，可以帮助你了解你的预计需求和生产能力之间的关系。

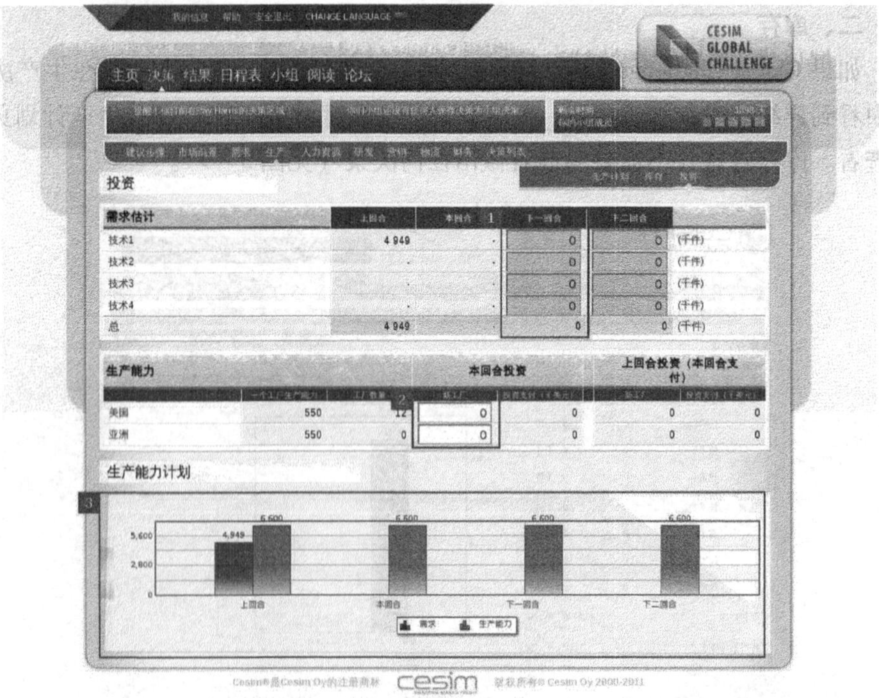

图 3－10

决策充电：教师决定投资工厂时，就意味着要把一大笔钱放入长期投资中，所以必须确保此项投资的投资回报率，即此工厂生产产品的销售额足以抵消此工厂营运的成本。我们可以计算一下：一个工厂的投资价格是 1.6 亿美元，生产能力为 55 万个单位产品。假设今后可以用和在美国市场同样的价格（约 200 美元）销售产品；另外，假设在折旧前平均的运行利润（除工厂折旧外的所有运行成本都从销售收入中扣除）保持在 35% 左右，工厂每年的生产能力乘以单位产品的边际利润率（假设工厂的平均利用率是 90%）就可以得到折旧前的运行利润 3 500万美元（55 万单位产品 ×90% ×200 ×35%）。从这笔钱中扣除工厂折旧费和工厂财政支出，工厂折旧率按 15% 的递减方法计算，由此得到第一年的运行折旧费是 2 400 万美元（1.6 亿 ×15%）。（这种折旧方法是基于上一年基础上进行计算的，比较符合高科技企业），扣除折旧费后只剩下 1 100 万美元（3 500 万 - 2 400 万）用来承担财政支出和投资风险。

在此例中，投资收益率（ROI）为 6.9%，计算公式是通过用运营利润（EBIT）除以投资成本（1 100 万/16 000 万）而得。

第六节　营销

在营销页面上（见图 3 - 11），需要为每一个市场地区和每一种产品决定市场营销方案，即：产品、价格和促销。因为最初的时候各个市场只有一种产品（基于技术 1），所以只需制定这种产品在各个市场的营销方案，而一旦有了新的产品，就需要分别制定产品的营销方案。请切记：市场营销方案的成功与否是由市场决定的，消费者会根据自己的意愿对产品进行比较分析后才购买。

（1）首先要确定产品的特征数量。特征越多就会越好地满足消费者的需求，但成本也就会越高。

（2）决定产品的价格和促销，产品价格以当地货币为准，而促销则以美元计算。

（3）当产品特征、价格和促销决定后，可以在这里查看预算财务报表。

（4）可以看到产品的制造地。

把各种特征应用到产品上会产生特征附加成本。可以把 1 ~ 10 种特征应用到产品上，每个特征都会有附加的成本。特征只有在当公司达到一定相关技术水平的时候才能被应用，公司可以通过自己的研发部门或购买外部的技术许可证达到一定技术水平。特征成本可以通过特征数量乘以每个特征的成本而得（见市场状况）。

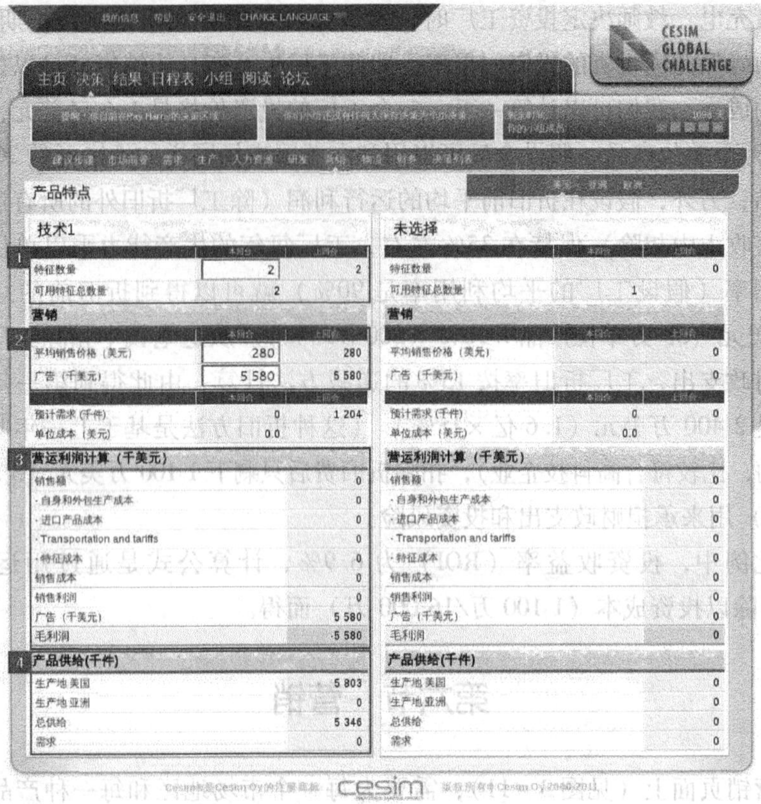

图 3－11

营销不仅影响产品的需求，也影响到公司在特定市场地区的形象，而且广告也起到长期影响的作用。

决策提示：当选定了促销方式（广告）后，需要考察这个产品在这个市场可以产生多少销售利润。一般来说，推出一个新产品的初期花费过高是很正常的，但是到产品进入市场的中期阶段时，该产品所带来的销售利润必须能够足以支付该产品所有的广告费用。把销售利润乘以广告弹性（约 0.1 ~ 0.3）是一种比较可行的费用分配法。

第七节　物流

在物流管理中满足不同市场区域需求的优先顺序。从美国选择 1，3，2，就是说，美国工厂生产的产品首先满足美国市场的需求，然后是欧洲市场，最后才是亚洲市场。这个决策只有产品出现全球性供不应求的情况时才用。如果一旦发生此情况，教师首先要切断第三市场（亚洲）的供货，然后是第二市场（欧洲），最后才是美国市场。图 3－12 显示做出物流管理决策后，公司产品的原产地和目标销售市场。

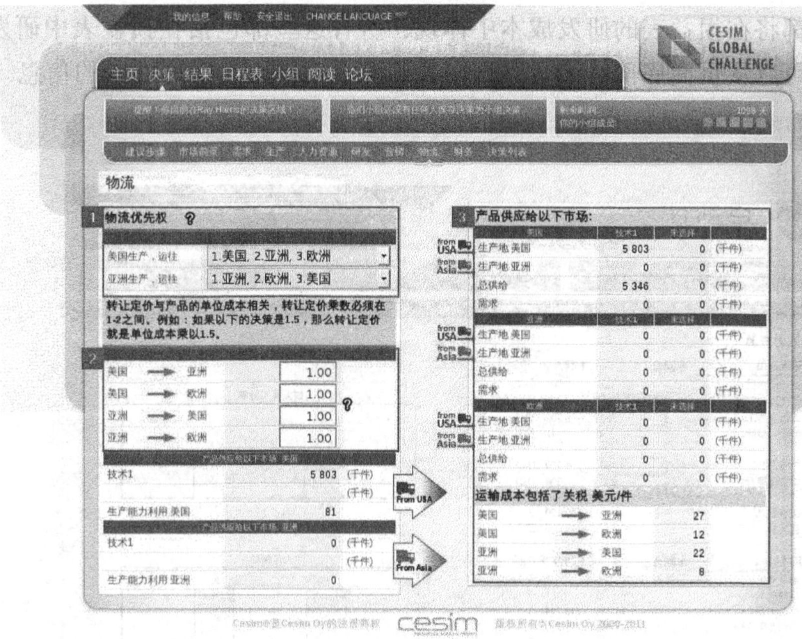

图 3－12

在物流决策中利用好转让定价，可以调整不同子公司的利润，甚至让其他部门的利润补偿研发和其他固定成本。

转让定价还可以让总公司充分利用不同国家的不同税率获益。因为受东道国法律和法规的约束，所乘的系数必须在 1～2。

决策充电：在制定运输优先权时，教师应该让单位利润最高的市场取得优先权，这样可以使产品的利润最大化。换句话讲，一旦有供货不足的情况发生，这种情况可以出现在单位利润最低的市场中。

第八节　人力资源

Global Challenge 中可以选择新增人力资源决策。如果你的课程中已经增加了人力资源决策模块，那么你除了可以外购新技术使用许可证外，还可以雇用研发人员。这将对自身研发带来改变，详细说明请看下一章节。

人力资源决策包括：本回合员工人数、每月工资和每月培训预算。较高的工资水平有利于稳定员工人数和劳动力。当然，你也可以解雇所有的员工。

人力资源成本包括：员工工资、员工培训、招聘、解聘和其他研发成本。这些成本都将在损益表的研发成本中体现，所有这些都包括在损益表中研发费用中。你可以从页面底部的参数页面中找到更多关于人力资源成本的信息（见图 3－13）。

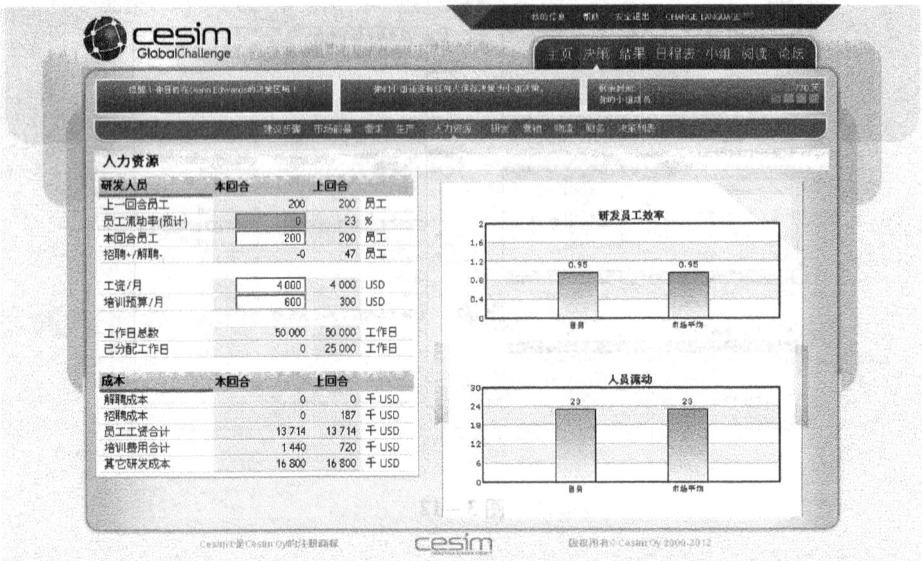

图 3－13

人力资源决策中需要考虑的因素包括员工流动率、员工工资、员工培训，成功运营公司的关键在于有效分配工作量和员工人数，这也会影响员工流动率。较高的工资水平可以吸引有才能的员工，累计培训费用和较低的员工流动率将有助于提高员工工作效率。

第九节　研发

公司有两种方法可以提高其技术实力：对自己研发部门的投入和购买外部许

可证。自己研发的技术和产品特征在投入生产时将有一个回合的延迟，而通过购买许可证的技术可以直接投入生产。公司可以将两种方法相辅相成地使用，以提高其竞争力。如，公司可以先投资自己的研发技术，然后再购买许可证，随后再通过自己的研发部门以提高技术。教师可以通过自己的方式将两种方法组合在一起，以达到提高技术和产品特征上的实力。

请注意：自主研发的投资并不能降低技术与设计许可证的成本。比如，如果一个小组在第一回合投资了 2 000 万美元在技术 2 的研发上，而另一小组在同一回合没有进行任何投资，在第二回合，两个小组未开发技术的许可证成本是一样的。对于有或者没有激活人力资源模块的课程都是一样的（见图 3 - 14）。

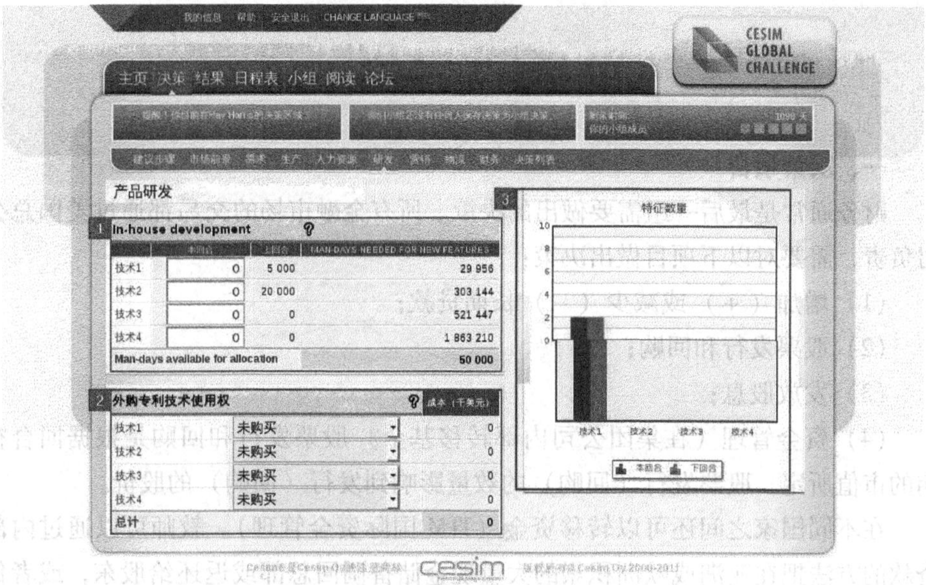

图 3 - 14

如果你的课程中增加了人力资源决策模块，那么自身研发费用将在人力资源决策中转换为同等的工作日显示，因此你需要调节人员数量协调研发所需工作日。研发决策与人力资源决策密切相关，所有员工都将服务于产品研发。产品自身研发成果受你的员工工作效率影响，并且最终的研发成本也取决于你制定的员工工资等人力资源政策。

（1）在这些空格中将决定公司自身在每个技术上的研发投入。此模式将告诉你开发一项新技术或在已有技术上增加新特征将需要多少投资。请始终记住，公司通过自己的研发部门开发的技术只有在一个回合后才能投入使用。

(2) 你可以通过购买外部专利技术许可证与自己的研发部门互补，因为自己研发的技术将有一个回合的延迟，而购买的技术和特征可以立即投入使用。购买将是一次付款，可无限期使用该技术和特征。

(3) 此表显示在每种技术中可拥有的特征数目。

决策充电：研发投资本身很富有战略性，所以很难应用某个具体的投资计算方法，即使有，那些计算也是建立在很多假设和不确定因素之上的，但是，在教师考虑投资手机新技术时，应该想到需要销售多少手机才能弥补公司在研发上的开销。在投资方面跟随竞争者也不是明智之举，因为他们也有可能做出错误的选择。

第十节 财务

一、决策项目

财务通常是最后一组需要做出的决策。所有金融市场的交易都通过美国总公司负责，需要对以下项目做出决策：

(1) 增加（+）或减少（-）长期贷款；

(2) 股票发行和回购；

(3) 发放股息；

(4) 资金管理（在集团公司内部转移基金）股票发行和回购是根据回合初期的市值所定，股票发行（回购）的数量影响到发行（回购）的股价。

在不同国家之间还可以转移资金（ITM 国际资金管理）。教师可以通过内部贷款的方法把在亚洲或欧洲积累的大量现金储备调回总部或返还给股东，或者你也可以在亚洲集资投资工厂。

每年年底的现金数不得低于最低要求（通常 200 万美元），如果现金储量低于此要求，财务部门会自动使用短期贷款弥补不足。短期贷款会在不需要时自动偿还，短期贷款总是比长期贷款昂贵，所以我们建议教师尽量避免短期贷款。在市场状况中教师可以获悉短期和长期贷款的利率（短期负债利息）。

始终要记住自己的目标，并不是把负债成本最小化，而是把投资回报率最大化。模拟的最终胜利取决于股东总回报，也就是小组在所有回合中为股东带来的回报，股东回报通过股价变化和累计发放股息来表示。

二、决策数据输入

图 3－15 提示，在财务决策栏目，可以做出有关财务方面的决策，例如，增加（＋）/减少（－）长期贷款，发行/回购股票，以及发放股息等。

需说明的是：①所有的财务决策都是在总公司完成的，所以查看总公司的现金流情况很重要。②教师可以看到公司的上一年度（回合）的实际资本结构和本回合的预期资本结构。负债和资产保持在大致的平衡状态是比较合理的，有助于降低资金成本。③教师可以在总公司和不同子公司之间进行资金转移。图左侧表示的是现金存储量和当地负债。我们建议采用美国总公司向亚洲和欧洲注资的形式。

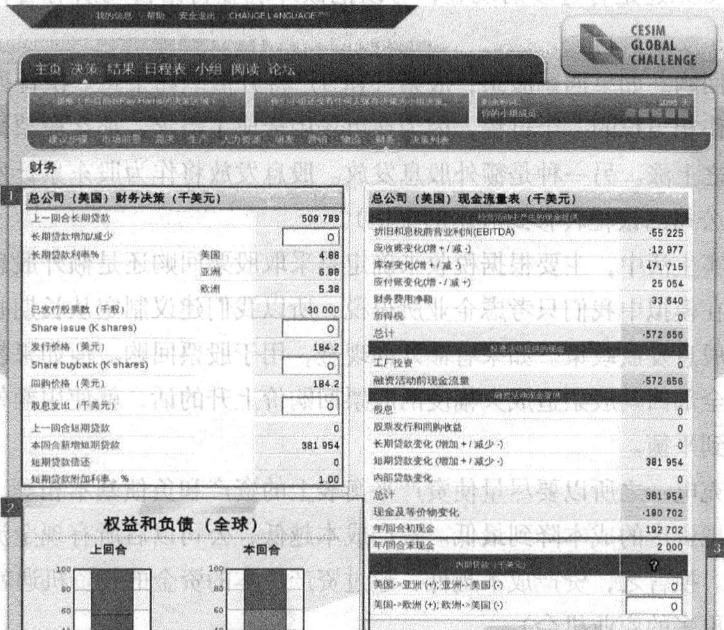

图 3－15

三、对额外累计现金的资本结构决策的建议

对集团在亚洲和欧洲的资金调整后查看美国的现金情况。如果公司有额外现金，教师可以考虑以下逻辑：

(1) 检查资本结构。根据经验教师应该把权益率（权益除以总资产）控制在40%～60%，如果小于40%，把资金用来偿还负债将比发放股息更为有利；如果大于60%的话，那么教师可能还没有充分利用合理避税政策（加权平均资金成本，WACC)。

(2) 决定运营所需现金并视其为“缓冲线”。请记住，如果教师没有足够的资金来支持运作，系统会自动使用短期贷款以保持现金流动，在这种情况下短期贷款的利息将会很高。教师对销售和预算越是没有把握，就应把现金的缓冲线设得越高。

(3) 根据股息发放政策发放股息。

(4) 如果还是有过多的现金，可以把额外现金付给公司所有者，有两种不同的方法：

股票回购。如果回购股票，股票（EPS）将升值。如果想一次性回购大批股票，会操作相当长的一个过程，因为在市场中造成了需求，那么股票平均回购价格也会随之上涨。另一种是额外股息发放。股息发放将作为股东累计回报的一部分（钱从公司的银柜转移到股东的银柜）。

在现实生活中，主要根据税收来确定是采取股票回购还是额外股息发放的方法。因为在模拟中我们只考虑企业所得税，所以我们建议制定从长期收益状况方面考虑的股息发放政策。如果有额外的现金，用于股票回购。但如果教师有太多的现金，全部回购股票造成大幅度的股票回购价上升的话，就使用额外股息发放的方法达到平衡。

决策充电：之所以要尽量使资产平衡表上的资产和负债基本相等，是因为这样做可以把资产的成本降到最低。资产成本越低，公司以后所有现金流的净现值就会越高。换言之，资产成本越低，超过资产成本的资金的投资机遇就越大（也等于会有更多的商业机会）。

第十一节　预算

预算是根据决策的变动而不断更新的，在此可以看到集团的整体收益状况和各个市场的收益状况，主要财务指标也陈述于此。

一、资产损益表注解

在本模拟中，所有研发和营销（促销）成本都计算在其投资发生回合的损益表中，因而，利润会因研发和营销投资力度的不同而波动。

在本模拟中研发只在有生产工厂的地方进行，例如，如果只在美国有生产工厂，那所有的研发都只在美国地区的损益表中显示；当你在亚洲也有了生产工厂时，研发将根据不同国家生产工厂的数目进行划分。你还可以利用转让价格把研发费用转到其他地区（亚洲、欧洲）（见图 3 – 16）。

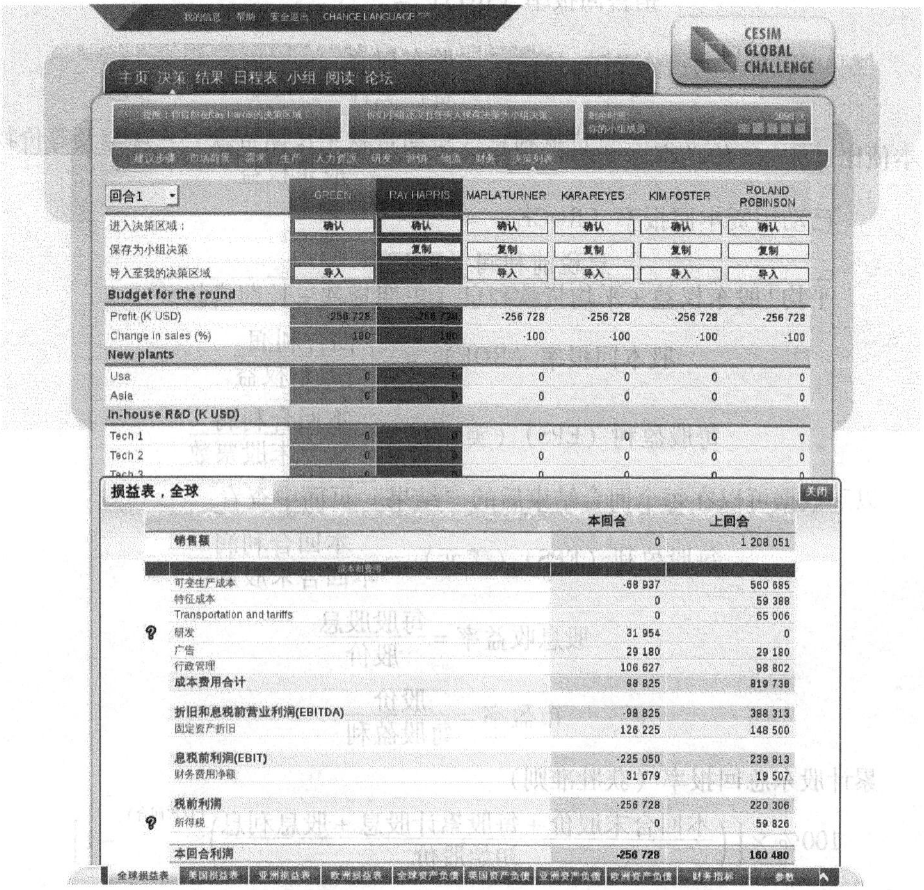

图 3 – 16

管理费用包括公司的间接成本，如公司还未分配到不同产品上的固定成本；部分管理费用属于生产设备的服务和保养。管理费用还包括每个市场地区的基本成本和根据工厂数目而定的额外成本。当同一地区的工厂数目上升时，每个工厂的管理费用就会下降。

前几个回合出现的经营亏损将根据“亏损结算”原则结转。所以，以前出现的严重的亏损状况可以在以后的回合中弥补，亏损抵免税。比如，某一地区过去是亏损的，当期利润首先要弥补历史亏损，然后盈余的部分才需要缴税。

二、关键财务指标的计算

$$销售回报率（ROS）=\frac{本回合利润}{销售额}$$

$$权益率=\frac{股东权益}{资产总计}$$

$$本债比（\%）（传动率）=\frac{贷款利息（短期贷款+长期贷款）^{2}-现金及等价物}{股东权益}$$

$$已动用资本回报率（ROCE）=\frac{息税前利润（EBIT）}{平均^{①}股东权益+平均贷款利息（短期贷款+长期贷款）^{②}}$$

$$股本回报率（ROE）=\frac{本回合利润}{平均股东权益}$$

$$每股盈利（EPS）（美元）=\frac{本回合利润}{本回合末股票数}$$

以下数据可以在每个回合结束后的“结果”页面中查看。

$$每股盈利（EPS）（美元）=\frac{本回合利润}{本回合末股票数}$$

$$股息收益率=\frac{每股股息}{股价}$$

$$市盈率=\frac{股价}{每股盈利}$$

累计股东总回报率（获胜准则）

$$100\%\times\left[\left(\frac{本回合末股价+每股累计股息+股息利息}{初始股价}\right)^{(1/本回合)}-1\right]$$

三、资产负债表注解

应收账款和应付账款自动计算为以营业额和生产成本为基础的比率。其他有限资产表示股票发行/回购价格与股票名义价格（10美元）的区别。如果公司没

① “平均”是指资产负债表的回合初和回合末的平均值。

② 贷款利息不包括应付账款。

有足够的现金流以维持运营，系统会自动使用短期贷款（见图 3－17）。

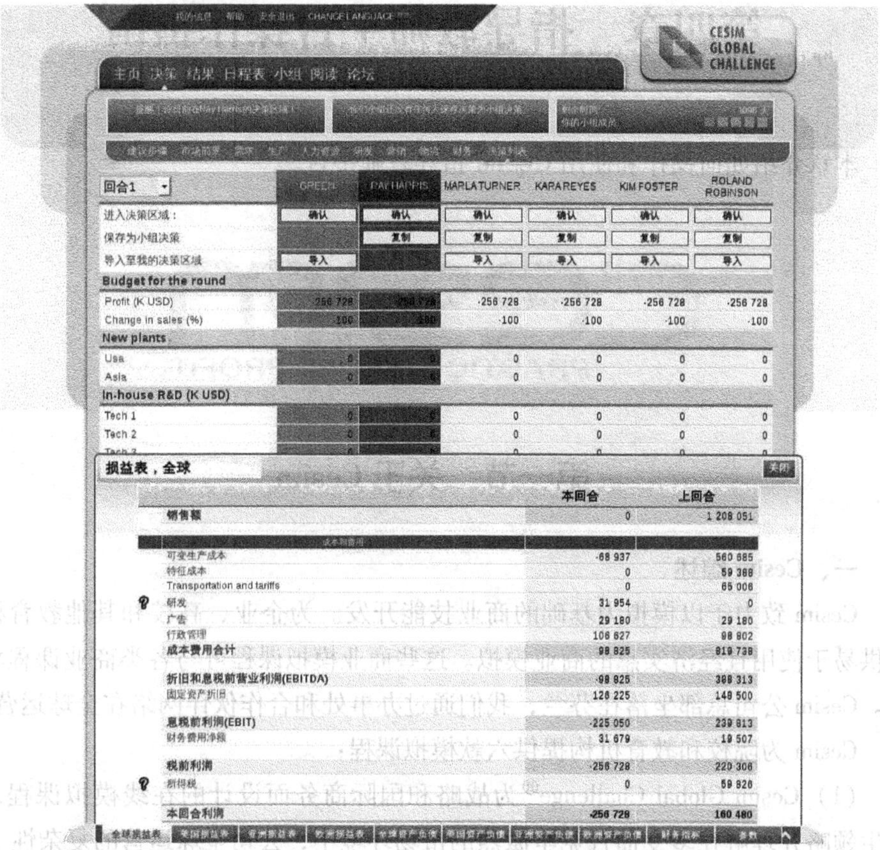

图 3－17

决策充电：因为教师的目的是使股东利益最大化，所以应该把资产负债表中的债务，在与当前利润和今后发展机遇不抵触的情况下，控制得越低越好。如果可以以相对较低的负债实现相同的利润，那么说明更为有效地利用了资产，而且从投资者那里需要相对少的资金。

第四章　指导教师平台操作指南

本章介绍如何操作和使用 CESIM 指导教师平台。

第一节　关于 Cesim

一、Cesim 综述

Cesim 致力于以模拟为基础的商业技能开发。为企业、高校和其他教育机构提供易于使用且经济实惠的商业模拟。这些商业模拟课程可与各类商业课程相结合。Cesim 公司总部坐落在芬兰，我们通过办事处和合作伙伴网络在全球运营。

Cesim 为院校和教育机构提供六款模拟课程：

（1）Cesim Global Challenge® 为战略和国际商务而设计的在线模拟课程，让学生领略并理解在多变而且竞争激烈的市场环境中，公司全球运营的复杂性。

（2）Cesim Simbrand 为以营销管理为基础的在线模拟课程，帮助学生理解营销决策的整体性，并在整个过程中注重公司利润。

（3）Cesim OnService 为服务管理型在线模拟课程，帮助学生理解并掌握在中小型服务企业的成功因素。

（4）Cesim Hospitality 为酒店和餐厅管理在线模拟课程。

（5）Cesim LisaCom 为电信行业在线模拟课程。手机和固定电话营销决策、网络投资和新的电信经营项目。

（6）Cesim Simpower 为电力及供暖销售和生产。工厂投资、电力互换交易和风险管理。

模拟课程的进行可以从几天到整个学期。模拟课程开始后，其所进行的回合数、日程表以及小组构架都可以进行调整。

二、联系 Cesim

Cesim Oy, Arkadiankatu 21 A, 00100 Helsinki Finland. Tel: +358 9 406 660 http://www.cesim.com

第二节 教师操作指南

本节介绍 Cesim 模拟课程的运行环境基础知识，并指导教师如何开始创建一个课程。

一、Cesim 模拟课程介绍

（一）创建课程

每个 Cesim 模拟课程由相同的基本元素组成。首先，运行的每个单独的模拟课程都被称为一个课程。每个课程都有一个专属的课程代码。学生在注册课程时需要知道教师为此课程设置的课程代码。其次，一个课程可以由一个或几个团队（市场）组成，每个团队（市场）可以包括两个以上的小组。每个团队（市场）最多可以容纳 12 个小组进行模拟。如果有多于 12 个小组的参与者，教师需要为此课程设置多个团队（市场）。最后，一个或多个学生参与模拟课程可编入单独的小组。每个小组可由 1~5 名学生组成。指导教师可以任意设置每个小组的最多参与人数。如果教师有多于 60 个学生（5 学生/小组 ×12 小组）参与课程，教师至少需要开设二个模拟团队（市场）。见图 4-1。

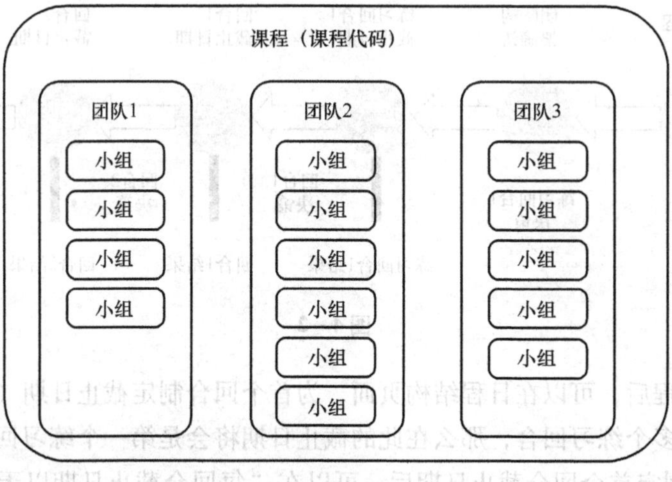

图 4-1

每个团队为独立的模拟市场，在同一个模拟市场中的所有小组相互竞争。在同一课程中的不同团队（市场）有各自的结果和决策内容。团队（市场）与团队（市场）之间不具竞争性，互不干涉。同一课程中设置多个团队，即多个平行的模拟市场，可帮助指导教师协调相互竞争的小组数量。

因而，指导教师可以在同一课程中建立不同水平等级的多个团队（市场），根据学生的水平差异，编入相应的团队（市场）。

在市场（团队）中，每个小组代表一家公司。每个小组扮演一家公司的管理团队，运用他们的团队智慧在模拟市场中与其他小组（公司）相互竞争。

模拟课程以回合为基点进行。

每个小组的起始状况均相同。初始回合（起始位置）代表上一年度的经营和财政情况。创建课程后，教师可以在“结果”页面中查看初始回合的数据内容，初始回合没有截止日期，也不会在“日程表”中显示其截止日期。

模拟课程可有三个练习回合。练习回合的目的是为了让学生通过制定不同的实际决策，了解和熟悉模拟课程过程。练习回合的经营数据结果不会影响正式回合的经营数据结果。通常，可用一个练习回合向学生介绍模拟课程。每个回合学生需要制定相应年度的决策。一些常见的决策包括：产品定价、营销和财务决策。在每回合截止日期结束前，每个小组必须在“决策列表”页面中保存自己小组的决策。

所有团队中的所有小组均有相同的回合截止日期。每回合截止时间过后，“结果”页面中就会立刻公布结果数据。

最后，图 4－2 显示了 Cesim 模拟课程的流程（假设教师目前有 1 个练习回合）。

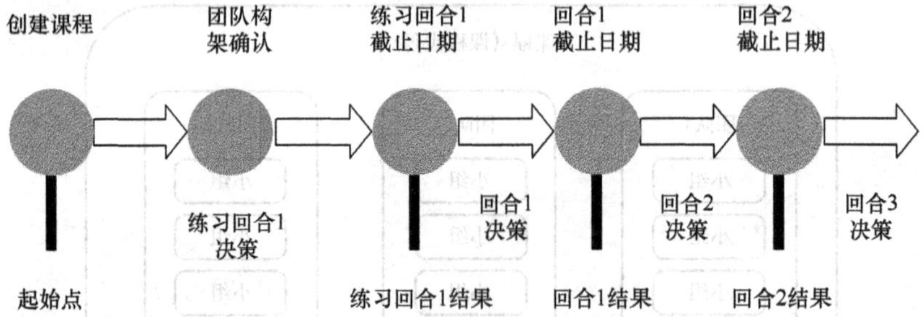

图 4－2

创建课程后，可以在日程结构页面，为首个回合制定截止日期（如果教师选择了一个或多个练习回合，那么在此的截止日期将会是第一个练习回合的截止日期）。完成制定首个回合截止日期后，可以在“每回合截止日期以天计算”栏中输入便于计算的天数，系统会根据天数间隔时间自动生成日程表（稍后也可以对此日期进行修改）。日程表设置完成后，可以在确认课程结构页面中看到“团队构架确认，课程开始”信息。这个信息的截止日期将被默认为与首个回合的截止日期相差 1 分钟，其目的在于总时间需求中阻止不必要的分割和混合。

每个回合有不同定义的市场前景和市场参数。模拟课程市场参数是结果数据统计的依据。创建课程时，教师将自动选用系统默认的市场参数和市场前景。也可以更改默认设置，创建自己别具风格的市场参数、重新撰写市场前景和案例描述。创建自己的案例和设定参数将在第 6 节中详述。

（二）注册

建立 Cesim 模拟课程账号。

如果教师注册账号，请与 cnsupport@ cesim. com 联系，支持人员会进行注册。

完成指导教师注册后，教师可以开始创建课程，制定日程表。课程创建完成后，就可以专注于监督和指导学生。无须管理任何决策文档或其他技术事宜。只需要发送给学生创建的课程代码和许可证号码，他们就可以进行注册了。

（三）指导教师平台介绍

完成指导教师注册后，可以用教师的邮件地址登录至指导教师平台。首先，将看到的是指导教师主页，如图 4 –3 所示。需要做的第一件事是在“所有课程”页面中创建新课程。图 4 –3 是指导教师主页创建的课程。

指导教师主页显示所有正在进行课程的相关信息，所有课程主要信息在此一览无遗。

1. 截止日期

在页面左上角，可以看到所有即将开始课程/正在进行课程的回合截止日期信息（剩余时间、回合、课程、剩余回合）面板。点击绿色字体的课程名称，可直接进入课程页面查看详细课程信息。

2. 课程论坛

查看所有与你的学生在内部交流平台中讨论的主题。点击绿色字体的主题，可直接进入讨论区查看详细内容。

3. 指导教师论坛

仅限指导教师与 CESIM 之间的交流，如知识分享和教学问题讨论，与学生交流平台无关。点击绿色字体的主题，可直接进入讨论区查看详细内容。

4. Cesim Twitter

此面板可以将 Cesim Twitter 注入至主页，将获得更多 CESIM 公司的信息。点

图 4－3

击小鸟图标或任何在面板中的话题可直接进入 Twitter 页面。中国用户由于网络限制，目前无法使用此项服务。

5. 我的课程

页面右上角是在我的课程中选出的课程信息。可以在此看到正在进行的课程名称和模拟课程类别，也可以看到剩余时间、回合截止日期、当前回合、最后回合截止日期、学生已加入、已保存决策小组和可选择的课程语言种类。我的课程旁边的下拉菜单中，可以选择其他正在进行的模拟课程的名称，查看以上相关信息。点击绿色字体的课程名称可以直接进入所有课程页面，查看更多课程详细信息。点击绿色字体的回合截止和最后回合截止日期将进入“日程表”页面，查看更多回合日程表详情。已保存决策小组中的数据显示，目前还有多少小组未保存决策，点击绿色数字，系统会自动弹出发送提醒邮件提示窗口，可以直接发邮件至未保存决策的小组。最后，在课程语言栏中点击任何语言图标可直接打开“编辑课程设置”窗口，教师可以在此窗口修改课程名称、课程代码、每小组最多学生人数（1～5）、学生可选择的课程语言种类。如果在语言列表中不选择任何语言，则成为系统默认选择，即学生可以选择任何语言。如果希望限制课程语言选择，可以在所需语言前面打钩并点击保存，那么在学生页面中会出现教师所选择的使用该语言的国家的国旗。

6. **团队内部信息**

我的课程面板的最下端包括团队内部信息，这些信息是与每个课程团队交流的内容。

7. **上一回合市场信息**

这部分显示了上一回合各团队（模拟市场）最重要的经营表现数据，如：销售额变化、平均收益率变化、最高利润和最低利润等信息。

页面最顶端包括了教师平台其他页面的链接。

（四）设置

在图 4－4 右上角的“设置”中，教师可以修改的密码、上传照片和修改其他个人信息。

图 4－4

（五）帮助

设置选项旁边是帮助页面（图4-5），可以在此发送疑问和系统出错报告至CESIM支持人员。通过此平台发送的出错报告将自动包含许多重要的技术数据，协助支持人员及时查明出错原因。因此，建议使用此平台发送系统出错报告。

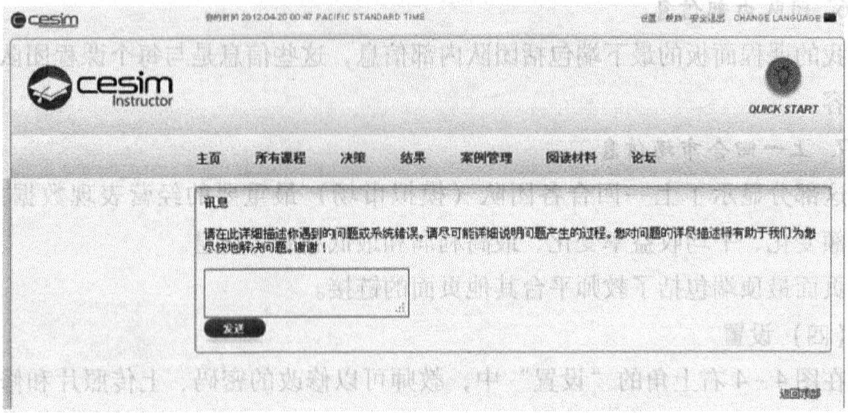

图4-5

（六）语言选择

点击右上角的语言选择，可以看到下拉语言菜单。选择任何一种语言后，教师平台所有信息将自动转换为该语言（图4-6）。

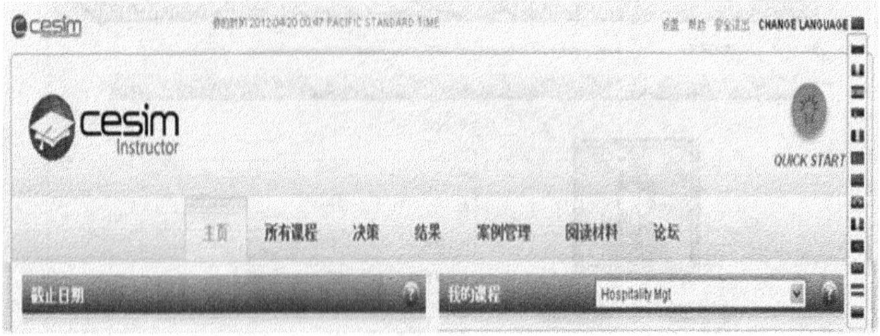

图4-6

二、所有课程

（一）创建新课程

（1）进入所有课程页面，点击创建新课程。创建新课程中所有的设置都可以在创建后进行修改（图4-7）。

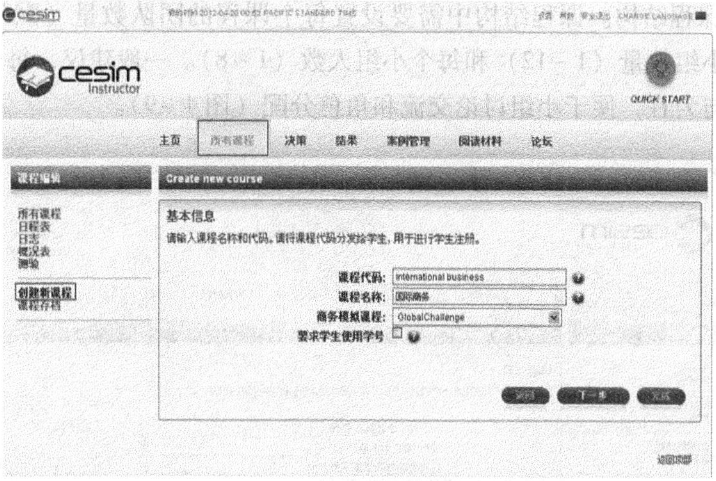

图 4-7

（2）基本信息。教师需要为每个课程设置一个专属课程代码，建议采用英文和数字。需要把这个课程代码发给所有学生，以便他们注册您设置的课程。每个课程必须有一个专属的课程代码，不能与其他课程中的代码相同。但课程名称可以重复使用。课程名称代表教师开设课程的全名或缩写，以便于学生可以在学生页面中看到开设课程的名称。最后，在“商务模拟课程”下拉菜单中选择此次开设模拟课程类别，并点击“下一页”。

（3）自制案例（可选步骤）。如果教师之前选择的是 Global Challenge 课程，教师可能需要为教师的课程选择自制的案例。教师可以在“案例管理”页面中创建自己制定的新模拟案例，满足教师的课程特定需求。如无自制案例，只应用默认案例，请直接点击“下一步”（图 4-8）。

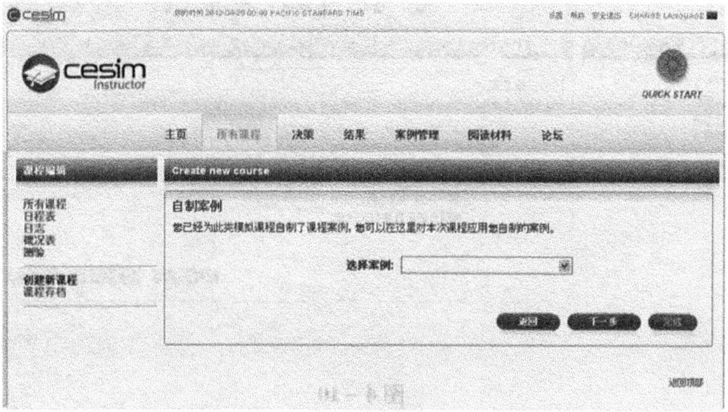

图 4-8

(4) 课程结构。课程结构中需要设置每个课程的团队数量（默认值为1）、每个团队小组数量（1～12）和每个小组人数（1～8）。一般建议，每个小组以5名学生参与为宜，便于小组讨论交流和角色分配（图4－9）。

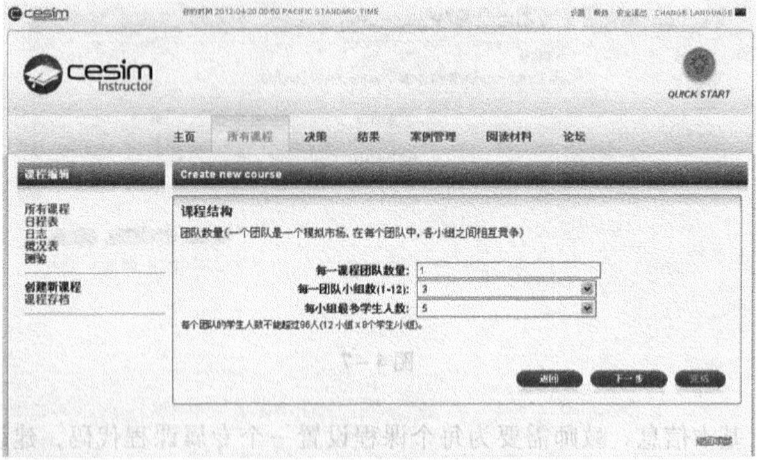

图4－9

(5) 初步日程表框架。制定初步日程表框架中，教师需要为模拟课程设定练习回合数量（默认为一个练习回合）和正式回合数量（默认为6个正式回合）。最多可以设定3个练习回合和12个正式回合。随后，需要为第一次练习回合设定截止日期和时间，以及各回合之间需要间隔的天数（图4－10）。

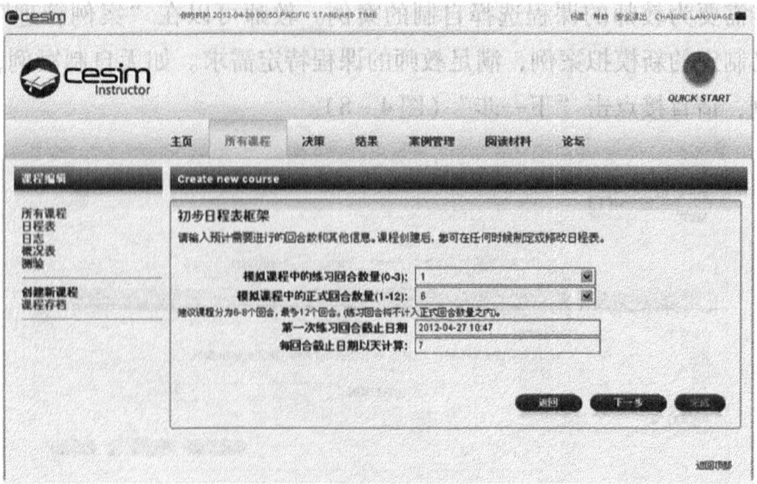

图4－10

（6）日程表详情。日程表详情中可以看到所有回合的截止日期和时间，如有需要，可以在此进行修改，或稍后再进入日程表页面进行修改。建议在各回合之间留有足够的时间给学生分析上一回合结果和制定新一回合的决策（图 4 - 11）。

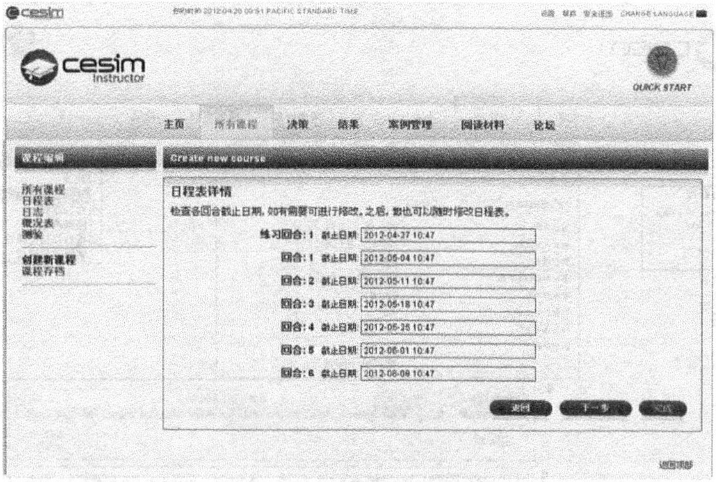

图 4 - 11

（7）确认课程结构。确认课程结构中将详细列出即将创建课程的所有信息。除了不可以更改模拟课程类别外，其他课程结构中的任何信息都可以在创建完成后进行修改（图 4 - 12）。

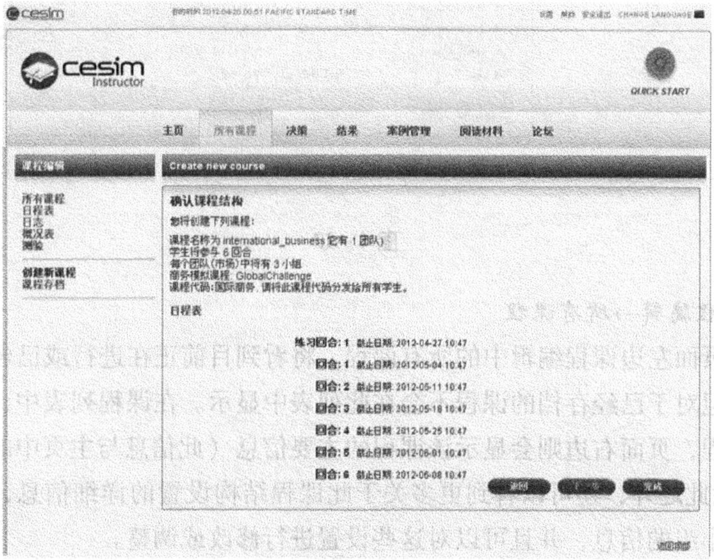

图 4 - 12

(二) 课程

课程页面中包含了创建的所有课程的信息和内容（图4－13）。

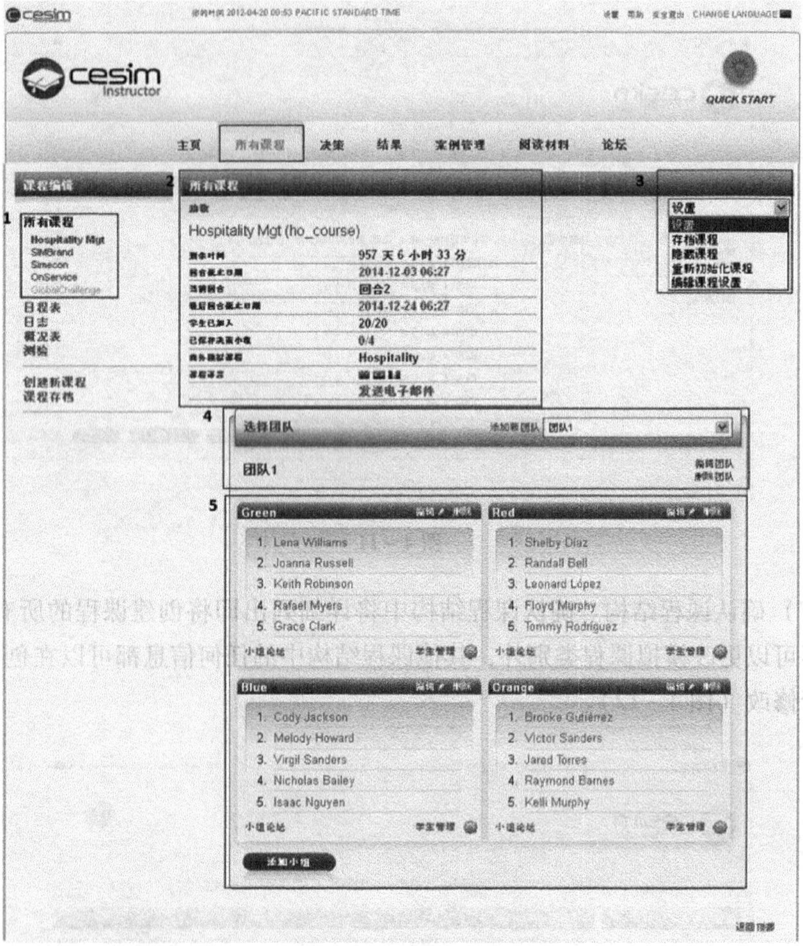

图4－13

1. 课程编辑→所有课程

点击页面左边课程编辑中的所有课程，将看到目前正在进行或已经结束的课程列表，但对于已经存档的课程不会在此列表中显示。在课程列表中，点击想要查看的课程，页面右边则会显示该课程的主要信息（此信息与主页中的课程信息相同）。除此之外，还可以看到更多关于此课程结构设置的详细信息，如每个团队和每个小组的信息，并且可以对这些设置进行修改或调整。

2. 所有课程

（1）助教。点击助教，邀请别人成为课程助教，协助教师共同管理课程。可以在每个正在进行的课程中看到设置助教按钮。点击助教打开窗口，输入有效的邮件地址，发送助教邀请邮件至想要邀请的助教。他/她将收到系统发出的助教邮件邀请，点击邮件中链接进行注册，填写所有相关信息。成功注册后，就可以登录到与教师相同的指导教师平台，与教师共同管理此课程。

（2）发送电子邮件。教师可以通过点击发送电子邮件群发邮件至所有已经注册此课程的学生。点击“发送电子邮件”按钮，弹出发送邮件文本窗口。窗口中收件人处将列出所有注册于此课程学生的邮件地址，也可以修改收件人邮件地址。相应地输入邮件主题和内容后点击发送邮件。

3. 设置

设置的下拉菜单中包括：存档课程、隐藏课程、重新初始化课程和编辑课程设置的功能选项。

（1）存档课程。将课程从所有课程列表中移至版面最后课程存档页面。可以将已经结束或不需要使用的课程存放在课程存档页面。课程存档后，学生还可以继续登录课程平台进行操作，但教师无法对该课程进行任何修改等操作。在需要时，你可以进入存档课程页面，把课程恢复至所有课程列表中，继续对课程进行管理和操作。

（2）隐藏课程。选择隐藏课程后，学生将无法对决策和结果页面进行任何操作，但指导教师可以如常地管理和操作该课程。教师可以在设置的下拉菜单中选择显示课程恢复此课程在学生界面的操作。

（3）重新初始化课程。此项功能可以重新计算初始回合 0 数据。我们建议教师在创建新的模拟案例时，设定新的模拟参数，并修改初始回合的数据，比如，初始回合状况时，使用此功能更新初始回合结果数据。由于这些参数将改变练习回合 1 和回合 1 决策区域内容，所以在学生进入课程前，强烈建议教师使用这种方法更新课程决策起始数据。

（4）编辑课程设置。教师可以在编辑课程设置中修改课程名称、课程代码、每小组最多人数（1～5）和课程语言。在语言选项中，默认为所有语言都可显示，如果想在学生界面中限定学生只使用某种语言，那么需要选中此语言前的方框，并点击“保存”。

4. 选择团队（市场/班级）

教师可以在这里编辑团队（市场/班级）设置。

(1) 添加新团队。在课程还未开始前添加新的团队。团队构架确认课程开始时间过后，无法再添加新团队。

(2) 下拉菜单。在下拉菜单中看到当前课程中的所有团队，选择教师想查看的团队，切换页面下方团队显示信息和内容。

(3) 编辑团队。教师可以编辑团队名称，为团队重新命名。

(4) 删除团队。可在课程开始前，删除团队。

5. **小组视窗**

小组视窗可以编辑各小组设置。

(1) 编辑（小组）。教师可以编辑小组名称、每个小组最多学生数量（这个数量不能减少到少于此小组已经注册的学生数量）、小组口号和小组介绍。

(2) 删除（小组）。教师可以在第一个练习回合截止日期前删除空白的小组，即没有学生注册/参与的小组。

(3) 小组成员。点击学生的名字，教师可以在弹出的窗口中看到此学生的详细信息：姓名、电子邮件地址、单位、时区、城市和国家。同时，也可以点击"进入此用户平台"，直接进入该学生的模拟界面，查看该学生的决策等问题。

(4) 小组论坛。点击小组论坛，可以直接进入该小组的论坛，查看他们的内部交流信息。

(5) 学生管理→发送邮件。群发邮件至该小组所有学生。与之前介绍的课程群发邮件功能相同，只是在此弹出的发送邮件窗口中的收件人仅为此小组的成员。

(6) 学生管理→删除（学生）。点击删除，可以在弹出的窗口中选择想要删除的学生，将此学生从小组中删除。

(7) 学生管理→转移（学生）。教师可以随时将学生转移至其他的课程、团队或小组中。点击转移，在弹出的窗口中选择想要转移的学生，并在下拉菜单中选择需要转移的课程、团队和小组。

(8) 添加小组。教师可以在课程开始前或开始后添加新的小组（每个团队最多可有12个小组）。然而，第一个练习回合截止日期过后，不可以删除任何小组，甚至是空白的小组。

三、日程表

(一) 设定比赛回合

根据课时安排，教师可以设计符合课程具体需求的时间表。每个模拟课程可以包括几个练习回合（最多为三个练习回合），它可以帮助学生熟悉和了解决策制定的过程。练习回合的结果数据不会对正式回合产生任何影响作用（图 4 – 14）。

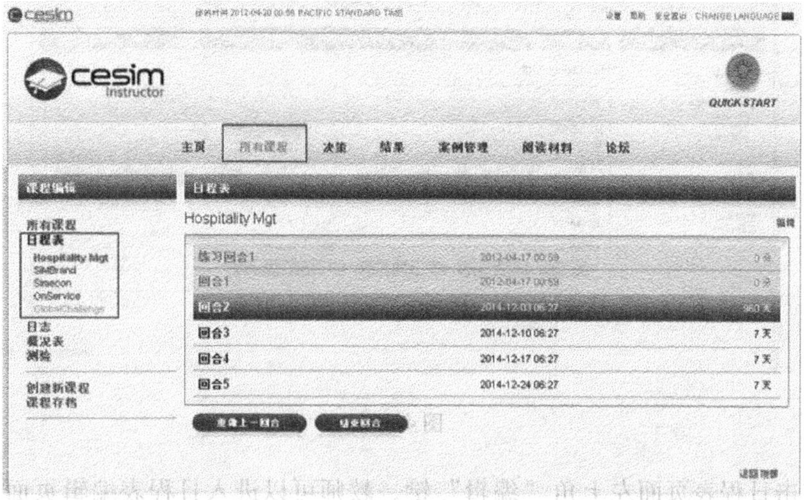

图 4 – 14

如果教师的模拟课程为集中几天授课，建议教师在每个回合间至少设定两个小时的间隔时间。一般情况下，学生都需要几个小时的时间对上一回合的决策和结果进行总结分析，然后再为下一回合制定更佳的决策。因此，请在第一个回合设定较多的时间，让学生有充足的时间熟悉和了解课程平台和所有课程阅读材料。

日程表页面下方有两个按键：重做上一回合和结束回合。教师可以在页面左边的课程编辑中的日程列表中选择其他课程，切换查看其他课程的日程表。

1. **重做上一回合**

选择重做上一回合后，系统会重新计算上一回合的结果数据。重做上一回合可用于课程中有几个小组没有准时提交和保存决策的情况。教师选择重做上一回合后，需要为上一回合重新设定回合截止时间，以便学生有机会再次提交和保存决策。

需要为上一回合设定一个新的截止日期。设定完，点击保存后，该回合的结果数据将被清除，新的截止日期即刻生效。

2. **结束回合**

点击结束回合后，系统会自动弹出提示确认窗口。当教师点击确定后，当前回合就会马上结束（图 4 – 15）。

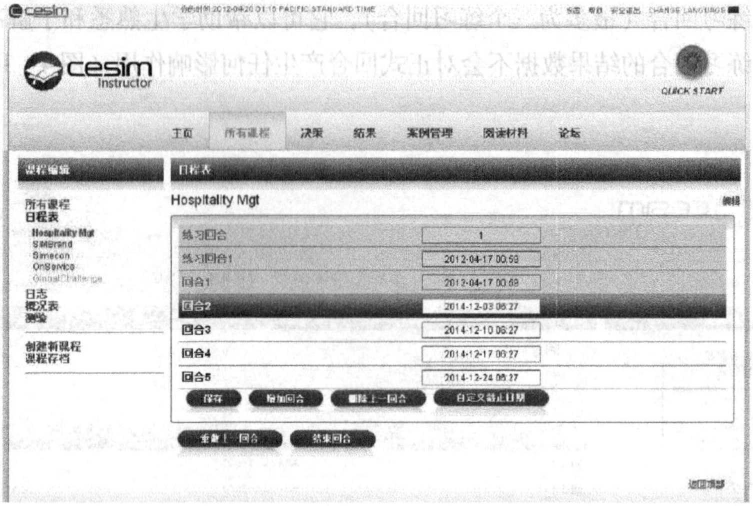

图 4-15

点击日程表页面左上角“编辑”键，教师可以进入日程表编辑页面，修改正在进行回合的截止日期和时间。

教师也可以在此增加新的回合，或者删除回合。每个课程最多可以进行 12 个回合。教师可以根据课程需要，随时进行时间表调整、增加回合和删除回合。

如有需要，教师可以在日程中添加模拟课程以外的其他截止日期。点击“自定义截止日期”后，教师可以在日程表中添加/插入课程中的其他事项的截止日期，如提交小组报告的截止时间等。

教师可以为学生设定三个练习回合。通常，学生在 1～2 个练习回合后，就可以熟悉课程界面和了解决策制定过程。

最后，请点击“保存”，完成日程表编辑/更新日程表。

(二) 日志

日志页面中详细记录每个学生和每个小组登录并在线进行模拟课程的总时间，其中也记录了学生的注册时间和上次登录时间。日志可以查看学生进入模拟课程的活动时间等信息。

(三) 概况表

概况表中显示每个小组的主要经营结果数据，如：股价、股东累计回报率（平均）、本回合利润和已动用资本回报率。同时，也可以查看每个小组所有学生的名字、学号和小组登录时间总计信息。表格底部的“下载至 Excel”可以将当前课程中所有团队、所有小组的概况表信息下载至电子表格进行整合，以便可以更全面地查看所有的信息（图 4 - 16）。

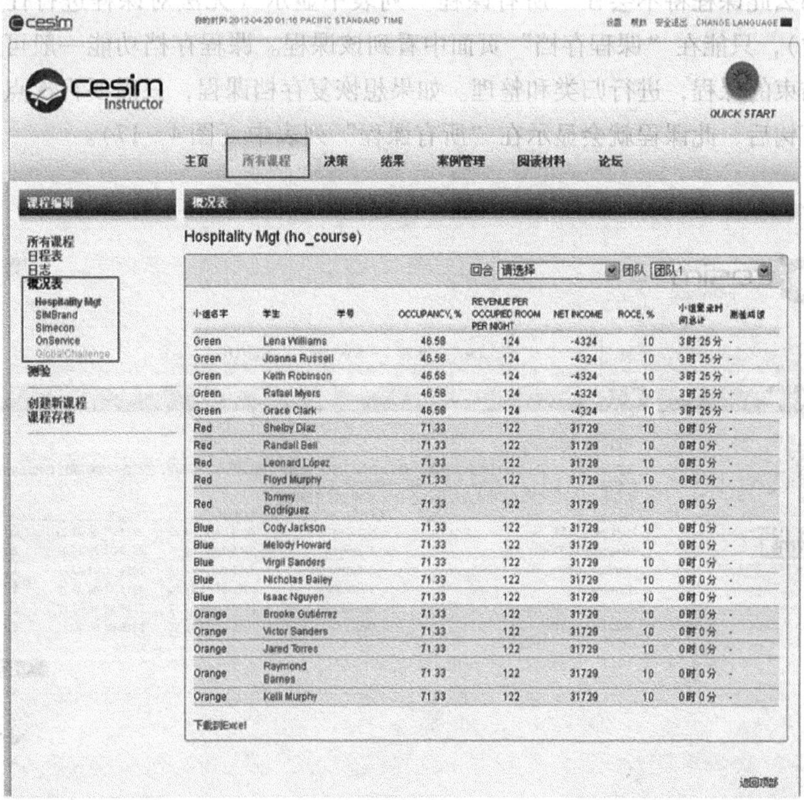

图 4 - 16

（四）测验

目前测验题只适用于 Global Challenge 用户（仅限英文版）。

测验的目的在于了解学生是否已经理解模拟课程平台各项操作和作用。

教师可以在“测验”页面中点击“指定”作为当前选择的课程指定测验，随后学生可以在各自的学生平台的主页中看到此测验信息。当学生完成和提交测验后，他们将不能再次进行修改。

测验成绩计分准则为：每个选项为 1 分，有些题目为多选题。比如，一道问题有 5 个选项，这一题总分则为 5 分。学生可以在选择正确的选项中得到一分，或在未选择的错误的各选择中得分。

（五）课程存档

课程存档页面中，可以看到所有课程列表，课程后面方框有绿色钩的课程为已存档课程。如果想存档任何课程，只需要在该课程方框中点击打钩并点击保存。那么此课程将不会在“所有课程”列表中显示（无法对课程进行任何管理和修改），只能在“课程存档”页面中看到该课程。课程存档功能一般可应用于已经结束的课程，进行归类和整理。如果想恢复存档课程，只需要再次点击方框取消打钩后，此课程就会显示在“所有课程”列表中（图4－17）。

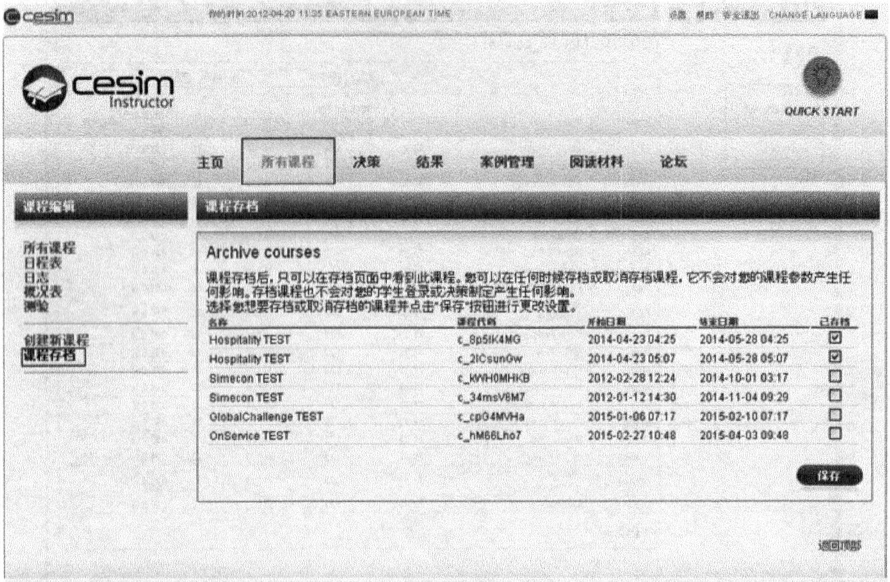

图4－17

请注意：课程存档功能只是在教师平台转移了课程，帮助教师整理课程，不会对学生操作界面有任何影响。

四、决策

在“团队决策”页面中，教师可以查看每个小组的小组决策内容。这些小组决策是每个小组最新的保存内容，它将用于当前回合的竞争和计算。

在“小组决策区”页面中，可以点击小组名称，直接进入该小组的小组决策区域中进行查看。

“决策保存”页面显示了所有小组所有回合的决策保存/修改的详细信息，包括决策保存者、保存时间、决策制定者、修改者和修改时间。

“市场前景”页面中，可以看到在学生界面中所有回合的市场前景的信息，了解整个模拟市场发展趋势（图4－18）。

图 4 – 18

五、结果

“学生结果”页面中显示了根据每个小组保存和提交的决策数据后，产生运营效应的结果。

在团队和回合选项。在下拉菜单中，选择需要查看的课程和团队，然后在第二个下拉菜单中选择需要查看的指定回合。

当前回合结果预览（当前回合还在进行中，回合截止日期还未过）。在第二个下拉菜单中，选择当前正在进行的回合（最后的一个回合选项），并点击蓝色的“更新”链接，可以预览根据目前各小组保存的决策，将会出现的结果数据。

在各结果标签中，可以自由地点击切换查看各项结果数据信息（财务报表、财务指标、市场报告、生产报告和成本报告），也可以点击“下载”将结果数据下载至 Excel 表格中，或以幻灯片形式查看结果数据图，还可以点击“可打印版本”将结果数据以清晰的可打印的形式在新的浏览窗口中显示。

结果查看。每个结果区域都显示了相应的数据结果。教师可以在“决策制定指南”中查阅这些数据的解释和计算（图 4 – 19）。

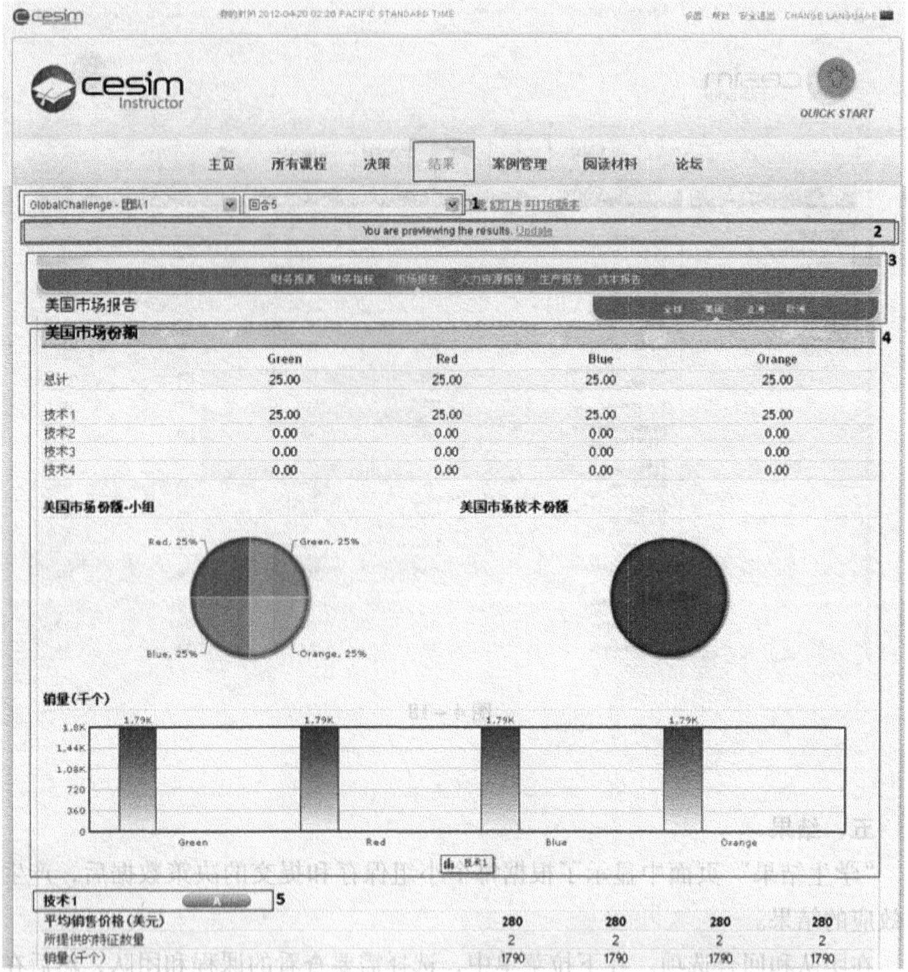

图 4－19

在教师平台中，可以在各市场报告中找到“A”图标，这是指导教师专有的分析表图标。点击“A”图标，可以打开“相对于市场平均水平的需求效应”分析窗口，这些数据可以帮助教师更好地理解学生决策结果。分析中一些数据可以有助于了解模拟中影响市场需求的主要因素，进一步分析结果数据或解答一些学生提出的疑问。学生界面不会显示此分析功能（图 4－20）。

例如，有的学生会问为什么我们的定价比其他小组低，但我们的市场需求却不如他们高呢？定价只是影响需求的因素之一，除此之外还有其他不同的影响因素，如广告、特征等。这些都会对市场需求产生作用，也会给股价带来波动。

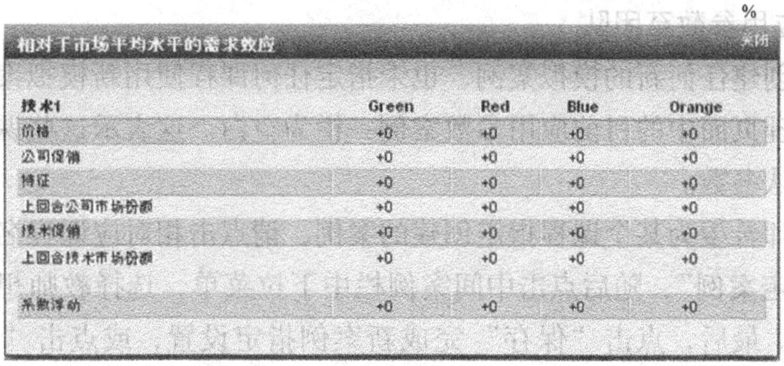

图 4－20

六、案例管理

案例管理中可以修改与模拟相关的参数，创建模拟案例。

请注意在修改模拟参数，创建模拟案例后，需要对课程进行“重新初始化课程”设置，更新模拟课程起始点和初始回合数据。如果想改变模拟课程中的参数，可以进入“教师的参数设置”页面点击相应课程中的“参数”。

如果是首次应用模拟课程，建议选用设定的标准（默认）模拟案例，直接创建课程，无须进入“案例管理”页面进行修改或制定任何参数。

（一）创建新的模拟参数

首先，需要创建一套新的模拟参数，并将它指定到相应课程。或者，使用一些以前的模拟参数。在创建新的模拟参数页面中，输入新模拟案例的名称。然后选择模拟案例的课程类别，最后，点击“创建”完成（图 4－21）。

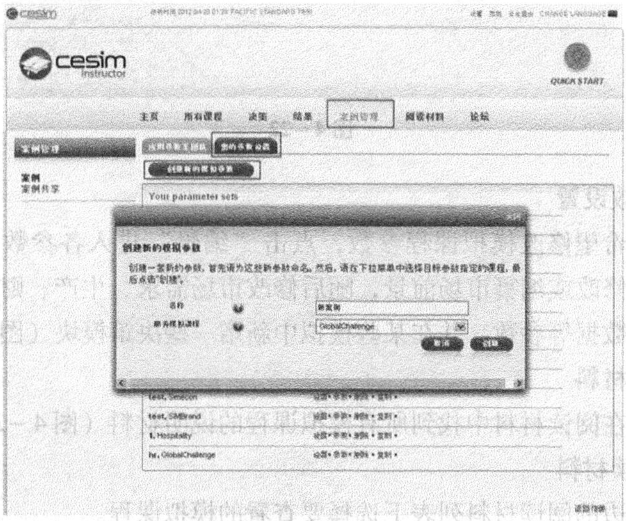

图 4－21

（二）应用参数至团队

如果未创建任何新的模拟案例，也未指定任何课程使用新模拟案例，可以看到在案例管理页面中的目前应用参数案例一栏为空白。这表示这些课程应用的参数为系统默认参数。

如果教师希望为某个课程指定创建的案例，请点击相对应课程名称后面设置栏中的“指定案例”，随后点击中间案例栏中下拉菜单，选择教师想要指定的新的模拟案例。最后，点击“保存”完成新案例指定设置，或点击“取消”恢复到以前的设置。

只要教师为某一课程指定新的模拟案例，教师就会在中间的案例栏中看到信息。而之前的“指定案例”按钮将变成“案例更改”。删除课程中指定的新模拟案例，只需点击“案例更改”，在案例栏的下拉菜单中选择空白，最后点击“保存”完成修改（图4－22）。

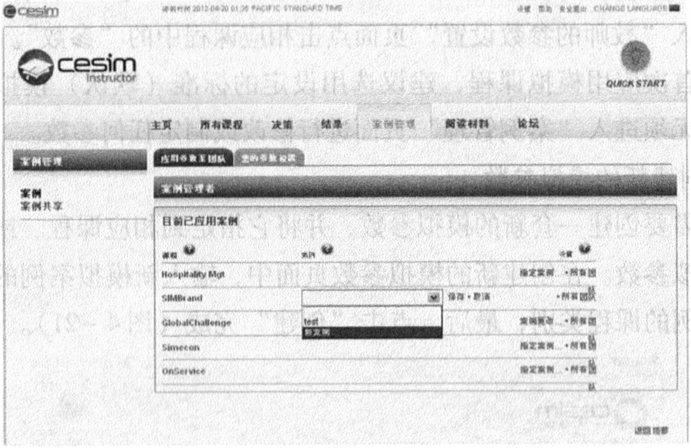

图4－22

（三）参数设置

如果教师希望修改模拟课程参数，点击“编辑”进入各参数修改页面。首先，教师可以修改或编纂市场前景，随后修改市场需求、生产、财务和物流、研发、初始回合数据等参数，并在某些模拟中新增一些决策模块（图4－23）。

七、阅读材料

教师可以在阅读材料中找到所有模拟课程的说明材料（图4－24）。

（一）阅读材料

在页面左边的阅读材料列表下选择要查看的模拟课程。

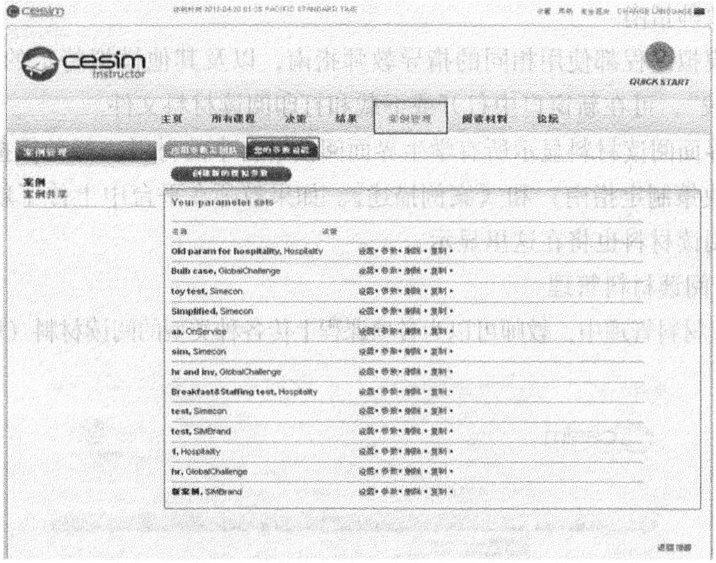
cesim
Instructor
QUICK START
主页
所有课程
决策
结果
阅读材料
论坛
案例
案例共享
Your parameter sets
Old param for hospitality, Hospitality
Bulb case, GlobalChallenge
toy test, Simecon
Simplified, Simecon
aa, OnService
sim, Simecon
hr and inv, GlobalChallenge
Breakfast&Staffing test, Hospitality
test, Simecon
test, SIMBrand
1, Hospitality
hr, GlobalChallenge
新案例, SIMBrand

图 4－23

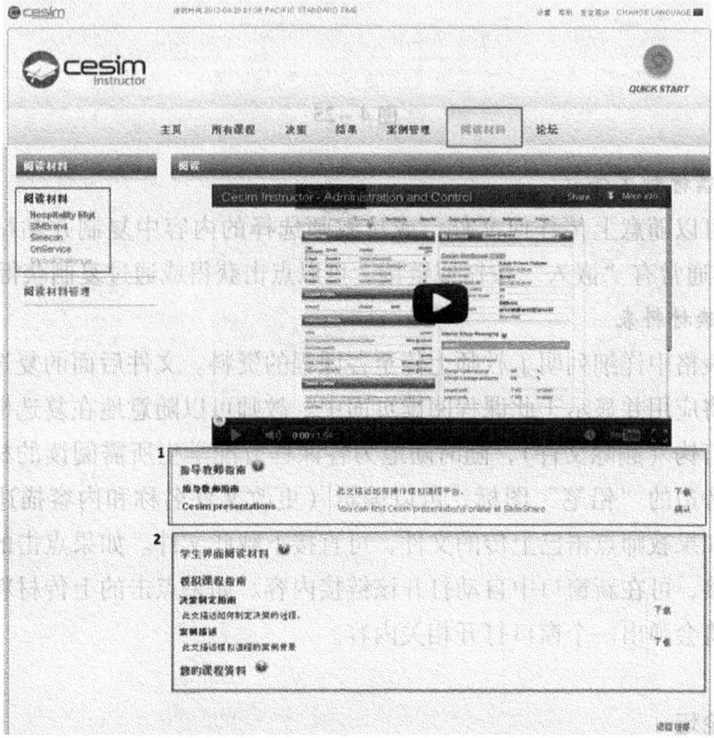
cesim
Instructor
QUICK START
主页
所有课程
决策
结果
案例管理
论坛
阅读材料
阅读
Cesim Instructor - Administration and Control
Hospitality Mgt
SIMBrand
Simecon
OnService
阅读材料管理
1
指导教师指南
Cesim presentations
You can find Cesim presentations online at SlideShare
2
学生界面阅读材料
模拟课程指南
决策制定指南
案例描述
我的课程资料

图 4－24

指导教师指南

所有模拟课程都使用相同的指导教师指南，以及其他模拟特定的阅读材料。点击“下载”，可在新窗口中打开或下载和打印阅读材料文件。

学生界面阅读材料显示所有学生界面阅读平台中的材料。每种模拟课程都有各自的《决策制定指南》和《案例描述》。如果教师在平台中上传了新的阅读材料，新增阅读材料也将在这里显示。

（二）阅读材料管理

在阅读材料管理中，教师可以为各项课程上传各种类型的阅读材料（图4－25）。

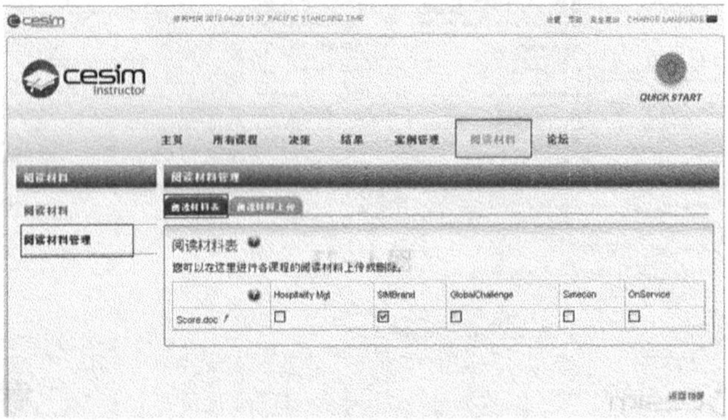

图4－25

1. **阅读材料上传**

教师可以随意上传任何文件，或从教师选择的内容中复制并粘贴嵌入代码（这些内容通常有“嵌入”按钮或链接，可以点击获得或通过复制获得代码）。

2. **阅读材料表**

资料表格中详细列明了教师上传至各课程的资料。文件后面的复选框打钩表示该文件将应用并显示于此课程阅读页面中。教师可以随意地在复选框中选择打钩或取消打钩（删除文件），随时随地为各课程分配学生所需阅读的材料。点击每个文件旁边的“铅笔”图标，可以编辑（更改文件名称和内容描述）或删除此材料。如果教师点击已上传的文件，可直接下载此文件。如果点击的上传材料是一个链接，可在新窗口中自动打开该链接内容。如果点击的上传材料是一个嵌入文件，将会弹出一个窗口打开相关内容。

八、论坛

在模拟课程中，教师和学生、学生之间可以通过“论坛”互相进行交流和讨论。模拟课程平台中有两个类型的论坛：课程论坛和小组论坛。另外还有一个专为教师与 Cesim 进行交流的指导教师论坛。教师可以在此平台中获得 Cesim 的最新信息。

（一）课程论坛

所有课程的参与者都可以查看课程论坛中的信息。教师可以在课程论坛中发布课程指导内容或一些与课程相关的通知。学生也可以通过课程论坛提出他们的问题，以便所有课程参与者共同讨论和交流。课程论坛中一旦有新的讯息，学生可以马上在主页中看到新信息的通知（较 4 - 26）。

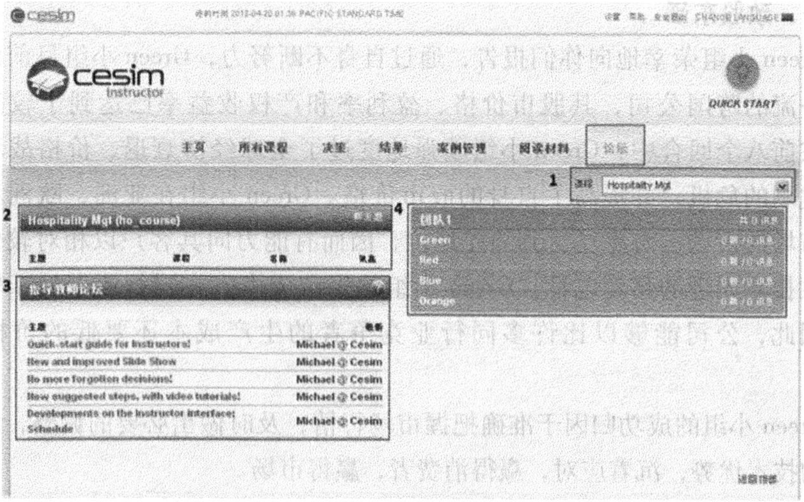

图 4 - 26

（二）指导教师平台

仅供指导教师与 Cesim 的交流讨论和知识的分享。点击讯息主题可直接进入讨论主题的内容。

（三）小组论坛

小组论坛中的内容只供小组内部成员查看和交流，作为指导教师也可以查看和发布讯息，与小组进行个别交流和讨论。学生可以使用小组论坛互相讨论模拟课程中的问题，如战略部署或工作分配等。

只有教师将讯息标记为“已读讯息”，否则论坛中的讯息将一直保持“新”的标识状态。请尽量在阅读或回复讯息后，将其标记为“已读讯息”，这样将有助于讯息管理。

附录

商务决策模拟报告

国际经济与贸易专业：代端轩

一、致股东函

Green小组荣幸地向你们报告，通过自身不断努力，Green小组目前已成为一个一流的跨国公司，其股市价格、盈利率和产权收益率已达到了较高的水平。在前八个回合中，Green小组顽强地度过了全球经济衰退、价格战和产业投资过剩的危机，并提高了自身的股市价格。Green小组在亚洲、欧洲和美国三大市场的市场占有率已达到领先地位，因而有能力向其客户以相对较低的价格提供技术先进的移动电话。Green小组的生产成本也在同行业中处于较低水平，因此，公司能够以比许多同行业竞争者的生产成本还要低的价格出售手机。

Green小组的成功归因于准确把握市场行情，及时做出必要的调整，立足于自身的技术优势，沉着应对，赢得消费者，赢得市场。

Green小组注重通过稳定的增长来最大限度地增加股东回报。Green小组的平均累计股东回报率已达1298%，领先所有同行。Green小组的周密策划使其避免了由于产业投资过剩带来的毁灭性影响。公司的工厂规模扩大也保持在和市场增长同步的水平，成功地做到了产销匹配。在技术1和技术4产品的发展上，由于建厂和立足于自主研发上，因而后期避免了大量不必要的资本支出。相反，我们的竞争对手们对此措手不及，尤其在技术4的生产成本上有明显的价格优势。

通过12个回合的不断探索、努力和总结经验教训，Green小组已处于有利地位，并有信心确保在移动电话行业的领先地位。

二、公司概况

通过努力，Green小组已由小型移动手机制造商发展成为全球化的多样化移动电话制造商。作为全球一流的跨国集团，Green 小组的生产能力已分布在美国和亚洲。

为了最大限度地增加股东回报，Green 小组致力于维护稳定的可持续发展。Green 小组通过立足于自主研发新技术，在延长产品生命周期的同时还降低了单位生产成本。

三、财务业绩回顾

（一）财务指标

经过 12 个回合的努力奋斗，Green 小组已经具备了一定的财务优势。这个优势反映在如下三个比率上：资金周转率、盈利率和财务杠杆系数。这三个比率决定了公司的资产收益率。

资产收益率（ROE）＝盈利率×资金周转率×财务杠杆系数

1. 盈利率

12 个回合过后，Green 小组的盈利率达到了 10.25%，虽然不及其他公司高，但一直保持稳定上升态势。

2. 资金周转率

Green 小组注重扩大销售额。销售额的增长是衡量公司资产经营效率的标准。每一元资产产出的销售量越大，公司的经营效率就越高。Green 小组注重销售额增长的同时，也确保了公司的资金周转不因为追求高额利润而受影响。资产周转率较高（见图 1）。

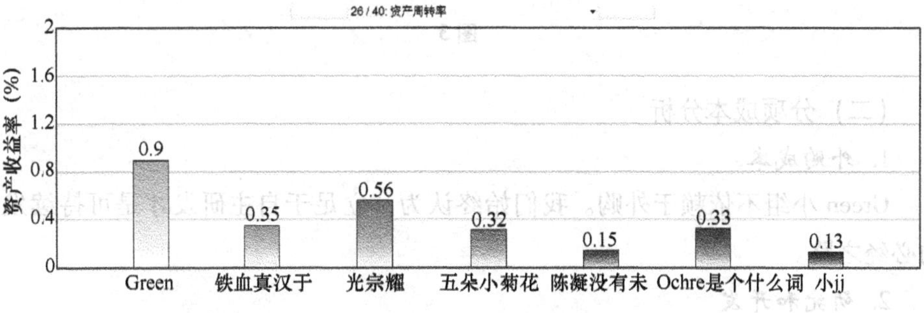

图 1

3. 全部资产/净资产

Green 小组的净资产高居同业之首（见图 2）。

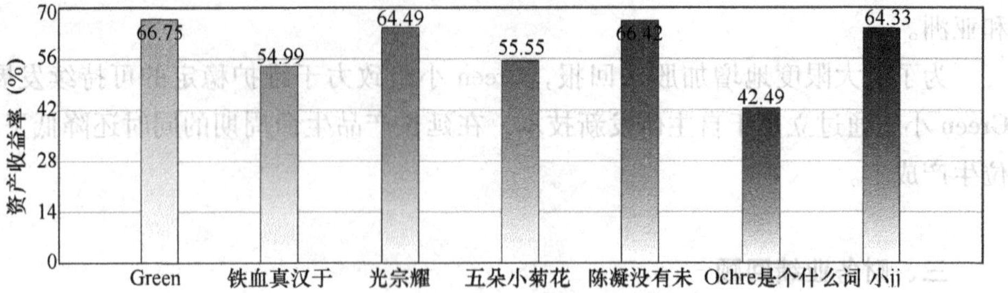

图 2

4. **产权收益率**

Green 小组的产权收益率取决于盈利率、资金周转率和财务杠杆系数三者的结合。Green 小组 12.98% 的资产收益率（ROE）远超过了其最接近的竞争对手（见图 3）。

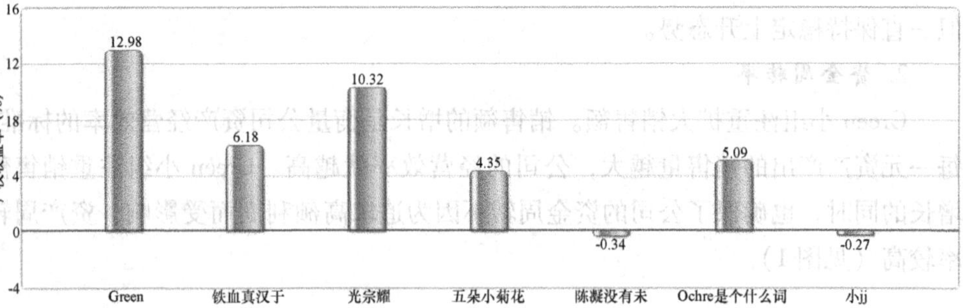

图 3

（二）分项成本分析

1. **外购成本**

Green 小组不依赖于外购。我们始终认为，立足于自主研发才是可持续发展的必经之路。

2. **研究和开发**

Green 小组始终致力于研究和开发上。通过自主研发，Green 小组能够迅速降低生产成本曲线，从而降低成本，获得可持续发展。

这点在技术 4 的生产上尤显重要，通过技术 4 的不断研发，最终 Green 小组在这个技术的生产上没有获得最大利润。

3. 现金储备

Green 小组目前在管理现金收入和支出方面做得不是很好。现金储备仍有待提高。

由于市场基本稳定，Green 小组已进入成熟的决策期，为使自己能够灵活地应对市场变化，Green 小组接下来更要把握市场行情。

四、股票价格指数

股票价格受四个因素的影响：销售额的增长、市场占有率、EBITDA 和技术能力。经过 12 个回合的观察，我们发现这些参数在很大程度上影响着企业的股票价格。

（一）销售额增长和市场占有率

12 个回合结束后，Green 小组的全球市场份额已达 32.83%，位居第一（见图 4）。

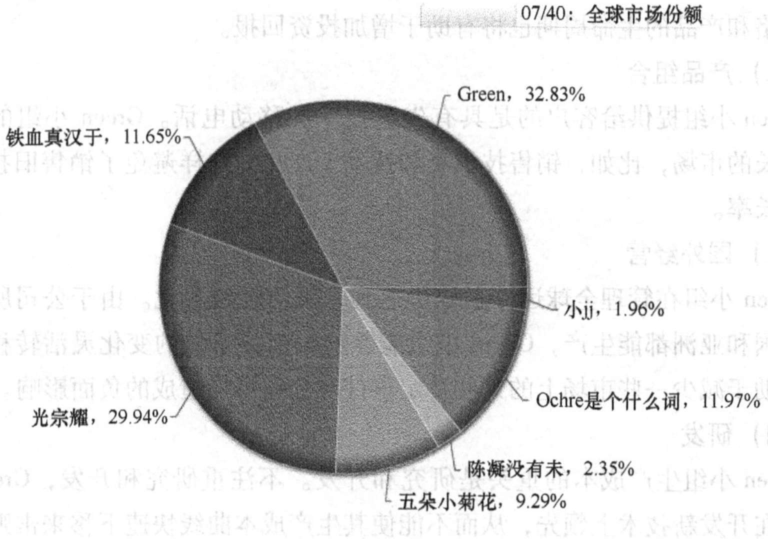

图 4

（二）EBITDA

EBITDA 是一个利润衡量指标，即未计利息、税项、折旧及摊销前的利润。EBITDA 指标的含义是净利润和所得税、固定资产折旧、无形资产摊销、长期待摊费用摊销和偿付利息所支付的现金之和。股价反映现金流转而不是盈利。盈利率以净收入衡量，其中也包含了一些非现金的支出，如折旧费。因此，盈利率不能用来衡量公司业绩。EBITDA是公司业绩好差的度量标准。

（三）技术能力

尽管研发在损益计算中被当作一项开支，但它更近似于资本性资产。因此市场把它看成非现金的开支。

Green小组把重点聚焦在使销售额增长、EBITDA和技术能力的最大化上。而不是净利润，这些才是公司股价的驱动力。把目光聚集在这些指数上，使得我们小组具有了更强健的竞争优势。

五、经营管理的讨论和分析

（一）全球市场状况

需求疲软、供给过度、价格竞争和短暂的产品生命周期——这四个因素困扰着移动电话市场。由于七家公司参与竞争，移动电话市场是一个竞争激烈的市场。竞争激烈的市场必然在研究和开发上受到压制，从而不能满足客户求新的需求。价格和产品的生命周期也将有助于增加投资回报。

（二）产品组合

Green小组提供给客户的是具有先进技术的移动电话。Green小组的目标是快速增长的市场，比如，销售技术4和技术1产品。这样避免了销售旧技术带来的负增长率。

（三）国外经营

Green小组在管理全球运作上尽量达到了灵活性最大化。由于公司所有的产品在美国和亚洲都能生产，Green小组能够针对市场条件的变化灵活转移生产基地，有助于减少一些市场上的某些特定事件对公司可能造成的负面影响。

（四）研发

Green小组生产成本的重头是研究和开发。不注重研究和开发，Green小组就不能在开发新技术上领先，从而不能使其生产成本曲线快速下移来击败竞争对手。经过策划，公司不用花费大笔的费用获取生产新技术的能力。通过周密计划，这笔费用可以分好几年花，从而降低了获取新技术的总成本。

（五）市场占有率

Green小组致力于最大的综合市场占有率，即使这意味着牺牲短期的盈利率。拥有一个大的市场占有率增加了公司对市场的控制能力，于是产生一个螺旋效应：市场占有率上升，需求也增加，从而进一步提高市场占有率。除了增加市场需求，市场占有率的提高代表着产量的提高。如前所述，产量的提高会降低生产成本。同时各种新技术的市场占有率也应提高。新技术拥有最陡的生产成本曲线，生产成本差异最大，先动者在生产成本上优势也最大。

六、竞争对手分析

Green小组发现移动通信行业竞争激烈，为了在这个环境下取胜，公司必须了解竞争对手的强弱点，并对这些强弱点将怎样影响自己团队的战略定位做出估计。例如，产品需求与竞争公司间的技术能力直接相关。当多个公司拥有同样水平的技术能力，Green小组销售该技术移动电话的能力就会显著下降。

与竞争对手相比，Green小组已在生产成本上拥有相当大的优势。然而，这个竞争优势不会永久持续。Green小组强劲的对手“光宗耀组”的利润非常高。Green小组也在不断摸索、总结经验，不断追赶“光宗耀组”的脚步。

在竞争激烈的移动通信行业，一个公司的运营举措不仅取决于本身的能力，而且取决于竞争对手的能力。因此，公司做决策时重视进行均衡相对比较。通过运用“博弈论”，Green小组有效地避免了威胁。从相对的角度来讲，Green小组受益匪浅。区分绝对和相对是“博弈论”的关键，也是Green小组重要的取胜之道。

七、经营前景展望

Green小组期望整个行业的需求在下一个回合会增加。Green小组的全球市场占有率已达32.83%，是7个小组中市场占有率最高的。为了降低产能利用率，而不危及Green小组的市场领先地位，Green小组将生产高附加值产品。这意味着从技术1转向技术4。由于技术4产品是未来移动手机市场的发展走向，所以这种策略将会带来较积极的影响。

八、模拟学习成果

（一）后勤管理

管理一个在全球多个区域运作的公司是极其复杂的。这种复杂性在参加模拟学习前未必能完全觉察到。全球化的公司必须处理一系列本国公司永远也不会遇到的问题。这些问题包括如何管理转让价格以避开所得税，在各分部间管理现金流动以应对短期需要，以及转移生产基地以利用优惠的生产要素成本。

（二）市场需求

市场需求由许多因素决定。除了简单的价格和市场营销以外还有其他因素。需求不仅取决于价格和市场营销，而且取决于竞争对手的行为和存在的市场占有率。模拟学习为我们提供了一个动态的学习环境，让我们切身体会到这些在模拟学习之前不曾了解的道理。

（三）竞争对手经营动向

在经济世界里，竞争者的动态是不可预测的，在许多情况下甚至是无理性的，所以要做出将竞争对手的经营动向考虑在内的决策是很难的。Green 小组采取立足于本公司实际情况和世界经济走向，积极主动地做出相应对策，产生了意想不到的效果。

（四）风险评估

Green 小组在第三次决策失误后，一度落后于其他六个小组。这期间，小组努力规避风险追赶大家，但结果并不理想，直到第九回合情况才慢慢好转。从第九回合开始，Green 小组位居第二，并逐渐缩小与第一名的差距。12 个回合过后，Green 小组以 122.43M 的利润取得了第二名的好成绩（见图 5）。

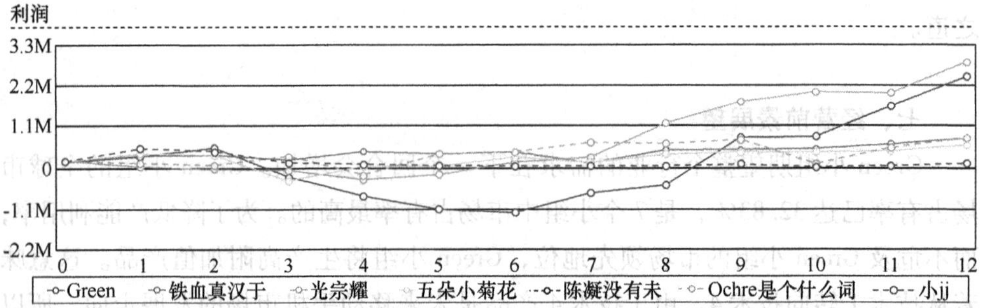

图 5

（五）学习

Green 小组在模拟的初始阶段就意识到了学习的益处。通过学习，可以避免重犯自己和竞争对手已犯过的错误。Green 小组不断积累经验，避免了犯同样的错误。

通过 12 个回合的不断探索、努力和总结经验教训，Green 小组已处于有利地位，这些都是不断学习、获取经验教训而取得的成果。

（六）备注

芬兰 Cesim Global Challenge 的强大软件，为我们在培养管理技能上提供了极其优越的环境。它让我们接触、体会到如何在特定的商业环境下做出正确的决定，并培养了一定的商业技能。从开始的不知所措，到后来渐渐摸索经验，12 个回合下来，收获颇多！感谢老师为我们提供这次难得的机会，并细心指导每个小组的商务模拟决策！

CESIM 模拟结果报告

国际商务专业：陈昊昌

一、致股东函

很高兴地向各位股东报告，我们的公司成功地跻身于世界移动电话销售公司的前列。从开始运营到最后拥有广大市场，我们经过了一个非常艰苦的过程。公司一直把股东回报率作为第一要点进行运营，这是本公司能够最终位居前列的根本原因。正因为树立了这个目标，我们的资金运行才能保持流畅，并在每一阶段争取最大化的利润回报。

我组在一开始选择了贷款建厂与大力研发新技术，以求在未来实现产量领先与技术领先的双重优势占领市场，然而产业的发展并不像我们预期的一样。由于初期的贷款使得公司负债增加，资金因此流动不畅，无法自己生产足够的产品。为了销售产品争取利润，我们只能继续贷款生产，使得资金进入恶性循环中。

中期，我组充分意识到减少高利率短期贷款的重要性，并以长贷还短贷的策略逐步实现资金的正常运行，累计亏损的状态也逐渐减少而变为盈利。

后期，我组坚定不移地实行上述策略，并在短期贷款填补后发行公司股票，继续填补长期贷款。让资金更加“灵活”流通，并最终以较高利润回报股东。

由此可见，我组具备较强的策略变化性与销售运营能力以及冷静的抗压能力，是股东可以信任的团队！

二、公司概况

作为主打技术牌的跨国销售公司，我组着重开发技术 3 与技术 4，并准确洞察亚、欧、美市场技术变化，以赢得先机，这是我组实现占有市场目标的第一步。其次，在成本上的控制则是我组成功的第二步。我们认真考虑了各地区、各时段手机生产费用的高低，尽量选择低成本生产并实现相对的低价格销售，自然而然地占有大部分市场。最后，我公司根据三个地区的国际关系选择生产、物流线路，决定生产配比。例如，美国与中国的政治问题会影响我们对于技术 3、技术 4 的生产分配，而相对稳定的欧洲则是销售商品的首选地。这是我们销售策略的一种体现。

三、财务业绩回顾

(一) 财务指标

在12个回合以后，我组具备了较强的财务优势。公司市值达到21 340 599千美元；已发行股票49 800万股；每股交易价格428.5美元；市盈率10.8%；累计股东回报率7.24%。折旧和息税前营业利润（EBITDA）45.00美元；息税前利润（EBIT）42.79美元；销售回报率（ROS）33.51美元；权益率59.42美元；本债比 -72.42；已动用资本回报率（ROCE）53.93美元；股本回报率（ROE）91.44美元；每股盈利39.50美元。(数据如1、表2)

表1 公司财务指标

公司市值（万美元）	2 134 059.9
本回合末已发行股票数（万股）	4 980
本回合末每股交易价格（美元）	428.5
本回合每股交易价格（美元）	360.2
股息	0.00
市盈率（%）	10.8
累计股东回报率（平均）（%）	7.24

表2 公司主要金融指标

折旧和息税前营业利润（EBITDA）（美元）	45.00
息税前利润（EBIT）（美元）	42.79
销售回报率（ROS）（%）	33.51
权益率（%）	59.42
本债比（传动比率）	-72.42
已动用资本回报率（ROCE）（%）	53.93
股本回报率（ROE）（%）	91.44
每股盈利（EPS）（美元）	39.50

(二) 分项成本分析

在第12个回合的销售经营之后，公司在全球市场份额是9组中最高的(18.44%，其中技术3占13.07%，技术4占5.37%)，技术3在全球技术份额中占据49%的比重。小组预测技术3将是全球市场的主流技术，所以我们决定努力在技术3产品上建立成本优势。我们的成本相较于其他8个组有明显优势，平均生产成本仅为35美元，所以在美国、欧洲、亚洲都将成本上的优势转化为价格、技术双重优势，以及大量的广告投入，迅速占领市场，并通过不断地研发对技术3进行技术升级，避免了恶性价格战导致的全球市场利润萎缩。在技术4方面，公司在美、欧、亚同样努力建立价格和技术的双重优势，但是由于在成本上陈斯组相较于其他8个组有明显优势，公司生产成本平均为150美元，与陈斯组的70美元有明显差距，所以在技术4的比拼中落于下风。

在生产方面，我们拥有32个生产工厂，在9个组中位居第二，在生产总数上也是9个组中最多的；生产能力利用上，在技术3和技术4方面都有93%的利用率。我们基本完成了生产产品销售任务，基本不存在滞销或者脱销的情况。(见图1、图2、图3)。

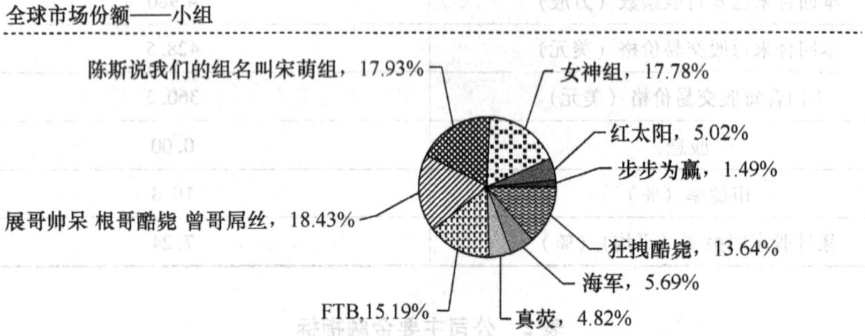

图1

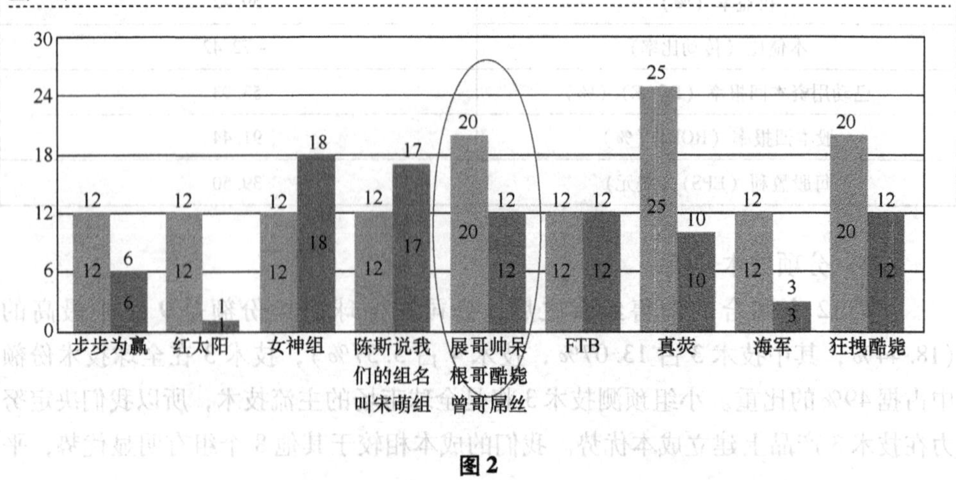

图2

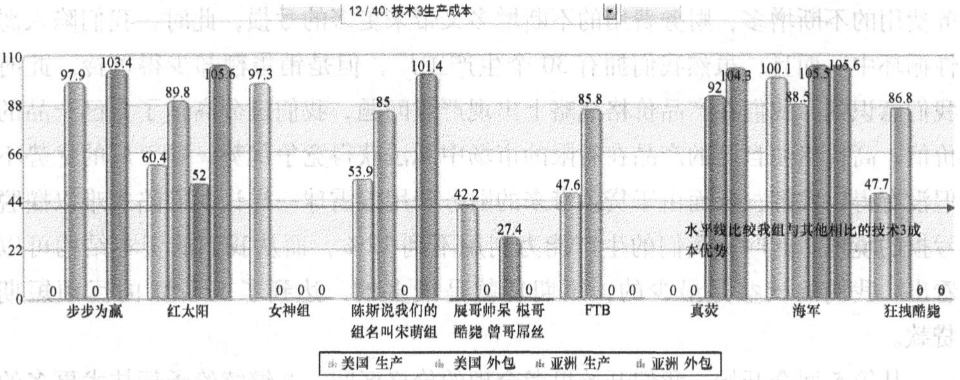

图3

四、股票价格指数

实际上，由于开始在战略上模糊不清，公司股价从首回合的185美元降至第四回合的36.5美元。原因是：我们首回合在美国建厂8个，在亚洲建厂10个（9个组里最多），而生产利用能力只有30（位列第6名），过高的定价也使得我们的全球市场份额仅为5.36%。生产费用大幅超出而销售数量惨淡，导致公司股价一直下跌。真正的大幅回升应该是从第8回合开始的。第8回合中，我们建造的工厂开始高效投入生产，利用率迅速回升。第8回合时，我们在美国的生产数量已经成为9个组里的第一位。而后一回合的美国生产利用能力更是跻身前三甲！之后股价持续攀升，最终于第12回合达到了每股428.5美元。

五、经营管理的讨论和分析

影响移动电话市场销售的因素有三个关键点：生产供给、市场需求和产品的生命周期。

小组就是从这三个方面改进调整，终于扭亏为盈，取得了不错的成绩。

我组在回合1没有做出正确决定，建造了很多厂房，产生了负债。又由于我们过高估计了市场的需求，错误地定了高价，使得我们的全球市场份额只占不足6%。累计股东回报率为－62.49%（倒数第一）。

第2至第4回合，我们虽然认识到首回合的问题，但是由于对市场价格与需求又没有正确把握，收入仍然无法弥补亏损，到了第4回合，我们的亏损额高达191 406万美元。

息税前利润（EBIT）达到了－188 991.8万美元。巨额亏损带来下一回合财务费用的不断增多，财务费用的不断增多又带来更多的亏损，此时，我们陷入恶性循环中。而且，虽然我们拥有30个生产工厂，但是销售额却少得可怜。此时我们意识到，我们在产品价格战略上出现严重问题，我们过分高估了自己产品的价值，高价格使自己的产品在有限的市场中无法获得竞争优势，建工厂的优势不但没有得以发挥，反而由于贷款带来的财务费用滚雪球一样让我们陷入难以摆脱亏损的境地。此时，我们的生产能力利用不到12%，而从我们的资本结构可以看出，我们的权益是最少的，短期贷款是最多的，达到了5.52M的巨额短期贷款。

从第5回合开始，我们开始思考合理的价格区间，并继续给予新技术更多的信心与市场。而事实上，在美国与欧洲的市场上，我们的方案终于得到了肯定，技术3在美国的销量遥遥领先于第二名。欧洲市场的效果更为明显，技术3明显领先不说，技术4也只是落后第一名0.17k的销量。折旧和息税前营业利润（EBITDA）由负的61 780.4万美元变为27 224.4万美元。说明我们在销售方面完全进入盈利状态。只用了一个回合（第六回合），我们的世界市场份额突破两位数，达到12.53%。从此，我们的市场份额一直处于前列。曙光终于出现在第8回合。我们实现了真正整体上的盈利（盈利47 700万美元）！这一回合，我们的销售额达到了9个组里最高数额。这源于我们支出了足已排到第三位的广告费用与研发费用。EPS也涨到了14.41。最终在第12回合，我们的全球市场份额终于达到了第一名的水平，占到了18.43%。此时技术3的全球市场份额已经占到近一半的比重，这也证明了我们给予技术3巨大的资金供给与市场推销是一个明智的选择。而此时我们的生产能力利用达到了93的高利用值！我们在美国与亚洲技术3的生产成本是最低的，为我们制定合理价格提供了巨大的帮助，也是我们能够在本轮抢占市场的根本原因之一。我们在开局非常不利的条件下，最后以第五名的成绩完成了我们的整个销售活动。

六、竞争对手分析

后期的进步，让我们有信心接受任何一个对手的挑战，但是我们也注意到对手在运营过程中的变化，以便在这场“博弈”中取胜！

各个小组在开始相比我们有巨大优势，这样，他们相对保守地用技术1与技术2来争夺市场。我们则认为，既然开局明显落后，不如放手一搏，让开始盲目建造的厂房在后期充分利用上。于是，开发技术3、技术4的想法在一开始就产生了！我们要做的就是等待技术3与技术4旺盛的产品生命时期的到来。另一方面，我们关注对手的建厂时间与价格制定幅度，以此判断他们的价格战策略，做出我们的回应，我们清楚“技术+市场”等于利润的道理。

七、经营前景展望

公司已经拥有了良好的市场地位与足够的技术支持，因此，只要我们充分利用公司正在上升的价值（公司股票发行），增加广告费用的投入以稳固市场，保证需求，同时扩建厂房增加供给量，这样我们将越来越具有竞争力！

八、模拟学习成果

1. 市场需求

价格是影响需求的一部分，但不是全部。国家之间的汇率变动与政治关系也是判断需求的重要因素，变化的市场中没有唯一绝对的衡量标准。

2. 判断竞争对手经营动向

我们前期没有优势可言，因而改变了策略着重技术的研发。与此同时，我们认真分析对手对于技术3、技术4的资金投入。把策略制定出来，技术开始研发都只能是基础，实现良好结果的关键还是对于市场的把握，即能卖多少最重要。因此分析对手推广新技术的时间与投入的资金数量是我们实现这一目标的关键所在。最终在欧美市场技术4的占有率与亚洲市场技术3的高销售量，足以说明我们在高新技术市场抢占环节对于对手经营动向的预测是成功的。

3. 经营风险评估

过分保守地进行销售与推广，只会越陷越深！意识到这点，小组在首轮建厂的高贷款压力下选择技术研发，进一步给予自身资金压力，当时看是铤而走险的疯狂做法！但是在第8回合之后显示了它的价值。当技术3的时代到来时，我们的冒险做法给我们带来了更大的获取利润的机会。

九、备注

Cesim为我组成员提供了一个深刻体会经营管理与资金流通的重要环境。实际上，我们要面对的只会比这更多，每一个细节的忽略都会让你输得一败涂地，有什么比实践更能证明“商场如战场”！

最牛小组模拟决策报告

国际商务专业：鲁婷婷、关雅惠、送杰

一、致股东函

我们小组报告公司运营方针策略和目前取得的成绩。通过我们的努力，我们小组虽然没有成为全球市场的领头公司，但是我们尽最大努力去提高股本回报率，我们的股市价格、盈利率和收益率都取得了满意的成绩。在技术1领域，我们成功占有了全球大部分市场份额，在亚洲、欧洲和美国的市场占有率都取得了不错的成绩，我们的技术1产品的成本较低，而且有相当成熟的生产和销售方式，所以我们可以以低于同行业其他公司的价格出售手机，这是我们的一个优势。

我们小组的决策与公司的理念是分不开的：

"用最低的成本提供最好的手机。"

我们在遵循这一使命的基础上，做了一个大胆的决策，即目前只生产技术1产品。这个决定看似比较荒唐可笑，但是我们是在经过考量和研究后做出的决策。如果我们跟竞争者一样去争相开发新技术，我们会损失很多，而且有很大的风险。

其他公司没有意识到技术是可以外泄的，等一项技术成熟后，我们可以以很低的价格购买到这项技术，其他公司都在搞开发研究，就相当于很多人在做一个人就可以完成的事。这会造成人才和资源的浪费，所以我们目前只致力于技术1产品，而且从前几期我们的利润率看，我们的这个决策使我们的收益率领先于竞争者，我们的股东回报率是领先的。

我们还是很谨慎的，比如，在技术1产品的生产上，由于我们预测技术1产品的销量会很大，但是由于生产线路不够，所以我们把一部分产品外包，但是外包的成本必须小于我们的定价，只有这样外包才会有意义。

我们并不是不注重开发，只是在前期做好足够的现金储备，才不会让我们在后期投资时背负太多且昂贵的债务，我们现在可以做到在技术1上零研发费用，技术1的广告费用可以达到零成本广告费（前两期我们还做不到），使我们降低了成本，取得了定价优势，从而可以取得很大的销售额，实现薄利多销，等我们有了足够的现金储备，会致力于另一项技术的研究与开发。专注于一种产品，是我们的竞争优势。

目前，我们把重点放在扩大销售额和利润的增长上，导致股本回报率并不是很高，但我们已经有很大的市场占有率，公司已经有了无形的广告优势，这样可以为后来的产品节省昂贵的广告费用，并找到不错的销路。这是我们的策略目标之一。

实事求是地说，我们在决策上有很多不足，在实施及管理上存在很多漏洞。我们以后会取长补短，并学习其他公司的管理方式，形成自己的成熟的决策和管理模式，我们会在最低成本、最低价格目标的基础上，使股东权益最大化。

二、公司概况

最牛小组是全球化的公司，是一个跨国移动通信公司，致力于以最低的成本产出最创新的产品。从全球范围而言，公司仍属于小型移动手机制造公司（年销售额10亿美元）。公司在美国、亚洲和欧洲销售产品。生产和研发在亚特兰大，近期公司开始在亚洲建厂。几年前，调查在欧洲建厂的可能性，但由于欧洲复杂和不灵活的劳动法，使欧洲的工厂运营困难，为保证研发和生产的灵活性，公司的部分生产和研发已与外包商达成协议。

为了增加利润，最牛小组只致力于生产技术1产品，这样的做法可能不利于可持续发展，但这样可以使我们节省很多的研发成本，以更多的投资于技术1的多功能开发上，可以使我们短时间内的利润比竞争对手大，有利于我们建立工厂。由于我们致力于技术1的研究与开发，所以技术1的成本很低，可以使我们有定价优势，从而可以保证销量。我们采取薄利多销的模式，几个回合后占了全球绝大部分技术1的市场。由于只生产技术1产品，我们也有了比较成熟的生产线和比竞争对手简单化的公司管理模式，几年后，在技术1淘汰之前，我们会把之前较多的现金储备利用起来，集中精力研究开发新产品，或者引进高新技术转向专注于另一个技术产品的生产与销售。我们之所以专注于技术1产品，是因为我们既可以节省研究开发成本，又可以节省大量为宣传新产品而产生的广告费用，降低风险损失。

三、财务业绩回顾

1. 财务指标分析

经过几个回合的奋斗，最牛小组已经在财务指标上名列前茅（见表1、图1），并不落后于竞争对手，这反映在三个关键比率上，资金周转率、盈利率和财务杠杆系数，三个比率决定了公司的资产收益率。

资产收益率（ROE）＝盈利率×资产周转率×财务杠杆系数

表1 财务指标

	最牛小组	好虾米	Freedom	朱李颜	小鹤小诗
公司市值（千美元）	10 028 942	10 881 157	14 186 903	2 769 895	17 871 833
本回合末已发行股票数（千股）	40 000	30 008	42 300	53 000	60 399
本回合末每股交易价格（美元）	250. 7	362. 6	335. 4	52. 3	295. 9
本回合每股交易价格（美元）	208. 3	306. 4	296. 7	43. 2	204. 4
股息	0. 00	0. 00	0. 00	0. 00	0. 00
市盈率	20. 6	16. 3	18. 4	33. 9	13. 5
累计股东回报率（平均）	3. 85	8. 75	7. 73	-14. 63	6. 19

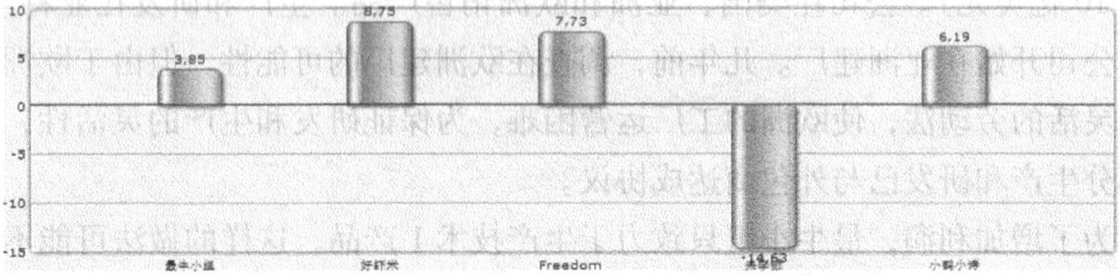

图1

2. **盈利率**

最牛小组在注重销售额的基础上，也注重盈利率，所以公司的盈利率达到了20. 6%，超过了大部分竞争对手。这个数字显示了定价和生产成本的重要性。即使我们只致力于销售技术1产品，公司的盈利率比竞争对手仍高出很多，这得益于技术1高市场份占有率。

3. **资金周转率**

小组注重扩大销售额。销售额的增长是衡量公司资产经营效率的尺度。每一元资产产出的销售量越大，公司的经营效率就越高。在注重盈利率的同时不能忽视资金周转。最牛小组在注重销售额增长的同时，也确保公司的资金周转不会因为追求高额利润而受影响（见表2）。

表2 主要金融指标

	最牛小组	好虾米	Freedom	朱李颜	小鹤小诗
折旧和息税前营业利润（EBITDA）	47. 01	47. 25	39. 32	29. 89	42. 88
息税前利润（EBIT）	43. 84	36. 27	30. 42	23. 60	34. 40

续表

	最牛小组	好虾米	Freedom	朱李颜	小鹤小诗
销售回报率（ROS）	38.08	27.57	24.56	3.56	29.98
权益率	88.33	61.59	81.99	N/A	94.17
债务股本比（本债比）	-93.61	-37.40	-70.27	N/A	-67.79
已动用资本回报率（ROCE）	13.04	22.41	14.54	28.12	16.01
股本回报率（ROE）	12.86	30.93	14.98	N/A	14.75
每股盈利（EPS），USD	12.15	22.21	18.27	1.54	21.88

4. ***全部资产/净资产***

财务杠杆率等于营业利润与税前利润之比。最牛小组的财务杠杆比率为1.34，我们的债券比率一直尽量接近50%，这种债券比率体现了公司资产结构的最佳化。

5. ***产权收益率***

最牛小组的收益率取决于盈利率、资金周转率和财务杠杆系数之和。小组88.33%的收益率远超过竞争对手，这是利润、资产使用和财务杠杆三者适度平衡的结果。

四、股本回报率

公司的主要目标是股东利益最大化，这个指标可以用股本回报率表示，由于我们只生产技术1产品，还有中间环节考虑不足，安排不合理，所以导致我们股本回报率并不高。

五、分项成本分析

1. ***外购成本***

与其他竞争对手一样，最牛小组也依赖于外购方式。外购通常要比内部自己生产的成本低（见表3），能让最牛小组的生产成本曲线下移。

表3 成本和费用 万美元

可变生产成本	124 848	494 567	779 404	727 395	1 420 833
功能成本	66 433	63 691	338 272	71 451	678 927
外包生产成本	310 009	407 293	371 828	491 061	0
运输和关税	56 602	65 809	64 596	62 487	131 900

续表

研发	0	0	93 324	0	0
广告	11 900	77 000	88 000	105 000	104 000
行政管理	106 103	166 993	173 350	149 756	182 627
成本费用总计	675 894	1 275 355	1 908 774	1 607 150	2 518 286

2. **研究和开发**

最牛小组在第一轮致力开发新的技术，经过公司高层决策，决定专注于技术1的开发研究，我们相信一心一意地做一件事，比广泛投资更专业，更有效率。也正是这一理念，在竞争对手，由于研发费用上投资很多，致使他们的成本很高，而且每个技术的市场占有率并不占优势。由于我们节省了研究开发费用，可以更好地利用闲置资金，建立工厂和生产更多的产品，并且可以以较低的价格进行销售。最终我们占领了全球大部分技术1的市场份额，而且取得了不错的利润成果。不过这个决定是有风险的，公司以后必须付出比别的公司更多的努力去研究开发其他技术产品。

3. **现金储备**

现金储备账户是以现金作为保障，提供周转不息的流动性以及损失补偿；该笔资金可以来源于债券的初始发行收入，如果资金耗尽，不时地通过剩余现金流补充，以维持其必要的余额。公司具备管理现金收入和支出的能力，目前，公司的现金储备并不落后于其他公司，作为流动性最强的资产，现金可以尽快地抓住市场出现的机会。例如，最牛小组可以利用这些流动资金新建工厂，增加生产能力，公司可以在购买工厂时不必背负昂贵的债务和发行新股。

六、股票价格指数

为了使股票价格和股东收益最大化，最牛小组在董事长鲁婷婷和财务总监关雅惠的带领下，积极研究分析公司及对方的财务报表，分析各种股票收益比率。股票价格受四个决定因素的影响：销售额的增长、市场占有率、EBITDA和技术能力。经10个回合的观察之后，我们发现这些参数在很大程度上影响企业股票的价格。在考察投资收益方面，小组在市盈率和市净率两个方面进行了分析，市净率越高，股票的价格越高；市盈率的分析有助于我们分析未来的市场前景，市盈率越高，股票市场的前景越好。

1. **销售额增长和市场占有率分析**

销售额增长和市场占有率对股价的重要性，可以从分析最牛小组的股价在第五年和第六年的变化中观察到。尽管最牛小组在第七年以后逐渐盈利，但这种盈利是建立在牺牲市场占有率和销售额增长的基础上的。结果最牛小组的股价并未上涨。同样的情况在第2回合也发生过。盈利而股价不变，其原因一定在于低销售额和低市场占有率对股价的负面影响。而低销售额在于我们的产品技术仅限于技术1，我们的产品虽然价格很低，但是已经被市场上其他的替代性产品追赶，所以市场占有率在逐渐下降。

2. EBITDA

股价反映出现金流转而不是盈利。盈利率以净收入衡量，其中，包含了一些非现金的支出，比如折旧费。因此，盈利率不能用来衡量公司业绩。EBITDA是公司业绩的更好度量标准。EBITDA不包括非现金的费用，是衡量股票增值的更好指数。

3. **技术能力**

科研和开发对公司的损益会有影响，但股票市场对此并不感兴趣。我们的技术能力还很欠缺，在技术1上，我们投入了很多的资金和人力资本，产品在技术支持上也存在需要更新换代的问题，虽然我们的净利润一直在增加，但是，在产品的技术方面还很欠缺，我们仍需要在技术2、技术3的开发上多做努力。

当我们的竞争对手把重点关注在如何达到更高的盈利率时，最牛小组把重点聚焦在使销售额增长、EBITDA和技术能力的最大化上。这些是公司股价的驱动力，而不是净利润。

七、经营管理的讨论和分析

1. **全球市场状况分析**

移动电话市场被四个因素困扰着：需求疲软、供给过度、价格竞争和短暂的产品生命周期。这些因素压制投资回报，造成市场上已有的8家公司中有4家濒临破产。如果这4家公司最终破产而撤出市场，将有助于改善生存下来的公司的投资回报。由于8家公司参与，移动电话市场是竞争很激烈的市场。竞争激烈的市场的研究和开发受到压制，从而不能满足客户求新的需求。随着这些破产公司的撤离，会形成一个寡头垄断的市场。寡头垄断市场的价格竞争会减弱，产品的生命周期也得以延长。这两个因素都将有助于增加投资回报。

2. **国外经营**

公司在美国、亚洲和欧洲销售其产品，生产和研发一直在亚特兰大，近期公司已经开始在亚洲建厂，几年前调查到欧洲建厂的可能性，但由于欧洲复杂和不灵活的劳动法，使欧洲的工厂运营会很困难，为保证研发和生产的灵活性，公司将部分生产和研发与外包商合作。我们公司非常重视跨国投资，希望能和世界上领先的公司竞争，取长补短！

3. **研发**

公司在产品的研发上还没很不到位，只在技术1中投入了很多资本，致使我们的产品几乎是技术1的密集型产品，所以我们在以后的经营中，不仅要重视对技术1的维护，还要更多地致力于更新的技术研发！

4. **市场占有率**

最牛小组致力于最大的综合市场占有率，即使意味着牺牲短期的盈利。拥有一个高的市场占有率，增加了公司对市场的控制。于是产生一个螺旋效应：市场占有率上升，需求增加，从而进一步提高市场占有率。除了增加市场需求，市场占有率的提高代表着产量的提高。如前所述，产量的提高会降低生产成本。那些拥有最大市场占有率小组的生产成本也是最低的。由于移动电话产品比较短的生命周期，公司要尽力争取更大的市场占有率，才能降低生产成本。

八、竞争对手的分析

移动通信行业竞争激烈，为了在这种环境中取胜，公司必须了解竞争对手的强弱点，并对这些强弱点将怎样影响自己团队的战略定位做出估计。例如，产品需求与竞争公司间的技术能力直接相关。当多个公司拥有同样水平的技术能力，最牛小组销售该技术移动电话的能力会显著下降。最牛小组是一个跨国移动通信公司，致力于低成本产出创新的产品。从全球范围而言，公司仍属于小型移动手机制造公司（年销售额10亿美元）。

与竞争对手相比，最牛小组已在生产成本上拥有优势。然而，这个竞争优势不会持续长久。强劲对手的生产成本已接近于我们的生产成本。此外，对手的生产能力要高出我们很多。拥有大规模生产能力，在市场疲软时是债务负担，比如当今市场；但当市场需求强劲时，就成了优势。拥有了较大的生产能力，对手就有能力更快地增加销售量，进而提高市场占有率。意识到这个威胁的存在，最牛小组已开始增加对工厂和技术的投资。

在竞争激烈的移动通信行业，一个公司的运营举措不仅取决于本身的能力，而且取决于竞争对手的能力。因此，公司做决策时重视均衡相对比较。这是博弈论的是中心概念。

九、经营前景展望

最牛小组期望整个行业的需求在下一年初会增加。当前，最牛小组的工厂产能利用率是88%。这已超过了75%～85%的优化生产水平。小组为了降低产能利用率，而不危及市场领先地位，将采取两个举措：首先，将增加两个工厂，以便扩大生产能力；其次，最牛小组将转而生产高附加值产品。这意味着从技术1转向技术2、技术3。由于销售一个技术2产品获得的现金相当于销售两个技术1产品得到的现金流，这种策略带来的负面影响将会很小。希望我们公司在节约成本的条件下，尽可能扩大技术创新能力！

十、模拟学习成果

在偌大的市场中，竞争者的动态是难以预测的，在许多情况下甚至感觉到是无理性的。但是对竞争对手的分析很重要，要做出将竞争对手的经营动向考虑在内的决策。最牛小组采取积极主动的对策，对竞争对手的行动进行预测并做出相关回应。在第8回合，最牛小组预测有五个竞争者将进入技术4市场。然而，有一些竞争者并未进入这个市场，尽管他们事实上都拥有这个能力。最牛小组还是按照五个竞争者都进入市场的预期安排自己的产量，然而事实上只有三个竞争者生产了技术4产品。结果，最牛小组生产的产品在数量上不能满足市场的需求量。

市场需求由许多因素决定，如消费者偏好、消费者的个人收入和产品价格（包括替代产品的价格）等，主要是估计市场规模的大小及产品潜在需求量，这种预测分析的操作步骤如下：

第一，确定目标市场。在市场总人口数中确定某一细分市场的目标市场总人数。此市场总人数是潜在顾客人数的最大极限，可用来计算未来或潜在的需求量。

第二，确定地理区域的目标市场。算出目标市场占总人口数的百分比，再将此百分比乘地理区域的总人口数，就可以确定该区域目标市场数目。

第三，考虑消费限制条件。考虑产品是否有某些限制条件足以减少目标市场的数量。

第四，计算每位顾客每年平均购买数量。从购买率/购买习惯中，可算出每人每年平均购买量。

第五，计算同类产品每年购买的总数量。区域内的顾客人数乘以每人每年平均购买的数量可得总购买数量。

第六，计算产品的平均价格。利用一定的定价方法，算出产品的平均价格。

第七，计算购买的总金额。把第五项所求得的购买总金额，乘以第六项所求得的平均价格，即可算出购买的总金额。

第八，计算企业的购买量。将企业的市场占有率乘以第七项的购买总金额，再根据最近5年来公司和竞争者市场占有率的变动情况，做适当的调整，就可以求出企业的购买量。

第九，需要考虑的其他因素。有关产品需求的其他因素，例如：若是经济状况、人口变动、消费者偏好及生活方式等有所改变，则必须分析其对产品需求的影响。根据这些信息，客观地调查第八项所获得的数据，即可合理地预测在总销售额及顾客人数中公司的潜在购买量。

除了简单的价钱和市场营销以外还有其他因素。需求不仅取决于价钱和市场营销，而且还取决于竞争对手的行为和存在的市场占有率。这些道理在模拟学习前不能被完全了解。模拟学习提供了一个动态的学习环境，在那里多种因素能以真实的方式相互作用，对需求产生影响。

十一、风险评估

风险评估是在风险事件发生之前或之后（但还没有结束），对该事件给人们的生活、生命、财产等造成的影响和损失的可能性进行量化评估的工作。即，风险评估就是量化测评某一事件或事物带来的影响或损失的可能程度。

在风险评估过程中，有几个问题需要考虑。第一，要确定保护的对象（或者资产）是什么？它的直接和间接价值如何？第二，资产面临哪些潜在威胁？导致威胁的原因是什么？威胁发生的可能性有多大？第三，资产中存在哪些弱点可能会被威胁所利用？利用的容易程度如何？第四，一旦威胁事件发生，组织会遭受怎样的损失或者面临怎样的负面影响？第五，组织应该采取怎样的安全措施才能将风险带来的损失降低到最低程度？解决以上问题的过程，就是风险评估的过程。进行风险评估时，必须考虑到每项资产可能面临多种威胁。

过分回避风险本身就是危险的。在早期的模拟中，最牛小组在研究开发和许可证上的花费过分谨慎。由于研究开发投入不足，最牛小组在技术1产品首次面市时处于严重不利地位，以至于最牛小组被迫放弃了在这项技术上的竞争。技术1的过分利用在整个模拟过程中给最牛小组提供了宝贵的经验教训。通常过分回避风险意味着损失未来的增长。在第一年的运作中最牛小组未了解到这点，以至于被迫在后面几个回合中承受高风险。

CESIM 决策模拟报告

国际商务专业：杨畅

一、致股东函

“雁鹿鸣唱着赢”小组欣喜地向各位股东报告，咱们的公司是世界领先的移动电话供应商之一。通过我们的努力，公司已经成长为一个全球领跑的跨国企业，尽管在这一过程中，公司的股票价格有过不稳定的波动，但最后几回合实现了交易价格的稳步上升，累计股东回报率（平均）已达到市场第二的水平。在前几个回合中，公司度过了战争导致的运输价格上涨的难关，之后又顺利解决了中美关系僵局而引发的“贸易战”难题。雁鹿鸣唱着赢小组在世界所占的市场份额基本保持在25%，最高达到37.8%，一直处于领先地位，在美国、亚洲和欧洲都有着很好的销量。因此，我们在回合中后期采取的是低价策略，争取以最低的价格提供高技术的移动电话。我们的生产成本与其他公司相比，拥有一定的优势，使得我们一直可以维持较高的市场占有率。

雁鹿鸣唱着赢小组的经营理念是以低成本的价格生产高品质的移动电话，并且有针对性地销售于不同市场，同时追求最大的股东回报。确定好目标之后，我们小组通过正确的市场分析以及高效的决策制定，获得了很好的经营业绩，反映在财务数据当中。

雁鹿鸣唱着赢小组通过制订详细的计划预测和控制公司的成长。我们在每回合初始都会进行详尽的分析和讨论，确定未来至少两回合的决策目标。将目光着眼于未来而并不仅是当前回合，使得我们的决策具有很好的连续性和整体性，正是由于这样的决策理念，公司的经营业绩几乎没有偏离我们的预期分析，按照我们的规划成长为如今的领先企业之一。例如，我们在前三个回合就已决定了在美国和亚洲新建工厂的数目，使得我们的产能可以最大化地利用，对于后期以低价占领市场提供了生产的基础条件。在技术3和技术4的开发上，我们选择了从投入市场开始就利用高特征值吸引顾客的购买，后几个回合的销售数据也很好地印证了决策的正确性，竞争对手的低特征值使得他们与我们的产品销量存在巨大差距。另外，我们在意识到亚洲会以技术3为主导，而美国和欧洲会以技术4为主导时，就开始注重生产地的选择。这对于生产成本曲线的降低无疑起着至关重要的作用。

雁鹿鸣唱着赢小组能够取得稳定的业绩，归功于我们在决策制定时的详尽讨论，鼓励大家集思广益，说明各自的观点和理由，并实行投票表决制，因此能够保证我们最后做出的决策是经过大家一致同意和周密思考的结果。

雁鹿鸣唱着赢小组注重向竞争对手学习优点，尽力避免其犯过的错误。例如，当我们意识到安卓小组的崛起已经无可撼动时，就开始分析他们的经营和生产策略，努力进行模仿和超越，学习到其优点并转化为自身改变的动力。我们以安卓小组为近期需要超越的短期目标，不断地缩小我们之间的差距。这在财务数据中也得以体现，我们的累计股东回报率（平均）正在逐步追赶安卓小组，差距正在持续缩小。

在将来，雁鹿鸣唱着赢小组会把重点放在销售额的扩大和成本的降低上，争取据有更大的市场占有率和更高的生产效率，将我们的竞争对手逐渐挤出市场，从而扩大我们可获得的净利润。

凭借着最高的市场占有率和生产的低成本，雁鹿鸣唱着赢小组将继续扩大这一领先优势，并完成超越安卓小组，确保成为市场中第一位的移动电话公司。

二、公司概况

雁鹿鸣唱着赢小组是全球化和多样化的移动电话制造商，致力于以降低生产成本生产最新的高科技产品，从而以较低的价格满足各个市场消费者的需求，使公司在全球竞争中保持领先地位。

在总体的十个回合中，我们的经营策略是利用产品生命周期理论以及消费者的偏好决定生产环节。例如，在前两个回合，技术 1 在市场中占据着绝对优势，因此，我们选择研发技术 2 而生产技术 1，让我们的技术 1 产量远高于竞争对手，从而存在着在初期就占领市场的可能性。而在之后，也没有过早地生产技术 3 和技术 4，因为我们判断市场还不成熟，这样的选择也使得我们保持了自己的领先优势。在后几个回合中，我们利用充足的生产能力同时生产四种技术，让我们可以很好地规划产品的销售环节。这样的管理和决策使公司的风险降到最低，有助于公司在不稳定的市场环境中稳步前进。

我们在后期并没有放弃技术 1 和技术 2 的生产，因为根据市场分析，技术 1 在亚洲、技术 2 在美国和欧洲仍然占据了相当份额的市场。在这种情况下，初期建厂扩张的优势就明显地显露出来，雁鹿鸣唱着赢小组比竞争对手更有能力去兼顾四种技术的生产。而且由于工厂在亚洲和美国非常平均，我们可以在当地生产其需要销售的产品以最大限度地减少运输成本，这对于产品单位成本的降低有着很大作用。另外，由于正确地预测到技术 4 会在市场中大规模地增加，我们迅速决定通过外包研发来吸引更多的消费者购买，尽管在短期内使得成本上升，但最后证明技术 4 正是我们盈利的明星产品。

雁鹿鸣唱着赢小组决策的前瞻性和系统性，让我们更有能力去面对复杂的市场环境变化，可以有效地运用不同管理经营策略去面对突发事件和问题，从而降低风险损失，成为行业中的佼佼者。

三、财务业绩回顾

（一）财务指标

经过雁鹿鸣唱着赢小组多年不懈的努力奋斗，公司的财务指标显露出明显的优势。这种优势主要反映在净资产收益率（股本回报率，ROE）中。我们可以从公司的盈利能力、营运能力和偿债能力来分析。

根据杜邦公式：股本回报率 = 销售利润率 × 资产周转率 × 财务杠杆系数，其中，销售利润率 = 利润总额/销售收入，反映公司的盈利能力；资产周转率 = 销售收入/总资产，反映公司的营运能力；财务杠杆系数 = 总资产/净资产，反映公司的偿债能力。

1. 销售利润率

雁鹿鸣唱着赢小组近几年的销售利润率一直维持在第二的水平上，并且与之后的公司保持着较大的差距。尽管我们的成本和费用较竞争对手高出许多，但这是由于我们大量生产所产生的可变生产成本的上升。公司致力于通过销售量的增加来占领市场，因此成本和费用的增加几乎不可避免。另外，为了避免大量的工厂闲置，我们也会采取低价策略扩大销售。这使得我们的销售利润率低于安卓小组，但我们相信在不久的将来公司一定可以实现反超，因为只有占住市场，公司才有立足之本。

2. 资产周转率

雁鹿鸣唱着赢小组一直将资产周转率保持在较稳定的水平上，体现了公司资产的管理质量及利用效率。尽管该指标较我们的竞争对手而言处在下游水平，说明在销售方面公司还有很大的潜力可以挖掘。资产周转率如果过高，则说明资本不足，业务规模太大，超过了正常能力，有可能引发企业的债务危机。因此，我们认为，公司目前的资产周转率正处在合理的位置上。

3. **财务杠杆系数**

雁鹿鸣唱着赢小组的财务杠杆系数为1.86，表明我们拥有良好的资产结构。另外，我们一直坚信40%～60%的债权比率能够体现公司资产结构的最优化，也在向着这一目标不断努力。这说明公司既注重利用财务杠杆创造更高的公司获利，也尽力避免负债较多所带来的财务风险。

4. **净资产收益率**（ROE）

根据杜邦公式我们可以知道，雁鹿鸣唱着赢小组的净资产收益率取决于销售利润率、资产周转率和财务杠杆系数。在公司经营的第10年，我们的净资产收益率达到了27.12%，远超过安卓小组的20.42%，且不同于安卓小组逐年下降的态势，雁鹿鸣唱着赢小组的净资产收益率正在稳步上升。除去安卓小组以外的竞争对手，其整体经营水平和我们都存在着较大差距。

另外，如图1所示，雁鹿鸣唱着赢小组的累计股东回报率（平均）排在所有小组中的第二位，我们力图缩小与安卓小组的差距，这一目标正在实现。

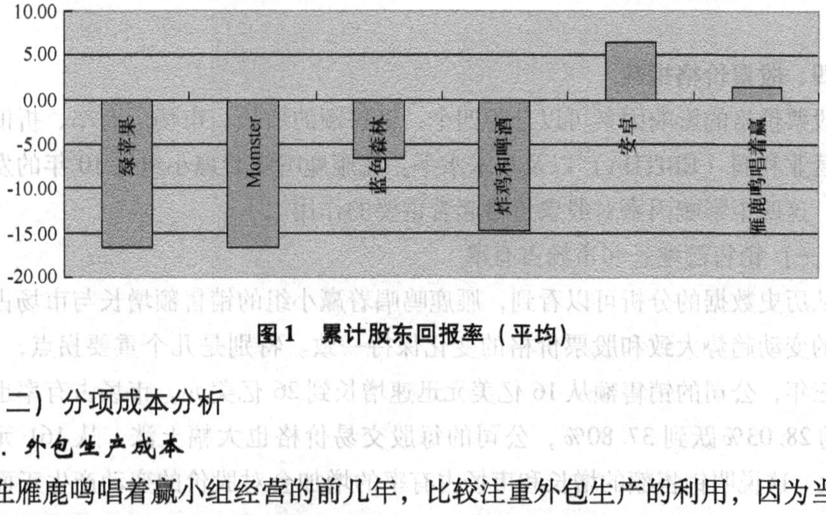

图1 累计股东回报率（平均）

（二）分项成本分析

1. **外包生产成本**

在雁鹿鸣唱着赢小组经营的前几年，比较注重外包生产的利用，因为当时的新建工厂还不能投入使用，只有利用外包来满足市场消费，而且外包成本通常会低于自身的生产成本，有助于产品单位生产成本的降低。但近几年，由于自身工厂的生产完全可以满足市场的需求，并且随着生产的增加，生产成本也在逐步降低，我们决定逐渐放弃外包生产，因此与竞争对手相比，我们的外包生产数量正在下降。

2. **研究和开发**

雁鹿鸣唱着赢小组在经营中期逐渐意识到研究和开发对于产品竞争优势的作

用，为了缩短与竞争对手的差距，花费了大量的资金用于技术和功能的引进。由于高科技的产品率先进入市场会带来先发优势，因此，我们选择了外包技术引进而非自身研发，缩短了前期与对手形成的技术落后的差距，尽管由此带来的成本是巨大的。但近几年，我们正在转向自身研发以减少产品生产成本。

3. 现金储备

雁鹿鸣唱着赢小组的现金储备一直不太理想，这是由于前期投入大量的工厂建设资金和中期的研发资金所造成的。在经营过程中，我们不可避免地借入了大量的长期贷款，还曾因为财务管理的问题借入过高利息的短期贷款。在第5回合，为了避免财务状况的恶化，我们不得不通过发行新股筹措资金。当然，雁鹿鸣唱着赢小组认为，现金储备的不足只是暂时的情况，公司的经营已经走上正轨，未来几年不会出现大规模建厂或者研发的状况，因此，公司的现金储备必然会有所增加。

雁鹿鸣唱着赢小组现金储备的不足，使得我们不能按照预期进行合理的股票回购和红利发放，这对我们的股价造成了影响。

四、股票价格指数

股票价格的影响因素可以分为四个：销售额的增长、市场占有率、折旧和息税前营业利润（EBITDA）以及技术水平。在雁鹿鸣唱着赢小组近10年的发展过程中，这四个影响因素对股票价格起着重要的作用。

（一）销售额增长和市场占有率

从历史数据的分析可以看到，雁鹿鸣唱着赢小组的销售额增长与市场占有率指标的变动趋势大致和股票价格的变化保持一致。特别是几个重要拐点，例如，在第三年，公司的销售额从16亿美元迅速增长到26亿美元，市场占有率也从第2年的28.03%跃到37.80%，公司的每股交易价格也大幅上涨，从161元涨到215元。这说明销售额的增长和市场占有率的增加会对股价的变动产生正面的积极作用。

（二）折旧和息税前营业利润（EBITDA）

折旧和息税前营业利润指标被私人资本公司广泛使用，用以计算公司经营业绩。折旧和息税前营业利润的意义在于：在营运资金净需求不变的情况下，经营性现金净流入等于折旧和息税前营业利润。而企业也可以利用这笔钱（约等于折旧和息税前营业利润）偿付利息。折旧和息税前营业利润是一种利润衡量指标，包含着非现金的支出，因此能够比盈利率更好地解释股票的价格变化。

（三）技术水平

雁鹿鸣唱着赢小组的产品技术水平从根本上决定了产品的先进程度，从而影响产品销量以及公司盈利。然而，公司对于产品研究和开发的资金投入，并没有正面反映在股价的变动上，因为产品的研发会使得成本费用上升，从而导致折旧和息税前营业利润的下降。但从理论上分析，合理的技术水平投入应该对股票价格产生有利的影响。

通过上述分析，雁鹿鸣唱着赢小组从销售额的增长、市场占有率、折旧和息税前营业利润以及技术水平四方面出发规划公司的经营方向，产生了良好的效果。公司的股价在经历前几年的波动之后，从第6年开始稳步上升。

五、经营管理的讨论和分析

（一）全球市场状况

一直以来，移动电话市场都是竞争十分激烈的市场，目前，被包括雁鹿鸣唱着赢小组在内的六家公司所占据。到现在为止，只有安卓小组和雁鹿鸣唱着赢小组两家公司实现盈利，其余四家公司都濒临破产。但由于这几家公司都没有放弃经营，移动电话市场的价格竞争仍然十分激烈，高于生产成本的低价策略经常被采用，导致了在竞争当中成本的降低变得至关重要。由于消费者的偏好也在迅速改变，技术1和技术2正逐步被技术3和技术4所取代，因此，新产品和新技术的研究与开发显得十分重要。随着全球经济形势的复杂变化，雁鹿鸣唱着赢小组仍将面临严峻的竞争压力，但这也成为我们进步而赶超安卓小组的动力。

（二）产品组合

雁鹿鸣唱着赢小组有着合理的产品组合。我们在亚洲和美国的工厂生产全部四种技术的产品，并且有针对性地销往各地。例如，在近几年中，考虑到不同地区消费者的偏好，我们在美国和欧洲销售技术2和技术4，在亚洲销售技术1和技术3。不同于一些公司过早地放弃技术1和技术2，我们认为，尽管这两种技术已发展成熟并逐渐进入产品的衰退期，可相对于新技术而言还有着不可替代的竞争优势，它们的网络覆盖率更为全面，并且生产成本更低，其需求量在市场中依旧占据一定的地位。这样的产品组合使得我们的销售额一直保持在领先地位。

（三）国外经营

雁鹿鸣唱着赢小组在经营的前三年，已经在亚洲和美国建设了充足的工厂。以满足后期的生产活动需要，使得我们能够充分地利用低价策略去占领竞争对手的市场。另外，在国外的经营也使得我们可以同时生产出四种技术的产品，以满足不同地区人们的需要。我们致力于减少运输成本，因此选择在美国工厂主要生产在美国销售的产品，同样在亚洲工厂主要生产在亚洲销售的产品。当然这样的生产经营在降低运输成本的同时，也降低了生产策略的灵活性，例如，市场发生突发事件时，我们无法灵活地改变生产策略，因为如果改变生产策略，我们将不得不面临初始生产时的高成本。

（四）研发

在所有小组当中，对于技术1和技术2的研发可以说是平分秋色，真正的竞争体现在技术3和技术4的研发当中。由于雁鹿鸣唱着赢小组对新技术的研发较晚，在决定投入市场时，已与竞争对手存在了较大差距，因此，我们不得不通过外包购买技术特征弥补技术的不足。这也使我们意识到了研发起步较晚所带来的后果，但外包购买技术所带来的效果也是明显的，我们的产品技术在近五年一直保持在世界前列，尽管由此带来的生产成本是巨大的。因此在近几年中，我们将重心逐渐转变为自身研发，通过战略性的布局达到降低生产成本的目的。

（五）市场占有率

雁鹿鸣唱着赢小组致力于追求最大的市场占有率。首先，市场占有率具有一定的连续性，即前一年度的市场占有率会影响当前年度的市场占有率，因此越早地占领市场，就提前拥有了先发优势。其次，市场占有率的提高意味着销量的增加，而产品的生产成本是随着生产的增加而降低的，这意味着拥有高市场占有率的公司会拥有较低的生产成本，使得公司的利润得以提高。雁鹿鸣唱着赢小组一直保持着最高的市场占有率，尽管随着市场竞争的日益激烈，我们与竞争对手的差距也在逐步缩小，但在第十年，我们的市场占有率仍然达到了世界第一位的21.68%（见图2）。

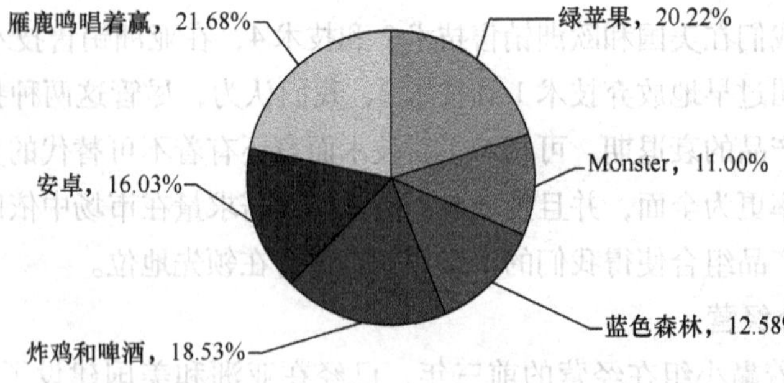

图2 市场占有率

图 3 显示了雁鹿鸣唱着赢小组在技术 3 和技术 4 产品上的市场占有率。我们在技术 3 上拥有 25% 的市场份额，在技术 4 上拥有 27% 的市场份额，在两种技术当中都有着较大的优势。用技术 4 举例说，除安卓小组以外，我们的生产成本比其他四个小组要低 34～116 美元不等，使我们有生产成本优势，可以采取低价策略从而进一步打压竞争对手的市场份额，占住新技术的市场，增加销售利润。

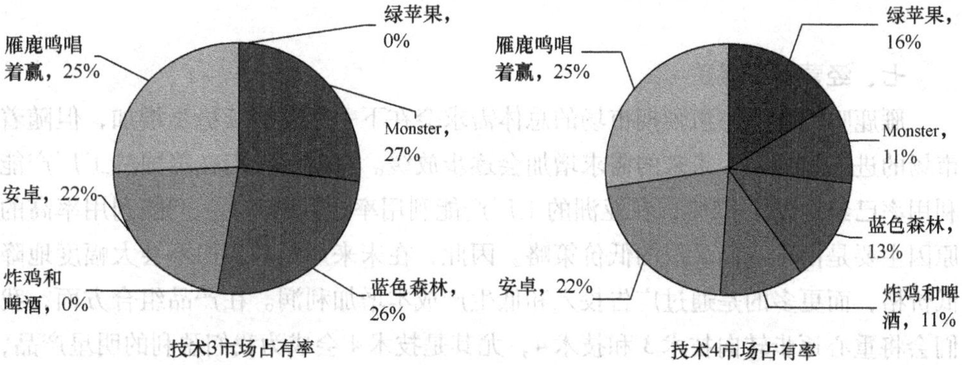

图 3　技术 3、技术 4 市场占有率

六、竞争对手的分析

移动电话行业是一个竞争激烈的行业，目前有六家公司占据着世界移动电话的市场。雁鹿鸣唱着赢小组一直将安卓小组视为最大的竞争对手，因为从第 4 年开始，他们合理经营策略的效果已经逐渐显现出来，累计股东回报率（平均）指标一直排在第一位。尽管在后几年雁鹿鸣唱着赢小组尽力缩小差距，但他们还是拥有着比我们更加低廉的生产成本优势。

由于市场需求被六家公司瓜分，所以每家公司决策的影响都至关重要。我们仔细分析竞争对手的生产能力、生产成本、广告投入、研发投入以及定价能力，使我们在决策中运用到了博弈论的思想，试图在多变复杂的竞争环境中寻找最优决策。

对于我们最大的竞争对手安卓小组，经过分析认为，安卓小组的决策普遍具有稳定性和连续性，即当前年度与上一年度的决策普遍不会有太大的改变，属于稳健型的经营战略。因此，针对这一特点，我们会经常做出一些出其不意的决策，以此减弱安卓小组的优势。例如，在某一年度进行大规模的全面降价、投入大量的广告，或者进行巨大的技术外包购买以获得技术优势。在制定决策时，我们会以安卓小组为基准，以其他四个小组作为参考。这样的竞争策略使得我们的决策更具有侵略性，体现在财务指标上的数据表明，我们与安卓小组的差距正在显著缩小。

随着四种技术的手机产品的进一步推广，各个小组的技术优势正在逐步降低，更多的是以生产成本和生产能力作为竞争成败的关键。这时雁鹿鸣唱着赢小组在前期大量建厂和生产所带来的效果已充分显露出来，我们相信在未来的竞争中，这一优势会继续确保我们位于世界水平的前列。

七、经营前景展望

雁鹿鸣唱着赢小组预期市场的总体需求会在下一年度继续稳步增加，但随着市场的进一步成熟，未来的需求增加会逐步放缓。目前，我们在美国的工厂产能利用率已经达到了85%，在亚洲的工厂产能利用率达到100%。产能利用率高的原因主要是由于我们采取的低价策略。因此，在未来几年，我们不会大幅度地降低价格，而更多的是通过广告投入和低生产成本增加利润。在产品组合方面，我们会将重心逐步转向技术3和技术4，尤其是技术4会成为我们盈利的明星产品，因为现阶段雁鹿鸣唱着赢小组的技术4产品已经处于行业前列，只要继续保持并加大宣传力度，一定会成为带动公司走向全球第一的主打产品。

八、模拟学习成果

(一) 物流管理

因为公司整体经营运作涉及三个地区：美国、亚洲和欧洲，其经营管理的模式十分复杂。在整个模拟决策的过程中，考虑到按不同地区的运输价格安排物流，工厂成本的变动也会影响生产的产品组合变动。而在税收方面，要充分发挥转移定价的作用为公司争取最大的利润，还有通过在美国的母公司融资决策和内部贷款进行国际资金管理。模拟学习使笔者更加深入地了解到作为跨国公司，进行决策时的全面性和复杂性。

(二) 市场需求

在经营的中后期，笔者逐渐意识到竞争对手的决策对于雁鹿鸣唱着赢小组市场需求的重要性。由于竞争对手的生产、价格、广告和研发等一系列决策的不确定性，最初预测的市场占有率很可能不会达到，从而造成预测需求偏高而定价过低的情况出现。在这样的情形下，准确预测竞争对手的行为就变得极为重要。在决策的过程中，通过分析主要竞争对手上一年度的财务报表和市场报告，得到关于当前年度的预测，使得我们的决策更具有针对性和真实性。

（三）财务状况

通过此次模拟学习，笔者接触到了在经营过程中的公司财务报表，包括损益表和资产负债表等。在每一年度结束后，经过对竞争对手财务报表的分析，看到雁鹿鸣唱着赢小组与其他小组的优劣势，进而做出决策。另外，对于一些专业概念有了更为深入的理解，例如，转移定价、折旧和息税前营业利润（EBITDA）、本债比、资产周转率、股本回报率（ROE）和每股盈利（EPS）等。

（四）风险评估

雁鹿鸣唱着赢小组在第一年大量兴建工厂，并且在第二、第三年继续投入资金建厂的决策可以说是有很大风险的，意味着我们要保持更高的市场占有率，使工厂能达到预期的产能利用率。这项决策在后期被验证为是极为明智的选择。然而，在对技术 3 的研发投入和生产方面，由于对于市场前景的不乐观预测，使我们在技术 3 的开发和生产上进入较晚，与其他小组相比不具备明显的优势，是我们试图回避风险的结果。因此，正确评估风险是十分重要的，要将目光放长远，不能过分回避风险。

（五）学习

雁鹿鸣唱着赢小组在模拟决策过程中不断地学习，包括在自身决策的历史数据以及竞争对手的经营业绩中学习。只有这样，才能保证尽量高质量地完成决策。另外，小组成员互相学习，在开始的过程中，较容易出现意见不同而产生严重分歧的情况，但经过大家的详尽讨论和分析，最终做出一致决策。了解每个人不同的观点和理念，也是此次模拟学习的收获之一。

九、备注

Cesim Global Challenge 为雁鹿鸣唱着赢小组在培养管理和经营技能上提供了十分优越的条件，使我们可以体验到真实商务环境的复杂和瞬息万变，同时还要充分考虑竞争对手和市场需求。这一切培养了我们作为国际商务专业的学生所应具备的能力和素质。

Cesim 商务模拟报告

国际商务专业：刘璐

一、致股东函

炸鸡和啤酒小组高兴地向各位股东报告，你们的公司是世界领先的移动电话供应商。通过努力，炸鸡和啤酒小组已成为一个一流的跨国公司，其股市价格，盈利率和产权收益率已达到最高水平。在前十个回合中，炸鸡和啤酒小组顽强地度过了全球经济衰退、价格战和产业投资过剩的危机，其股市价格保持稳定。炸鸡和啤酒小组在亚洲、欧洲和美国的市场占有率已达到领先地位，因而有能力向其客户以最低的价格提供技术先进的移动电话。炸鸡和啤酒小组的生产成本也在同行业中处于较低的水平，为此，公司能够以生产成本低的价格出售手机。

炸鸡和啤酒小组的成功可归因于倡导的公司使命：

"利用灵活的全球性生产模式和有效的产品组合管理，向不同区域及不同需求的客户，提供全面完整的移动电话技术组合，同时致力于最大限度地增加股东回报。"

遵循这一使命，炸鸡和啤酒小组能以整体组合运作，用其在某些技术上的优势弥补其在其他方面的不足。

炸鸡和啤酒小组注重的是利益最大化。不同于其竞争对手，炸鸡和啤酒小组的财务业绩是可预知的。炸鸡和啤酒小组公司的收益波动性在同行业是最低的，向其股东提供收益回报也是稳定的。这种稳定性是通过周密的策划达到的。炸鸡和啤酒小组对技术 1、技术 2 和技术 4 做了周密的计划，在初期就积极研发技术 2，对新技术的研发一直很积极，并且取得了良好的市场份额，虽然在对市场的判断方面有点失误，但是后来炸鸡和啤酒小组做了积极调整，使炸鸡和啤酒小组在运营中保持稳定的收益和股价，并且逐渐好转。

二、商务模拟概况

（1）商务模拟名称：Cesim 商务实战模拟（销售手机）

（2）商务模拟时间：2014. 02. 24—2014. 6. 30

（3）商务模拟目的：①体验并学习市场营销中市场分析、营销决策的过程；

②在营销决策过程中，培养团队精神，锻炼协作能力。

（4）商务模拟内容：以4～6人为单位分组，每个小组模拟为一个公司，在Cesim平台上销售手机，共12个回合，每个回合结束前做好该回合的营销决策，在下一个回合开始时显示每个小组的决策结果。第10回合结束后，以各小组所代表的公司股价为依据，进行评比。

（5）商务模拟结果：第十回合结束后各小组财务指标见图1。

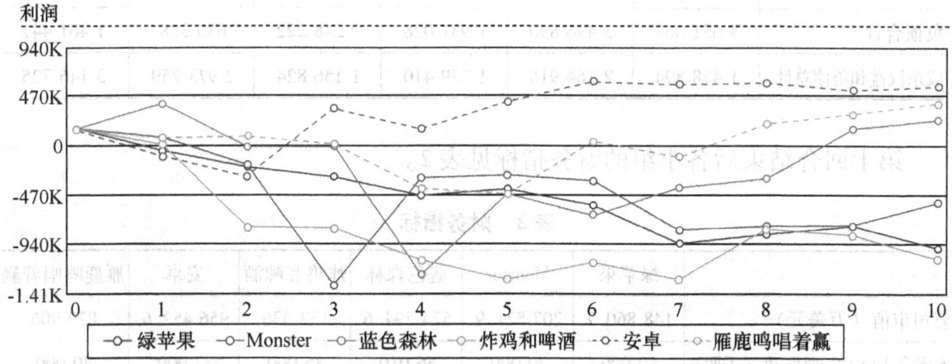

图1 各小组财务指标

第十回合结束后各小组资产负债表（见表1）。

表1 资产负债表　　　　万美元

	绿苹果	Monster	蓝色森林	炸鸡和啤酒	安卓	雁鹿鸣唱着赢
资产						
固定资产	140 940.7	1 551 709	1 088 751	1 082 520	1 557 682	1 315 448
应收账款	63 487	90 625	112 543	68 304	110 754	128 315
现金及等价物	600	522 583	528 115	6 000	1 305 323	1 702 962
资产总计	1 478 894	2 164 916	1 729 410	1 156 824	2 973 759	3 146 725
股东权益和负债权益						
股本	540 000	740 000	600 100	390 000	410 000	440 000
其他限制权益	1 462 828	2 834 079	1 135 822	209 606	1 289 687	839 352
本回合利润	−976 574	−538 680	242 765	−1 079 729	575 683	405 925
留存盈余	−4 178 429	−4 367 373	−2 180 305	−7 611 276	18 001	0

续表

	绿苹果	Monster	蓝色森林	炸鸡和啤酒	安卓	雁鹿鸣唱着赢
权益合计	−3 152 174	−1 331 974	−201 618	−8 091 398	2 293 370	1 685 278
负债						
长期贷款	3 403 644	3 443 601	1 860 074	9 019 370	619 578	1 377 665
短期贷款（无计划）	1 167 950	0	0	188 070	0	0
应付账款	59 474	53 289	70 954	40 783	60 810	83 782
负债合计	4 631 068	3 496 890	1 931 028	9 248 222	680 388	1 461 447
股东权益和负债总计	1 478 894	2 164 916	1 729 410	1 156 824	2 973 759	3 146 725

第十回合结束后各小组的财务指标见表2。

表2　财务指标

	绿苹果	Monster	蓝色森林	炸鸡和啤酒	安卓	雁鹿鸣唱着赢
公司市值（万美元）	148 860.7	207 521.9	524 294.6	132 336	956 452.6	829 906
本回合末已发行股票数（千股）	50 000	70 000	56 010	35 000	37 000	40 000
本回合末每股交易价格（美元）	29.8	29.6	93.6	37.8	258.5	207.5
本回合每股交易价格（美元）	31.8	27.2	61.3	40.9	304.0	178.1
股息	0.00	0.00	0.00	0.00	11.30	0.35
市盈率	N/A	N/A	21.6	N/A	16.6	20.4
累计股东回报率（平均）	−16.69	−16.61	−6.60	−14.69	6.42	1.35

第十回合结束后各小组累计股东回报率（平均）见图2。

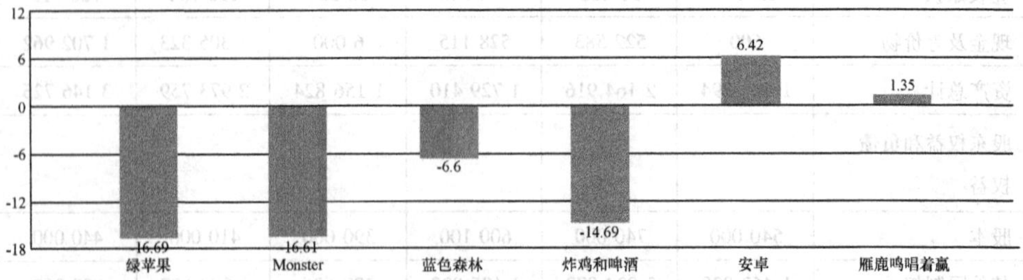

图2　各小组累计股东回报率（平均）

第十回合结束后各小组主要金融指标见表3。

表3 主要金融指标

	绿苹果	Monster	蓝色森林	炸鸡和啤酒	安卓	雁鹿鸣唱着赢
折旧和息税前营业利润（EBITDA）	-9.47	12.66	26.88	23.74	35.19	25.66
息税前利润（EBIT）	-24.55	1.02	20.30	12.97	27.48	18.70
销售回报率（ROS）	-59.22	-22.88	8.30	-60.86	20.01	12.18
权益率	N/A	N/A	N/A	N/A	77.12	53.56
债务股本比（本债比）	N/A	N/A	N/A	N/A	-29.90	-19.30
已动用资本回报率（ROCE）	-26.17	0.79	39.67	18.43	22.02	22.68
股本回报率（ROE）	N/A	N/A	N/A	N/A	20.42	27.12
每股盈利（EPS），USD	-19.53	-7.70	4.33	-30.85	15.56	10.15

各小组营业额走势见图3。

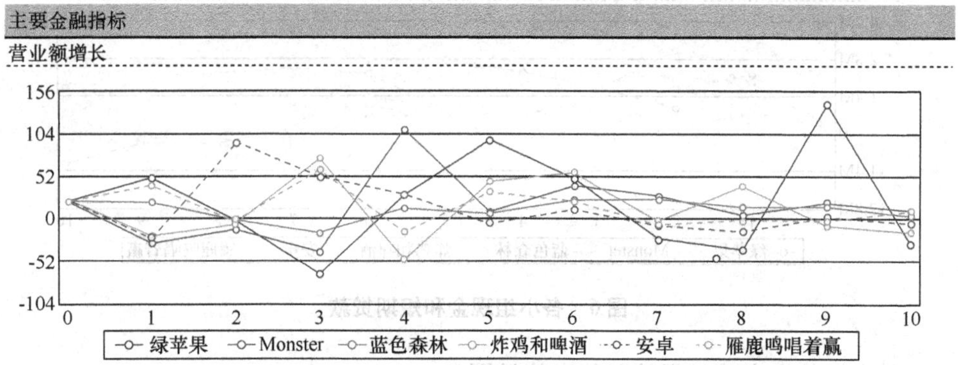

图3 营业额走势

各小组销售回报率见图4。

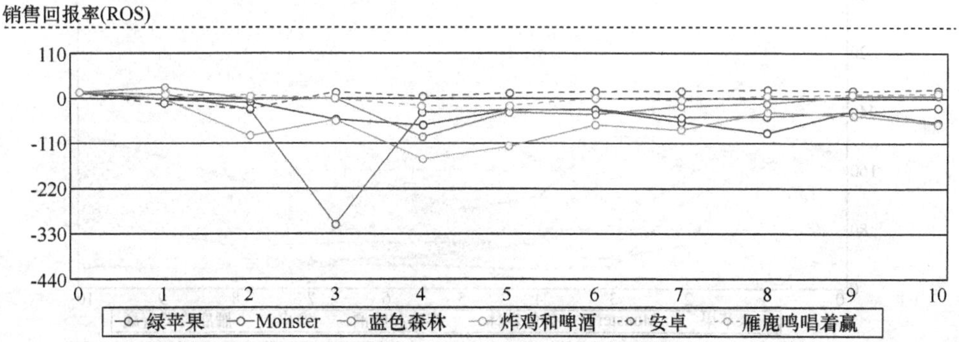

图4 各小组销售回报率

各小组权益率见图5。

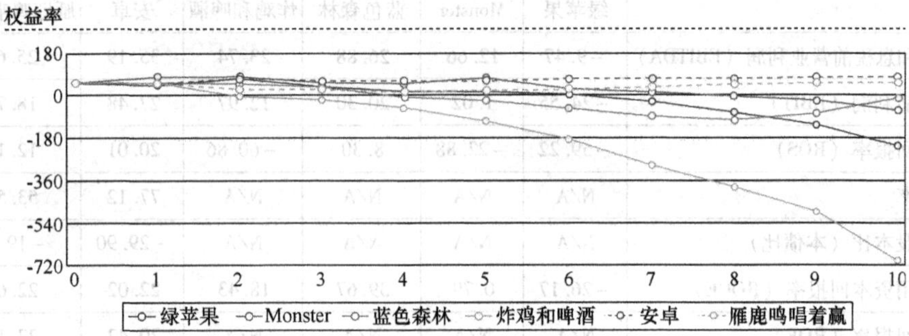

图5　各小组权益率

各小组现金和短期贷款见图6。

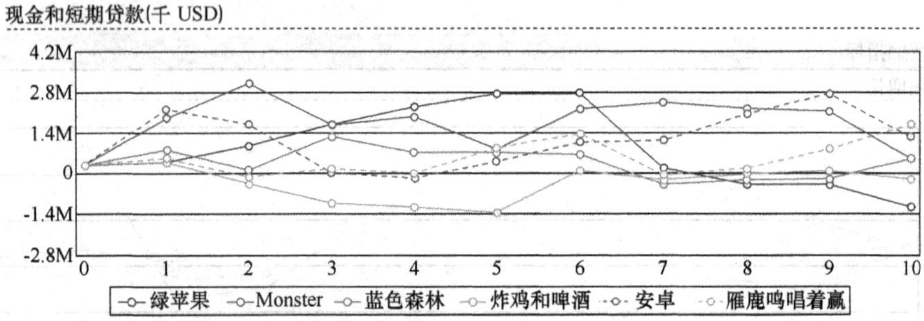

图6　各小组现金和短期贷款

各小组整个实验过程的股价走势见图7。

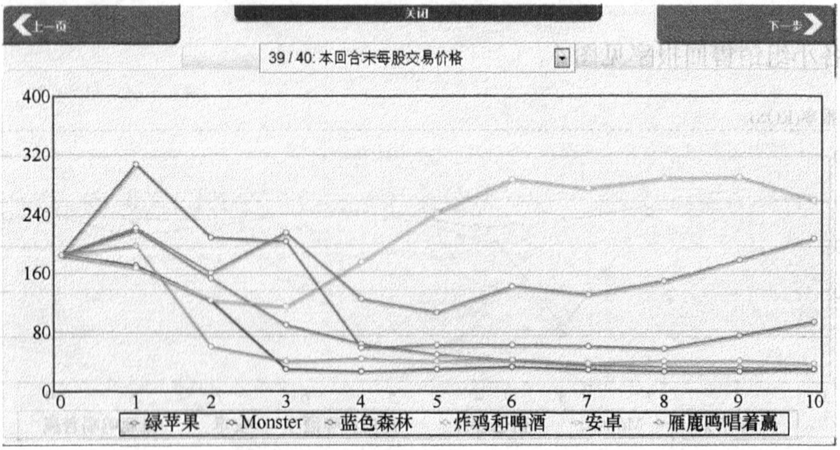

图7　各小组实验过程的股价走势

三、炸鸡和啤酒小组总结

我们小组最后以 38 元的股价位于六个小组中的第四位。在实验过程中，小组的股价在第一回合上升，从第二回合开始严重下降，一直降到第十回合，股价平稳波动缺乏突破性增长，所以排名最终以第四名收场。

(一) 回合 1

在第一回合中，小组的基本情况稳定。我们除了生产技术 1 以外，还对技术 2 做了相应的研发，股价由 185 元上涨到 198 元。不足之处在于建厂太多，在第一回合小组建了 10 个工厂，使成本开支太大，对以后的生产决策产生了不利影响。另外，小组的技术 1 产品在美国的价格太高，导致本回合在全球只占了 9.81% 的市场份额。

(二) 回合 2

在第二回合里，小组并没有意识到第一回合中建厂太多的问题，又增加了 10 个工厂的建设，使得投入成本更大。小组对技术 1 的价格做出了及时的调整，并且对第一回合研发的技术 2 定了合理的价格，使全球市场份额增加到 12.56%。但是，小组在本回合没有对市场需求做出准确的预测判断，未满足需求太多，导致小组的利润大幅下降，并且出现短期负债，股价由 198 元跌到 61 元。

(三) 回合 3

第三回合中，小组的不足之处是广告投入太少，也没有进行研发。忽略了技术 1 的市场，对技术 4 过早投入，且投入太大。在这一回合中，小组注意了未满足需求的问题，使小组在本回合中没有出现未满足需求，全球市场份额增加到了 14.19%。在本回合中，小组由于建厂以及购买技术的花费太高，使股价继续下降到 41 元，但是下降幅度趋于平稳，继续存在短期贷款。

(四) 回合 4

第四回合里，小组认识到建工厂的成本问题，停止建工厂。但是在本回合中美国、亚洲、欧洲市场的产品价格定得过高，加上本回合继续没有广告投入，致使小组本回合销量大跌，导致本回合小组的全球市场份额下降到 4.5%。但由于市场需求预测以及生产，小组在本回合决策正确，股价由 41 元平稳上升到 44 元，但短期贷款的问题依然没有避免。

(五) 回合 5

本回合中，由于小组在之前几个回合中所建厂房够用，因此在本回合中，小组没有再建造新的工厂。本回合小组对价格做了很大的调整，大幅下调了三个地区的价格，导致销量回升，并且出现了未满足需求，全球市场份额增长到

10.71%，并且利润上升。不过，本回合小组没有广告和研发的投入，依然增加了短期贷款，股价由44元又降到41元。

（六）回合6

在本回合中，小组保持了平稳的价格和正常的销量，全球市场份额有所扩大，为13.16%。在本回合中，小组充分认识到了我们在广告投入方面的失误，投入了155k的广告费用，但由于之前负债太高，没有研发或购买新技术的资金，因此在研发方面依然没有投入。小组在本回合中避免了短期贷款。公司整体朝着恢复的方面发展。股价也由41元回升到了43元。

（七）回合7

在本回合中，小组的决策继续在价格和销量上保持稳定增长，全球市场份额增加到15.22%，广告也继续投入155k，以弥补前几个回合广告缺失造成的损失。但本回合又出现了未满足需求，大概是广告投入和价格导致全球需求大幅增加。本回合小组忽略了短期贷款问题出现了短期贷款，并且由于资金盈利不足依然无法进行研发，股价跌至38元。

（八）回合8

在本回合里，小组在价格制定方面的技术已经趋于成熟，价格稳定销量正常，全球市场份额增加至21.42%。广告费用投入过多，导致市场需求增加，小组本回合的未满足需求太高，短期贷款消失，资本回报率出现，股价由38元回升到41元，公司形势有所好转。

（九）回合9

针对上回合未满足需求太高的问题，本回合主要对市场进行了准确的预测，避免了未满足需求的问题；并且在本回合中，对价格定位准确，销量正常，市场份额保持正常水平（17.36%）。为了保证销量，广告投入依然坚持在120k的水平，没有出现短期贷款。股价平稳在41元，公司总体处于平稳水平。

（十）回合10

在本回合中，小组在欧洲的价格定得偏高，导致欧洲销量很少，没有未满足需求，广告投入有所减少。但是出现短期贷款，这是本回合最大的失误，股价跌到38元，整体呈下降的趋势。

四、自我评价

在这次商务模拟实战训练中，了解了在全球市场环境下运营一家公司的复杂性，领略并理解了在多变的市场竞争环境中，公司全球运营的复杂性。

在运营一家公司时，不仅要考虑眼前利益，还要有长远战略眼光。首先要考虑本阶段的全球市场需求，既要考虑到全球的经济形势，又要考虑到全球各地区的政治变动因素及其他因素，预测本阶段的全球市场需求。

通过这些因素对本阶段全球市场需求做出准确的预期，不能过高或过低，因为其直接影响公司的产品产量和有无未满足需求的情况。如果没有未满足需求，则表明公司生产的产品满足了市场的需求，但是也不能有剩余，有剩余产能就会抬高平均成本。有未满足需求就表明生产不够，还有很大的市场空间没有满足，要多生产产品。考虑现阶段对产品的生产成本，考虑在什么地方生产成本低，是外包还是自己生产合算，外包多少。

除此之外，还要考虑建工厂。建工厂要有长远眼光，因为现在建工厂不是立即可以使用的，必须考虑未来扩大生产规模要用多少工厂。

价格的制定是关键点，价格不能定得太高，价格太高，销售困难；价格定得过低，则利润水平低。

另外，还要考虑运输成本，产品在以生产成本较低的方式生产，运往生产成本较高的地方，期间要考虑运输成本，如果运输成本加上低廉的生产成本高于在生产成本高的地方生产的成本，那么就要在生产成本较高的地方生产产品。还要考虑税费等其他一系列额外费用。

在考虑了本阶段的产品生产问题之后，还要考虑下一阶段新产品的研发或购买，如果资金允许，并且市场急需新产品，就要考虑购买新技术，购买的新技术可以马上投入到新产品中去。如果不是特别急需，就要准确预测未来市场的新产品，及时研发新技术，技术研发要比直接购买省钱很多，但是需要研发时间。但是不管怎么样，一定要保证新技术的研发，这样才能保证产品的竞争力，不被国际市场淘汰。另外还有广告支出，广告很重要，它能有效提高产品的知名度，促进产品的销量，获得盈利。

在操作模拟过程中，不能出现短期贷款。要根据资金的数量选择是否要有长期贷款以及增加或减少长期贷款数量。另外，如果现金过多要考虑偿还长期贷款或者回购自己的股份。应该把资产负债表中的债务与当前利润和今后发展机遇在不抵触的情况下，控制得越低越好，实现股东利益最大化。

五、经验教训

在实际的操作模拟实战过程中，小组最终没能取得理想成果的经验教训是：我们在初期不谨慎，建造了过多的工厂，导致额外成本太大，入不敷出；后期生产跟不上去，工厂过多闲置。而且早期我们没注意短期贷款的问题，短期贷款过多，利息支出偏高，净利润减少。

另外，前期不注意新技术的研发，导致产品在市场上逐渐失去竞争力，销量上不去；为了省钱，长时间没有投入广告，导致产品没有知名度，销量上不去；公司没有利润，如此恶性循环，导致第十回合结束后小组排名第四，成绩不理想。

在以后的学习中，吸取经验教训，扬长避短，争取取得较为优异的成绩。

国际商务模拟实验报告

国际商务专业：王臣博

一、总论

在本学期的国际商务模拟实验课程中，“安卓”小组作为一家跨国公司积极投身于国际市场竞争之中。在12个回合的模拟运营中，本组全体成员发挥所长，建言献计，通力合作，击败了五家竞争对手，取得了最终的胜利。

安卓公司始终以股东利益最大化为经营目标，同时致力于以低廉的价格为全球消费者提供新潮的产品。股东追求的是红利，而企业要进行分红的前提是实现充足的盈利。最终的竞争结果显示，安卓小组的净利润水平总体波动幅度小，长期稳居行业之首。而丰厚的利润是企业向股东分派股利的保障，因此，安卓小组较早实施了股利分派方案，此举极大地增强了投资者对安卓公司股票的信心。经历了12个回合的考验，安卓小组最终以最高的股价、最高的每股收益、最高的累计股东回报率和最高的公司市值，成为世界最大的手机制造企业。

因此，我们将经营焦点定于提升利润水平、压缩成本以及研发新技术。为了获取规模经济效应，安卓小组积极提高产能，扩大产出规模，以此摊薄平均成本。在技术与产品研发方面，安卓公司投入重金，在技术研发上有所突破，因此在技术方面领先于其他对手，而收获的回报也是几倍于投入的研发费用。凭借着小组的通力合作，小组取得了最终的胜利。

二、财务指标分析

安卓小组崇尚稳健的运营风格，力求财务表现稳中有进。依据杜邦模型分析本公司的财务业绩，即：

净资产收益率（ROE）＝盈利率×资产周转率×杠杆比率＝净利润÷净资产。

（一）盈利率

盈利率，即销售回报率，是净利润和销售收入的比值。公司的盈利水平直接反映出对股东利益的满足程度。自回合3以来，安卓小组的净利润一直稳居榜首，且保持相对稳定，波动性不大，总体处于稳步平稳上升态势。

在最后一个回合，安卓小组实现了净利润的历史最高水平，达到748 190万美元，最终在全球利润排名中成功卫冕（见图1）。另外，本公司的销售回报率也位列世界第一，达到24.19%，高出强劲的竞争对手3.5%。上述业绩与本公司致力于股东利益最大化的经营目标相契合。

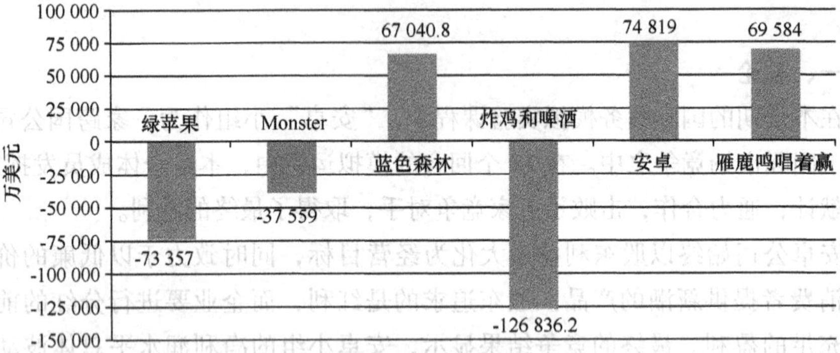

图1　第12回合各小组净利润对比

（二）资产周转率

资产周转率即销售收入与总资产的比值，反映了每一单位总资产所实现的销售额。资产周转率越高，表明企业的经营效率越高。在总资产规模既定的情况下，企业应通过扩大销售提升资产周转率。当各个竞争者的销售收入水平处于相同或相近的情况下，总资产规模就成为决定资产周转率的重要因子。

尽管安卓小组不具有最高的资产周转率，但不足以说明本公司经营效率低下。因为安卓公司的总资产规模较大，在销售额相近的情况下，资产周转率自然要低于总资产规模小的公司。因此，看待资产周转率要具体公司具体分析。

（三）杠杆比率

杠杆比率是总资产和净资产的商，反映了企业运用资本“以小博大”的能力。这一指标体现了公司的负债水平，杠杆比率越高，表明负债水平越高。从另一方面看，也反映着企业的筹融资能力。该指标越高，说明企业的融资能力越强，即每一单位股东权益所能撬动的债权人权益越大。

从数值上分析，杠杆比率等于权益率的倒数。在最后一个回合中，安卓公司的权益率为84.23%。由于所有者权益占总资产的比重过大，所以，杠杆比率偏低，约为1.19。这说明安卓公司的负债占比较小，进一步表明安卓小组的资本运营更多依靠股权融资而非债券融资。

（四）净资产收益率（ROE）

净资产收益率是销售回报率、资产周转率和杠杆比率综合作用的结果，反映了单位净资产所能实现的净利润，即：净资产收益率=净利润÷净资产。净资产收益率体现了企业凭借自有资本获取净收益的能力，净资产收益率越高表明企业所有者权益的盈利能力越强。

经过十二个回合的经营，安卓小组的净资产收益率最高值出现在第六个回合，达到26.07%（见图2）。这得益于欧洲市场对技术4手机的需求大幅上升以及欧元对美元持续走强。欧洲是安卓公司毛利最高的市场，而我们生产的技术4手机的单位生产成本已达到全球最低，当这款新技术手机从美国的工厂运达欧洲后，我们可以制定相对低廉的价格，因而销售业绩表现优异，为安卓小组赢得了巨额利润。

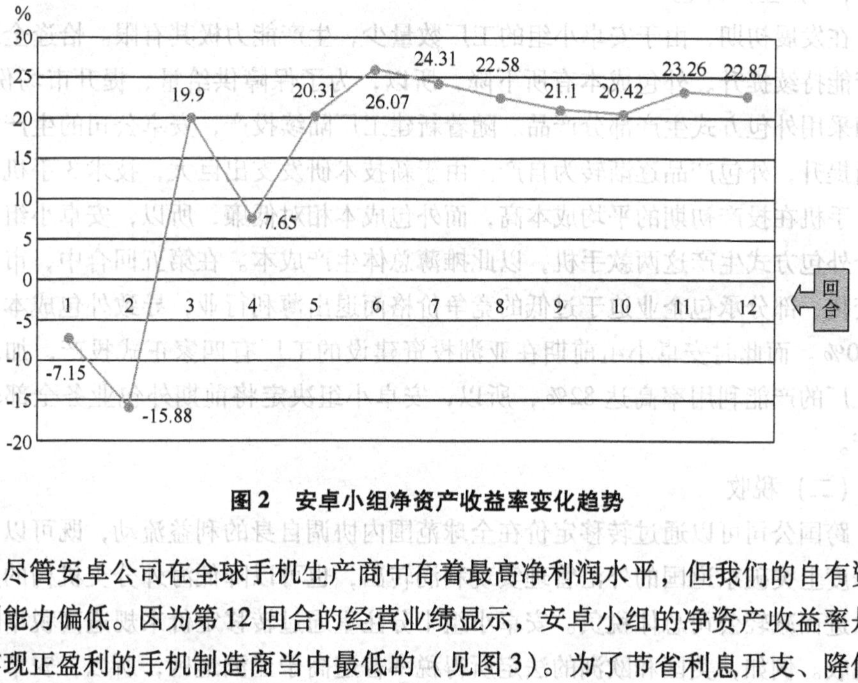

图2 安卓小组净资产收益率变化趋势

尽管安卓公司在全球手机生产商中有着最高净利润水平，但我们的自有资本盈利能力偏低。因为第12回合的经营业绩显示，安卓小组的净资产收益率是三家实现正盈利的手机制造商当中最低的（见图3）。为了节省利息开支、降低财务费用，我们更多地凭借自有资本支撑整个公司的运营。

因此，安卓小组应当适度扩大债务融资规模，降低权益比重，合理搭配资本结构。

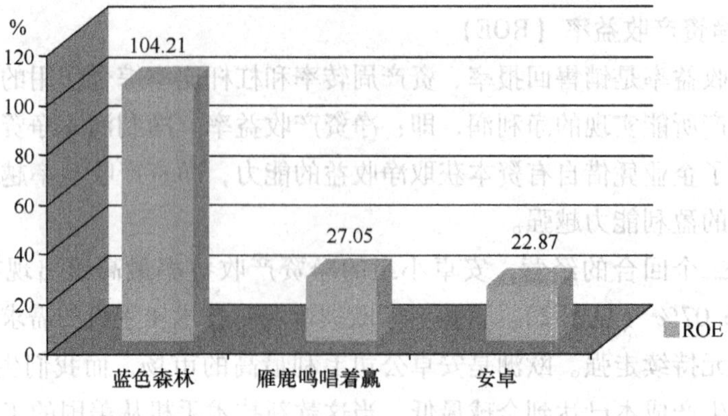

图 3　第十二回合盈利企业 ROE 对比

三、分项成本分析

(一) 生产外包

在发展初期，由于安卓小组的工厂数量少，生产能力极其有限。恰逢全球外包产能持续提升、外包成本有所下降，所以，为了保障供给量、提升市场份额，我们采用外包方式生产部分产品。随着新建工厂陆续投产，安卓公司的生产能力不断提升，外包产品逐渐转为自产。由于新技术研发支出巨大，技术 3 手机和技术 4 手机在投产初期的平均成本高，而外包成本相对低廉，所以，安卓小组决定结合外包方式生产这两款手机，以此摊薄总体生产成本。在第五回合中，市场行情变化，部分承包企业迫于过低的竞争价格而退出薄利行业，导致外包成本上升近 10%。而此时安卓小组前期在亚洲投资建设的工厂有四家正式投产，加之亚洲工厂的产能利用率高达 82%，所以，安卓小组决定将前期外包业务全部转为自产。

(二) 税收

跨国公司可以通过转移定价在全球范围内协调自身的利益流动，既可以在一定程度上突破东道国的外汇管理实现利润转出，也可以降低海外分支机构的应税收入进而减轻公司总体税负。安卓小组十分注重通过转移定价来规避高税率地区的税收。例如，美国和欧洲的法定所得税率普遍高于亚洲地区，所以，安卓小组会适当提高出口欧美市场的产品价格。通过这一方式，把利润转移至亚洲市场，进而压缩了欧美市场的税基，使得安卓小组在全球的实际税率得以降低。

(三) 现金

通过实施国际资金管理，安卓小组在不同市场调配流动性，来自欧洲的盈利可以用于美国和亚洲的工厂建设，也可以把各地利润用以支持美国总部执行股利分配方案。同时，这种资金跨国流动实现了借贷关系内部化，既节省交易成本，也提升了资金使用效率。灵活的跨国现金管理策略使得安卓小组能够在世界各地追求更高的投资收益，把闲置资金由低利率国转移到高利率国、从高税收国转移至低税收国，从而扩大全球的总体收益。

(四) 研发和开发

研发活动能够增强企业的核心竞争力，尤其是对广泛参与国际竞争的跨国公司，这一作用的重要性更加突出。以回合 2 为例，安卓小组自主研发技术 3 和技术 4，同时从外部购买了技术 2 的若干功能。因此，在众多公司中，我们本回合的研发支出是最多的（见图 4）。通过自主研发，安卓小组掌握了核心技术，可以击败其他竞争对手，为安卓小组进军亚洲市场打下了基础。

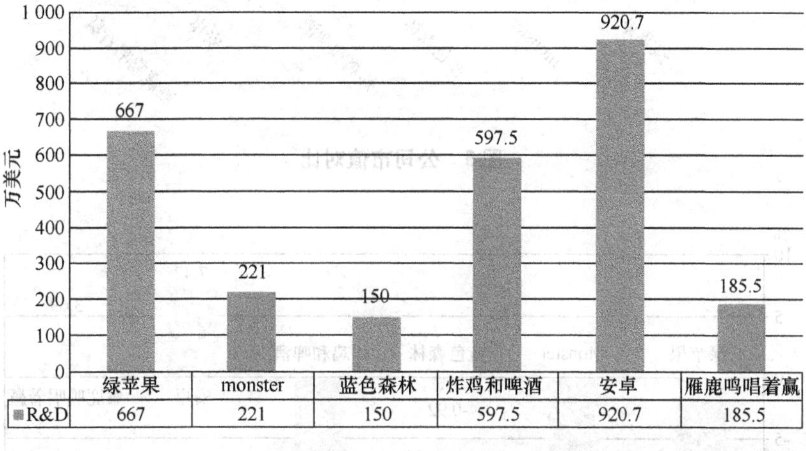

图 4 第二回合各企业研发支出对比

(五) 股票价格和股东回报

安卓小组的市场定位是致力于成为世界第一大手机专业制造商。经过 12 个回合的不懈努力，本公司的市值已超越所有竞争对手，成为全球第一（见图 5），其他方面的股市业绩也十分突出。截至第 12 回合期末，安卓小组的公司市值达到 1 205 234. 3 万美元。本公司的股票交易价格为 325. 7 美元/股，是有史以来同行业中最高的股价。

以优良业绩回馈股东是本公司践行股东利益最大化的实际体现。公司的盈利丰厚，每股收益（EPS）高达 20. 22 美元，因此安卓小组有足够的实力向股东分派现金股利。而回购股票的另一个作用就是导致股票价格上升。因为股票回购意味着股票需求增大，在股票供给既定的条件下，高涨的需求就会拉升股票价格。到目前为止，安卓小组的年均累计股东回报率达到7.42%，是同期全行业中最高的（见图6）。这得益于安卓小组较早地制订和实施的股利分派计划。

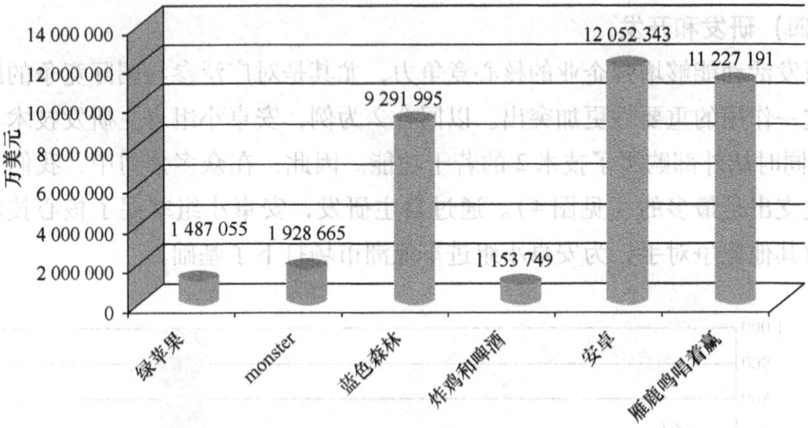

图5　公司市值对比

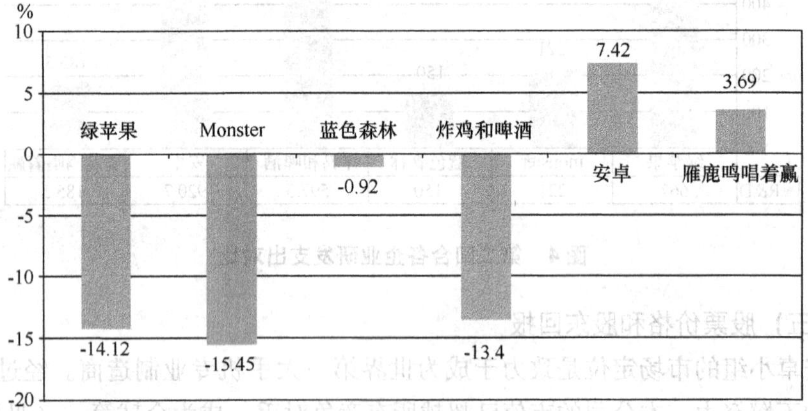

图6　年均累计股东回报率

四、经营管理讨论

（一）劳动分工与生产布局

根据前期的市场前景预测，安卓小组敏锐地察觉到生产线的配备要以各地区的需求差异为基准，同时顾全生产成本、流通成本和通信网络覆盖状况。欧美市场对新技术手机的青睐，使安卓小组意识到安卓公司应当把技术4手机的生产任务落实到美国的工厂，而相对过时的技术1手机应当布局在亚洲生产。考虑到美国消费者对技术3手机的排斥以及亚洲消费者对技术3手机的喜好，我们决定把这款手机的生产工作也安排在亚洲工厂。另外，通过对不同国家和地区的通信技术网络覆盖情况进行分析，安卓小组发现在未来美国的技术2网络覆盖率将会是最高的，因此，基本可以认定，技术2手机在美国市场将会有相当高的普及率，所以我们制定美国工厂承接该手机的生产任务。

另外，美元疲软，而欧元相对坚挺，理论上对于美国企业扩大对欧出口是有利的。实际上，安卓小组将技术4手机布局在美国，也考虑了这一关键因素。另外，欧洲消费者对技术4手机有着可观的现实需求，而欧洲地区的技术4网络覆盖率在未来将达到80%，远高于美国和亚洲，所以，我们有理由认定欧洲势必成为新技术手机的领跑者。因此，安卓小组在美国工厂生产技术4手机同时满足美国本土和欧洲市场的策略是可行的。

然而，遗憾的是，我们并没有合理运用自身的低成本优势，也没有准确预估竞争对手的定价，导致安卓小组在第九回合中陷入被动，我们的产品因售价相对较高而丧失了市场竞争力，净利润下降了近11.17%。受此影响，安卓小组的市场占有率也出现了不同程度的萎缩（见图7）。

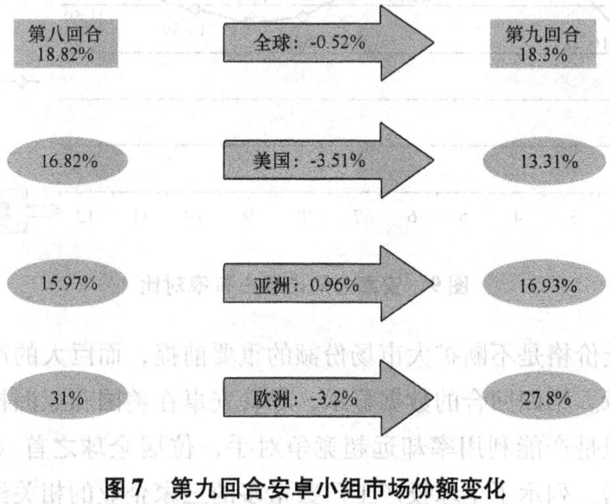

图7　第九回合安卓小组市场份额变化

（二）市场占有率

由于安卓公司较早投身于技术3和技术4的研发，所以，在相关产品的生产和销售方面具有先行者优势。安卓小组可以凭借低成本优势制定出极具竞争力的价格，进而抢占市场，扩大销售额。通过回合2的自主研发，我们已经掌握了相关的核心技术。安卓公司有能力以低于竞争对手的价格向广大消费者，特别是欧美顾客，供应最先进的手机。在竞争初期，安卓小组的市场占有率不断攀升，并于回合4达到峰值35.31%，位列全球第一（见图8）。这是所有回合之中安卓公司的历史最高纪录（见图9）。

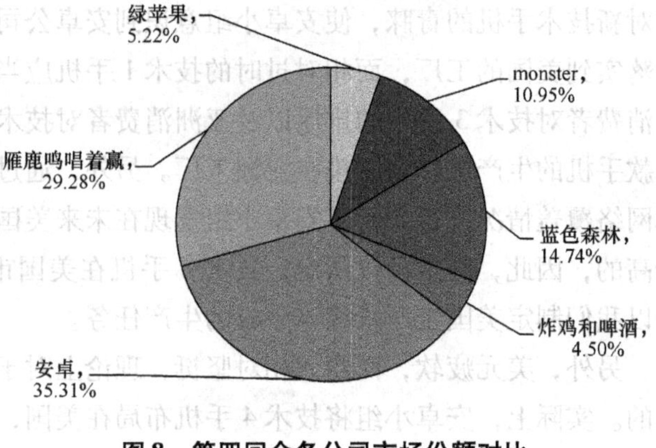

图8　第四回合各公司市场份额对比

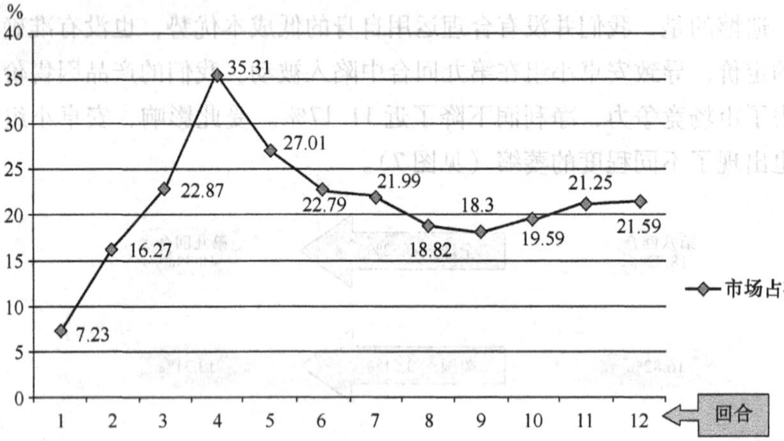

图9　安卓公司市场占有率对比

低成本、低价格是不断扩大市场份额的重要前提，而巨大的产能是持续满足市场需求的保障。第四回合的数据显示，尽管安卓在美国和亚洲投产的工厂数量不是最多的，但是产能利用率却远超竞争对手，位居全球之首（见表1）。表1以回合4为依据，列示了全球投产工厂数量多的三家企业的相关经营数据，体现了安卓小组在生产能力方面的优势。由于产能利用率高，安卓公司在本回合成为世界市场供给的主力军。在第四回合，总产量达到1 393. 19万个，比强大的对手多出238万个。除此之外，安卓公司在回合4的销售额跃居全球第一，成为本回合全球唯一实现正盈利的公司。

然而，安卓小组的市场占有率并没有持续稳定在高水平上，在随后的几个回合内接连走低，直到第十个回合才开始小幅上扬（见图9）。其原因：一方面，竞争对手的产能利用率不断提升、产出规模持续扩大，其成本曲线下移；另一方面，随着技术4手机等新产品逐渐进入生命周期的成熟阶段，相关技术日益普及和标准化，之前没有生产技术4手机的公司也加入竞争行列，导致市场被进一步分割。所以，安卓小组此前凭借技术优势和成本优势获得的市场份额，逐渐被其他竞争对手蚕食。而第十个回合，安卓小组全面下调了产品售价，借此挽回了1.29%的市场份额。

表1　第四回合生产能力对比

	安卓		炸鸡和啤酒		雁鹿鸣唱着赢	
	美国	亚洲	美国	亚洲	美国	亚洲
投产工厂数量（家）	16	12	17	15	16	13
产能利用率（%）	75	89	6	2	37	80
产量（千个）	6 890	7 401.9	1 949.9	188.7	4 574.3	6 976.5
总产量（千个）	13 931.9		2 138.6		11 550.8	

五、经营前景展望

我们有理由相信，安卓小组在未来的若干回合竞争中依然可以保持领先地位。随着手机制造行业进入成熟期，各国厂商纷纷争抢市场份额。只有进一步扩大市场占有率，企业才能保证盈利。而各种手机技术均已进入标准化阶段，技术优势已经不再是国际市场竞争的焦点。这一时期，各公司的当务之急就是要不断降低生产成本，借此赢得竞争主动性。如前所述，安卓公司的技术3手机和技术4手机的生产成本是本行业中最低的，因此，我们在保证一定利润水平的前提下，有足够大的价格浮动空间，能够以低价策略保持甚至扩大市场占有率，进而在越演越烈的价格竞争中获胜。

通过对全球需求和产能配备进行分析预测，安卓公司将把欧洲市场作为未来主要的盈利来源地。由于亚洲工厂产能利用率为97%，超过了最优生产水平，而美国工厂产能利用率为78%，所以，我们将下调亚洲产量，转而扩大美国工厂的产出规模，特别是要提高技术4的产量。因为，安卓小组认为欧元对美元的上扬趋势会有所持续，是有利的出口时机，我们将进一步提高技术4手机对欧输出量。同时，进一步调低产品售价。

另外，依据产品生命周期理论，本公司将在亚洲开设新厂，用以生产技术 4 手机，并加大该手机在亚洲新兴市场国家的营销力度。同时，我们逐渐减少亚洲工厂的技术 1 手机产量直至停产，然后调整生产线使之能够胜任技术 4 手机的生产任务。因为这样既可以相对稀释亚洲的产能，又能利用亚洲相对低廉的劳动力优势，而且有利于扩大这款对于亚洲消费者而言相对较新的手机在当地的市场份额。

毫无疑问，安卓公司在美国的总部和生产机构将承接新技术的研发和相关产品的生产任务。

六、学习体会

通过商务模拟大赛，我感受到了真实的商务环境，切身体验了跨国公司的经营决策者为了实现公司的既定目标而在增加收入、减少成本方面所做的努力，使我对跨国公司的生产经营决策有了更深的了解和把握。除此之外，我与小组成员通力合作、团结一致，为实现小组的目标而共同奋斗，增强了我的团队合作能力，为今后走向工作岗位打下了坚实的基础。